燃气行业管理实务系列丛书

城镇燃气特许经营实务

丁天进　黄志伟　编著

中国建筑工业出版社

图书在版编目(CIP)数据

城镇燃气特许经营实务 / 丁天进，黄志伟编著. — 北京：中国建筑工业出版社，2023.7
（燃气行业管理实务系列丛书）
ISBN 978-7-112-28776-5

Ⅰ.①城… Ⅱ.①丁… ②黄… Ⅲ.①城市燃气—特许经营—经营管理—中国 Ⅳ.①F426.22

中国国家版本馆CIP数据核字(2023)第097278号

本书共分3章，分别是：城镇燃气特许经营权的基础知识、城镇燃气特许经营权的常见问题、城镇燃气特许经营权的实务建议等内容，文后还有相关附录。本书立足于燃气特许经营实务处理，以实例的方式介绍地方政府如何授予及监管燃气特许经营、燃气公司如何维护燃气特许经营、律师如何代理燃气特许经营争议、法官如何审理燃气特许经营争议等。本书没有大段的理论阐述，更多的是"以案说法"及"各地规范比较"，让读者很容易明晰法院的裁判要旨以及各地做法的区别。

本书可供燃气行业广大管理人员、市场开发人员使用，也可作为燃气行业职工培训教材使用，同时也可作为大专院校师生参考。

责任编辑：胡明安
责任校对：张　颖

燃气行业管理实务系列丛书
城镇燃气特许经营实务
丁天进　黄志伟　编著

*

中国建筑工业出版社出版、发行（北京海淀三里河路9号）
各地新华书店、建筑书店经销
北京红光制版公司制版
人卫印务（北京）有限公司印刷

*

开本：787毫米×1092毫米　1/16　印张：12¼　字数：247千字
2023年8月第一版　　2023年8月第一次印刷
定价：**48.00元**
ISBN 978-7-112-28776-5
（41042）

版权所有　翻印必究
如有内容及印装质量问题，请联系本社读者服务中心退换
电话：(010) 58337283　　QQ：2885381756
（地址：北京海淀三里河路9号中国建筑工业出版社604室　邮政编码：100037）

燃气行业管理实务系列丛书
编 委 会

主　　任　金国平（江苏科信燃气设备有限公司）

副 主 任　许开军（湖北建科国际工程有限公司）

　　　　　彭知军（华润股份有限公司）

　　　　　王祖灿（深圳市燃气集团股份有限公司）

资深顾问　郭宗华（陕西省燃气设计院有限公司）

　　　　　李永昌（四川省清洁能源汽车产业协会）

执行主任　伍荣璋（长沙华润燃气有限公司）

委　　员　白雪峰（安弗瑞（上海）科技有限公司）

　　　　　蔡　磊（华中科技大学）

　　　　　陈跃强（港华投资有限公司）

　　　　　陈新松（阳光时代（上海）律师事务所）

　　　　　侯凤林（郑州华润燃气股份有限公司）

　　　　　胡杨生（湖北建科国际工程有限公司）

　　　　　金　玮（上海锦天城（青岛）律师事务所）

　　　　　李　旭（天伦燃气控股有限公司）

　　　　　李华明（南海能源投资有限公司）

　　　　　李文波（湖北建科国际工程有限公司）

李祖光（浙江威星智能仪表股份有限公司）

刘晓东（惠州市惠阳区建设工程质量事务中心）

秦周杨（湖北宜安泰建设有限公司）

仇　梁（天信仪表集团有限公司）

孙　浩（广州燃气集团有限公司）

姜　勇（中石油天然气销售分公司总调度部）

宋广明（铜陵港华燃气有限公司）

苏　琪（广西中金能源有限公司）

唐立君（中国燃气控股有限公司）

王　睿（广州燃气集团有限公司）

王传惠（深圳市燃气集团股份有限公司）

王伟艺（北京市隆安（深圳）律师事务所）

王延涛（武汉市城市防洪勘测设计院有限公司）

伍　璇（武汉市昌厦基础工程有限责任公司）

邢琳琳（北京市燃气集团有限责任公司）

杨常新（深圳市博轶咨询有限公司）

杨泽伟（湖北建科国际工程有限公司）

于恩亚（湖北建科国际工程有限公司）

张华军（湖北建科国际工程有限公司）

张敬阳（云南中石油昆仑燃气有限公司、

　　　　云南燃气安全技术研究院）

　　　　　　周廷鹤（中国燃气控股有限公司）

　　　　　　朱柯培（北京天鸿同信科技有限公司）

　　　　　　邹笃国（深圳市燃气集团股份有限公司）

秘 书 长　李雪超（中裕城市能源投资控股（深圳）

　　　　　　有限公司）

法律顾问　丁天进（安徽安泰达律师事务所）

本书编写组

主　　编　丁天进（安徽安泰达律师事务所）
　　　　　　黄志伟（深圳市燃气集团股份有限公司）

副 主 编　冉　琳（重庆海特能源投资有限公司）
　　　　　　马雪松（濮阳县博远天然气有限公司）
　　　　　　黄福升（深圳市燃气集团股份有限公司）

编 写 组　郑　峰（安徽省高级人民法院）
　　　　　　唐　杰（安徽安泰达律师事务所）
　　　　　　张兴华（合肥中石油昆仑燃气有限公司）
　　　　　　顾强强（安徽安泰达律师事务所）
　　　　　　马　魁（安徽深燃天然气有限公司）
　　　　　　伍荣璋（长沙华润燃气有限公司）

百尺竿头

——祝贺系列丛书第 12 册出版

（代总序）

（一）祝贺

筹划已久的《燃气行业管理实务系列丛书》（以下简称系列丛书）第 12 册《城镇燃气特许经营实务》出版发行，祝贺！这本书紧贴实务，在当前燃气特许经营面临到期、调整和规范的背景下，十分及时且具有积极意义。

（二）提升

燃气行业的成就是有目共睹的，其中之一就是燃气管道已有约 100 万 km。在"双碳"目标下，部分人对燃气发展有些迟疑了。天然气是一种务实的能源，是过渡期的理想能源，在实现"双碳"目标的准备和过渡期，天然气的使用量在国内还处于上升阶段，虽然增速较之前可能有所降低。这意味着燃气管道的数量还将继续增长，安全运行工作仍然很繁重。

按照城市高质量发展的要求，受"发展要安全"的指引，需要燃气行业加快转变、提升——要从"用得上"到"用得好"，包括燃气连续、稳定、安全，以及价格适中（相对经济发展、收入支出水平而言）。这需要我们投入更多的资源，改善燃气安全现状、提升燃气安全水平，充分满足人民群众对安全的需求。重中之重就是管理维护好燃气设施，而燃气特许经营制度就是"定海神针"，还需要不断巩固和完善。

（三）坚持

为此，《燃气行业管理实务系列丛书》编委会（以下简称编委会）将继续围绕燃气有关主题和热点问题办下去。一些主题丛书正在编写中，如《燃气工程质量通病与防治》《燃气设施巡查与保护实务手册》《燃气安全检查手册》（均为暂定名，下同）等；有的正在策划中，如《燃气安全生产刑事责任与风险防范》《燃气应急装备手册》等。

（四）延伸

编委会在推进系列丛书编写的同时，还结合行业实际、热点问题等推出了一系列观察报告——《2005 年至 2020 年燃气行业中毒和窒息事故观察报告》《燃气行业打击偷盗气观察报告（2020年度）》《餐饮业较大以上液化石油气事故观察报告（2010—2020年）》《燃气使用不当导致的群死群伤事故观察报告》《燃气行业优化营商环境观察报告》《燃气工程领域安全生产刑事风险与防范——重大责任事故罪》《燃气用户燃气事故涉及的相关法规政策汇编》等，为大家的工作提供参考，并且向大家免费提供部分观察报告，受到广泛欢迎。

在此之余，编委会还组织部分编委会委员带动一些燃气行业新生力量，开展燃气有关课题研究，撰写论文、文章近100篇，涉及行业形势、特许经营、反垄断、市场发展、安全运行、服务、价格、合规等诸多方面，可谓范围广泛、涵盖丰富。一些论文还在行业论坛会议宣讲，或参选获得了好名次，可喜可贺。

（五）公益

一些编委会委员还结合自身工作，利用直播、录播等形式宣讲燃气行业知识，实践"躬身入局"，这些工作大部分都是完全免费的、无门槛的公益分享，行业内反响热烈。

编委会还多次向有关地区、部门、大专院校、科研院所和同仁、大学生等赠送系列丛书，累计赠送超过1500册，持续贡献系列丛书的社会价值。

在新冠疫情暴发初期，编委会还开展义卖活动，向武汉等地赠送防疫物资，并向世界卫生组织捐款。

（六）意见

系列丛书（1~11册）涉及燃气安全、计量、法律、反垄断、危险作业、心理学、智慧燃气、应急管理等主题，已累计出版发行3万余册，受到广大同仁和读者的肯定，我们倍感欣慰。

这个时候，我们需要关注和鼓励，更需要建议和意见，恳请各位同仁、读者指出系列丛书以及有关工作的不足和提出改进之策。对大家的积极关注和参与，我们表示感谢，对大家的反馈意见，我们都将全力以赴去改进和完善。

（七）欢迎

正所谓"敝帚自珍"，我们对自己所处的行业，不论"她"处于何种状况，我们都以最大的热忱和投入，这样"她"才有可能变得更好！我们也会继续珍视系列丛书，让"她"发挥更多、更大的价值。

谢谢！

《燃气行业管理实务系列丛书》编委会

2023年4月

序

2004年，建设部公布《市政公用事业特许经营管理办法》（建设部令第126号，2015年住房和城乡建设部令第24号修改），燃气特许经营制度在我国以立法的方式予以确立，为我国早期开展城市燃气基础设施投资建设、提高天然气综合利用水平、改善能源结构、优化营商环境、方便群众生活乃至今日的"碳达峰""碳中和"，都起到了举足轻重的作用。2015年，国家发展改革委等6部门公布《基础设施和公用事业特许经营管理办法》，又将燃气特许经营制度的发展完善向前推进了一大步。与此同时，2017年6月27日修正的《中华人民共和国行政诉讼法》及2020年1月1日施行的《最高人民法院关于审理行政协议案件若干问题的规定》，使燃气特许经营协议纠纷的审理有了明确的法律依据。可以说，我国在燃气特许经营制度及相关配套制度的规范和完善上从未停止。

虽然如此，我们也应该清楚看到，在燃气特许经营及其相关配套制度方面，我国依然存在不足。在某些方面，由于缺乏法律的明文规定，以致在实际工作中存在广泛的争议。如，燃气特许经营是否属于行政许可、燃气特许经营权与燃气经营权的区别、未签订燃气特许经营协议如何补签、燃气特许经营项目实施过程中的中期评估、地方政府如何行使单方合同解除权、合同解除后资产如何移交等问题均存在着较大的争议。难能可贵的是，丁天进律师团队及相关行业从业者理论联系实际，对燃气特许经营制度进行了全面梳理，系统辨识地方规定，揭晓各地差异，广泛援引司法判例，以案说法。

丁天进律师团队拥有丰富的燃气特许经营权实务经验，为云南、四川、江西、湖南、山东、广东、浙江、安徽等多地的燃气公司提供过包括燃气特许经营权在内的专项法律服务及咨询服务，维护燃气公司合法权益，排除丧失燃气特许经营权的风险。与此同时，丁天进律师主讲的"管道燃气特许经营权纠纷实务处理"课程也深受国内众多燃气公司的喜爱。可以说，丰富的实战经验，是写好本书的关键所在，也决定了本书实务性凸显的特点。本书没有大段的理论阐述，更多的是"以案说法"及"各地规范比较"，让读者很容易明晰法院的裁判要旨以及各地做法的区别。

本书立足于燃气特许经营权实务处理，对于地方政府如何授予及监管燃气特许经营权，燃气公司如何维护燃气特许经营权，律师如何代理燃气特许经营争议，法官如何审理燃气特许经营争议，均具有一定的借鉴与参考价值。

张辉　安徽大学法学院/北京隆安（合肥）律师事务所

前　言

燃气是城市发展的基础设施，燃气特许经营制度是城市燃气健康发展的制度保障。如何运用好燃气特许经营制度，引进优秀的燃气特许经营企业，提升燃气基础设施投资建设水平，降低用气成本，优化营商环境，实现社会公共利益，已成为亟待解决的问题。与此同时，国家对于燃气行业的产业政策已发生明显变化，由过去的"要数量"向"要质量"转变，在基础设施投资建设、安全运营、管道气源、服务质量、收费标准等方面提出了更多更高的要求。在新形势之下，燃气特许经营制度该如何实施？燃气特许经营企业又该何去何从？这些问题在相当长的一段时间里将持续存在。

从实务来看，燃气特许经营制度在实施过程中容易形成以下几种矛盾：一是地方政府与燃气特许经营企业的矛盾。比如，地方政府希望燃气特许经营企业能够加强燃气基础设施投资力度，提升燃气经营管理水平，保障燃气公共安全，而燃气特许经营企业则会考虑投资收益的问题，不愿意做过多的投入，导致整个城市燃气基础设施投资建设滞缓。二是燃气特许经营企业之间的矛盾。比如，两家燃气企业均得到了地方政府授予的燃气特许经营权，但是在经营地域上存在着重叠或相邻的问题。两家燃气企业可能因为经营区域边界不清而发生争议。三是燃气特许经营企业与点供、直供经营企业之间的矛盾。无论是点供，还是直供，都是对燃气特许经营区域的侵占。点供或直供用户占有了用户，则意味着燃气特许经营企业丧失了用户。四是燃气特许经营企业与用户之间的矛盾。比如，在建安工程施工中，房地产开发商可能会希望选择具有施工资质的单位来向其直接发包，而燃气特许经营企业认为建安工程必须通过其施工，否则不予通气。以上种种冲突与矛盾，虽只是简单列举，但却真实地发生着。有些地方政府在面对消极履约问题之时，因为不知道如何行使单方解除权或变更权。有些燃气特许经营在面对重复授予、市场整合、第三方侵权之时，因为不知道如何维权，而丧失了部分或全部的燃气特许经营权益。

面对着这些问题，笔者一直想着该如何解决。试想着出版一本专业书籍，总结已有的司法判例和操作实例，揭示燃气特许经营制度在实施过程中的突出问题，提出系统性的解决方案和建议。为此，笔者专门组织了包括燃气行业从业者、法官及专业律师在内的编写团队，完成了本书的编撰工作。本书具有较强的实务性，适合燃气行业从业者及司法实务工作者阅读。为了避免不必要的麻烦，本书对引用的部分案例中的公司名称进行了适当变更，具体名称可在具体的判决文书中查找，名称变更可能会对读者阅读带来不便，敬请谅解。

目 录

第一章	城镇燃气特许经营权的基础知识	第一节	燃气特许经营权的概述	1
		第二节	燃气特许经营权的性质	5
		第三节	燃气特许经营权的识别	11
		第四节	燃气特许经营权的不足	16
第二章	城镇燃气特许经营权的常见问题	第一节	关于燃气特许经营权重复授予的问题	21
		第二节	关于区政府授予燃气特许经营权的问题	35
		第三节	关于管委会授予燃气特许经营权的问题	42
		第四节	关于对政府会议纪要提起诉讼的问题	46
		第五节	关于不规范燃气特许经营协议效力的问题	50
		第六节	关于直接签署燃气特许经营协议效力的问题	55
		第七节	关于燃气特许经营中公共利益识别的问题	57
		第八节	关于政府单方解除燃气特许经营协议的问题	65
		第九节	关于行政授权与行政委托区别的问题	69
		第十节	关于燃气特许经营市场整合的问题	75
		第十一节	关于燃气特许经营与工业直供的问题	80
		第十二节	关于燃气特许经营与工业点供的问题	84
		第十三节	关于民事侵权诉讼维权效果的问题	89
		第十四节	关于"行政法准用民法"适用的问题	98

		第十五节 关于设立项目公司的问题…………… 106
		第十六节 关于股东转让股权的问题…………… 112
		第十七节 关于燃气特许经营权出让存在的
		一些问题………………………………… 115
		第十八节 关于燃气特许经营权质押的问题…… 118
		第十九节 关于燃气特许经营费的问题………… 122
		第二十节 关于检察院公益诉讼的问题………… 126
		第二十一节 关于企业反垄断合规的问题……… 129
		第二十二节 关于特许经营期满资产移交的
		问题……………………………………… 136
		第二十三节 关于特许经营权中期评估的
		问题……………………………………… 139
第三章	城镇燃气特许经营权的实务建议	第一节 燃气经营企业转变经营理念…………… 144
		第二节 规范特许经营权的授予程序…………… 147
		第三节 规范特许经营权的经营范围…………… 151
		第四节 规范特许经营权的退出机制…………… 154
附录		附录一：《基础设施和公用事业特许经营管理
		办法》……………………………………………… 160
		附录二：《市政公用事业特许经营管理办法》 … 168
		附录三：《最高人民法院关于审理行政协议案件
		若干问题的规定》……………………………… 172
		附录四：《最高人民法院关于审理行政许可案件
		若干问题的规定》……………………………… 176
		附录五：浙江省住房和城乡建设厅关于修订
		《浙江省管道燃气特许经营评估管
		理办法》的通知………………………………… 179

第一章 城镇燃气特许经营权的基础知识

第一节 燃气特许经营权的概述

一、燃气特许经营权的概念

城镇燃气特许经营权,也称为"管道燃气特许经营权",在本书中简称"燃气特许经营权"或"特许经营权",是指燃气公司在获得政府独家授权后,在限定的区域及限定的时间内,从事管道燃气基础设施投资、建设、运营、管理并收取费用的独家权利。《市政公用事业特许经营管理办法》第二条规定:"本办法所称市政公用事业特许经营,是指政府按照有关法律、法规规定,通过市场竞争机制选择市政公用事业投资者或者经营者,明确其在一定期限和范围内经营某项市政公用事业产品或者提供某项服务的制度。"《基础设施和公用事业特许经营管理办法》第三条规定:"本办法所称基础设施和公用事业特许经营,是指政府采用竞争方式依法授权中华人民共和国境内外的法人或者其他组织,通过协议明确权利义务和风险分担,约定其在一定期限和范围内投资建设运营基础设施和公用事业并获得收益,提供公共产品或者公共服务。"这两部规章均是针对包括能源、交通、环境保护、垃圾处理等基础设施和公用事业领域所作的定义。城镇燃气作为一种具体的行业类别,当然适用于本概念。正确理解本概念,仍然需要注意以下几个方面的问题:

第一,载体是燃气管道。燃气公司需要通过建设燃气管道的方式向终端用户供应天然气(或液化石油气、人工煤气),此区别于瓶装液化石油气。当前,在全国范围内仍然有一些城市未使用管道燃气,城市居民用户生活及工商业生产经营主要依靠瓶装液化石油气。

第二,气源为燃气。根据《城镇燃气管理条例》的规定,燃气是指作为燃料使用并符合一定要求的气体燃料,包括天然气、液化石油气和人工煤气等。当前,全国绝大部分地区使用的还是天然气,液化石油气和人工煤气的使用范围较少。在通燃气管道的地方,可以使用管道天然气,也可以使用液化天然气作为补充能源。在未通燃气气源管道的地方,则可以使用液化天然气或压缩天然气作为过渡能源。

第三，垄断性。燃气特许经营权的垄断性是其当然属性。当然，由于国家层面规章制度并未明确规定燃气特许经营权具有垄断性，所以，在实务中，有些人会认为燃气特许经营权不具有垄断性。例如，在海南某燃气公司与儋州市人民政府行政许可纠纷一案中，海南省高级人民法院认为：上诉人主张其在儋州市行政区域内具有排他性的燃气供应经营权和建设开发权，主要证据是儋州市政府的"72号批复""247号复函"和"187号批复"以及2003年3月18日儋州市建设局与上诉人签订的《开发儋州市管道燃气工程项目协议》等，但这些"批复""复函"以及《开发儋州市管道燃气工程项目协议》均未明确上诉人在儋州市行政区域内具有排他性的燃气供气经营权和建设开发权。我国法律、法规等也并没有燃气特许经营权即为排他性经营权的规定。由此，上诉人主张其在儋州市行政区域内具有排他性的燃气供应经营权和建设开发权没有事实依据和法律依据。❶

这种观点是值得商榷的。从规模经营的角度来看，燃气特许经营项目属于重资产项目，需要巨额资金的持续投入，且投资回收期一般比较长。在这种情况之下，只有做大规模，才能摊薄成本，燃气公司才能获得利润，才能实现可持续发展。这就要求，在一个划定经营区域内，所能允许的燃气公司是有限的，甚至是独家的。否则，"狼多肉少"的结果只能让燃气公司难以为继，势必会影响到燃气基础设施投资建设、维护维修、应急保供、安全保障及服务质量。所以，从规模经营的角度来说，要求具有垄断性是基础。从安全的角度考虑，也不允许燃气管道相互交叉情形的出现。如果一个地方将燃气特许经营权同时授予几家燃气公司，则很有可能会发生燃气管道相互交叉的情形。为此，一些地方专门发文禁止出现燃气管道交叉的情况。例如，《四川省住房和城乡建设厅关于燃气经营许可管理有关具体问题的处理意见》（川建城管发〔2018〕125号）第一条第（二）项规定："……严禁违规交叉、重复建设等问题发生，确保管道燃气经营企业的安全生产和正常供气。"所以，从安全运营的角度来说，也要求具有垄断性。从地区"一张网"建设的角度来说，垄断性更容易实现全地区"一张网"，而"一张网"更能实现"统一规划、统一建设、统一运营、统一服务、统一调度"的目标。否则，多家燃气公司并存于同一地方，虽然能够带来竞争，同样也会存在"管网不联通、服务不统一"的弊端，人民群众的体验感会比较差，严重的还会有安全隐患。

第四，时空限制性。"空间限制性"，是指燃气特许经营权的行使地域范围会被严格限制在特定的区域范围内，不允许跨区域投资建设。"时间限制性"，是指燃气特许经营权的权利期限原则上不超过30年。《基础设施和公用事业特许经营管理办法》第六条规定："基础设施和公用事业特许经营期限应当根据行业特点、

---

❶ 海南省高级人民法院（2012）琼行终字第4号《行政判决书》。

所提供公共产品或服务需求、项目生命周期、投资回收期等综合因素确定，最长不超过30年。对于投资规模大、回报周期长的基础设施和公用事业特许经营项目可以由政府或者其授权部门与特许经营者根据项目实际情况，约定超过前款规定的特许经营期限。"

二、燃气特许经营权的称谓

在燃气特许经营权的法律规范方面，国家先后颁布实施了《市政公用事业特许经营管理办法》及《基础设施和公用事业特许经营管理办法》，但均未提出燃气特许经营权这一称谓，只是表明燃气特许经营权属于公用事业特许经营权的一种具体表现形式，类似于供热、供电、供水等活动。在实务之中，对燃气特许经营权的称呼可谓五花八门，如"特许经营权""燃气特许经营权""管道燃气特许经营权""城镇燃气特许经营权""城市燃气特许经营权""管道天然气特许经营权""天然气专营权""管道燃气专营权""燃气专营权"等。笔者认为，在燃气特许经营权的称谓之上，应当注意以下几个问题：

第一，"管道燃气特许经营权"的称谓最为规范。主要依据是很多地方颁布的城镇燃气管理条例或市政公用事业特许经营条例都使用了"管道燃气特许经营权"的称谓，而这些地方颁布的城镇燃气管理条例或市政公用事业特许经营管理条例要么属于地方性法规，要么属于地方性规章。在法律和行政法规没有对"管道燃气特许经营权"进行命名之时，地方性法规和地方性规章的命名就具有较高的法律意义，当然具有最高规范性。与此同时，建设部《关于印发城市供水、管道燃气、城市生活垃圾处理特许经营协议示范文本的通知》（建城〔2004〕162号）也使用的是"管道燃气特许经营权"称谓。

第二，"管道燃气特许经营权"的称谓应当用于正式的场合。尤其与地方政府签订的特许经营协议中，或与地方政府及其职能部门往来行文中，更应如此。否则，有可能因为名称表述不准确产生歧义，而给企业带来麻烦，这主要是因为在实务之中很多燃气特许经营权的授予程序并不规范，有的是和区政府或管委会签订的协议、有的是没有履行招标投标程序、有的协议名称只是一个投资开发协议或天然气综合利用协议。此外，很多地方并不发放燃气特许经营权授权书。也就是说，燃气公司手中能够证明自己享有燃气特许经营权的证据只是一份协议。如果该协议未明确出现管道燃气特许经营权的表述，有可能会给重复授予带来隐患。最后，管道燃气特许经营权的表述，能够与液化石油气、压缩天然气、液化天然气等常见的燃气经营权相区别开来，不至于发生混同。

第三，"城镇燃气特许经营权"的称谓在燃气行业界使用度比较高，多出现在一些政府出台的规范性文件中，尚未发现地方性法规或地方性规章中使用，此明显区域于"管道燃气特许经营权"多出现于地方性法规和地方性规章的情况。

如，2022年4月6日，江西省人民政府《关于完整准确全面贯彻新发展理念做好碳达峰碳中和工作的实施意见》提出"探索城镇燃气特许经营权改革。"又如，2019年10月12日，贵州省能源局发布的《贵州省油气管网建设专项行动方案》提出"对城镇燃气建设项目，未出让城镇燃气特许经营权的县城区域，县级政府燃气行业主管部门应当尽快编制燃气特许经营项目实施方案，合理确定特许经营区域，依法依规授权经营主体，尽快启动项目建设。"

第四，"天然气专营权""管道燃气专营权""燃气专营权"等称谓缺乏法律、法规、规章及政策支持。

第五，"燃气特许经营权"或"特许经营权"可作为简称，亦可适用于非正式的场合。

三、燃气特许经营权的内容

燃气特许经营权的内容包括独家投资、建设、运营、维护、维修燃气基础设施并以管道输送的方式向终端用户供应天然气的权利。当然，需要注意以下几种常见业务并不属于燃气特许经营权的权利内容：

第一种，建筑规划红线范围内的燃气管道及其附属设施的建设安装。《国家计委 财政部关于全面整顿住房建设收费取消部分收费项目的通知》（计价格〔2001〕585号）第五条规定："规范垄断企业价格行为。对住房开发建设过程中，经营燃气、自来水、电力、电话、有线或光缆电视（简称'两管三线'）等垄断企业的价格行为进行全面整顿。'两管三线'安装工程要打破垄断，引入竞争，由房地产开发企业向社会公开招标，自主选择有相应资质的企业承担安装工程；所需设备材料由承担安装工程的单位自主或委托中介组织采购。……"国家发展改革委等三部门联合印发的《关于规范城镇燃气工程安装收费的指导意见》（发改价格〔2019〕1131号）第二条规定："加快构建燃气工程安装竞争性市场体系。各地要加快建立完善公平开放的燃气工程安装市场，鼓励具备燃气工程安装施工能力的也依法取得相应市政公用工程施工资质后参与市场竞争，鼓励具备安装资质的企业跨区域开展工程安装和改造业务，促进市场竞争。燃气公司不得滥用市场支配地位垄断经营范围内工程安装业务，或指定利益相关方从事燃气工程安装，妨碍市场公平竞争。"据此可知，建筑区划红线范围内的燃气管道安装市场是放开的，只要具备安装资质即可实施安装，不属于燃气特许经营权的垄断范围。

第二种，加气站。根据不同分类标准，加气站可以分为不同种类。从气源方式上来说，可以分为压缩天然气加气站（CNG）、液化天然气加气站（LNG）和液化天然气-压缩气（LNG-C）加气站。加气站不属于燃气特许经营权的权利范围。虽然如此，一些燃气特许经营协议之中明确将加气站纳入到权利范围之中，这样的约定应当说是没有法律依据的,属于无效约定。根据《中华人民共和国民法典》的规定,部分条款无效并不导致整个合同无效。燃气特许经营协议将加气站作为特许经营权的内容,虽然有关加气站的约定是无效的,但燃气特许经营协议依然有效。

第三种,点供。在国家层面上,并未出台法律、法规、规章或规范性文件来明确点供是否属于燃气特许经营权的垄断范围。对于点供是否能够在已被授予燃气特许经营权的区域范围内使用,应当结合本地的行政法规、规章和规范性文件的规定。以安徽省为例,其对此区别对待。在管道燃气供气规划区域内,不允许点供存在。反之,则相反。2019年修订的《安徽省城镇燃气管理条例》第十一条规定:"新区建设、旧城区改建应当按照城乡规划和燃气发展规划配套建设燃气设施或者预留燃气设施建设用地。新区建设时规划城市地下综合管廊,应当将燃气管线纳入,进行统一建设;旧城区改建时,有条件的应当将燃气管线纳入城市地下综合管廊统一规划建设。""在管道燃气供气规划区域内,新区和旧城区以及其他需要使用燃料的建设项目,应当配套建设管道燃气设施,不得新建瓶组站、小区气站;旧城区已建成的瓶组站、小区气站,燃气经营许可期满后,应当停止使用。""配套建设燃气设施,应当与主体工程同时设计、同时施工、同时投入使用。"

第四种,直供。国家能源局等13部委印发《关于印发〈加快推进天然气利用的意见〉的通知》(发改能源〔2017〕1217号)规定:"建立用户自主选择资源和供气路径的机制。用户可自主选择资源方和供气路径,减少供气层级,降低用气成本。用户自主选择资源方和供气路径的,应当符合当地城乡发展规划、天然气和燃气发展等专项规划,地方人民政府应加强统筹协调给予支持。企业应按照《城镇燃气管理条例》的规定,申请取得燃气经营许可证后方可经营供气。"《国务院关于促进天然气协调稳定发展的若干意见》(国发〔2018〕31号)规定:"鼓励用户自主选择资源方、供气路径及形式,大力发展区域及用户双气源、多气源供应。鼓励发展可中断大工业用户和可替代能源用户,通过季节性价差等市场化手段,积极引导用户主动参与调峰,充分发挥终端用户调峰能力。"可以说,在政策层面上,国家是支持直供的,但直供的实施主体应当是掌握较大资源的管道企业,而不是燃气公司。燃气公司如果向大型工业用户直供,属于燃气特许经营权范围内的应有权利,但其已不能称之为直供。

第二节 燃气特许经营权的性质

政府在授予燃气特许经营权之时,需要通过招标投标等市场竞争的方式选择燃气公司,并与所选任的燃气公司签订燃气特许经营权协议,最后再颁发燃气特许经营权授权书。那么政府在授予燃气公司燃气特许经营权之时,其签订特许经营协议的行为应认定为何种性质。对此,在理论和实务之中都存在着广泛的争议。对于政府签订燃气特许经营协议的性质的探讨,属于基础性的问题,直接关系到适用什么样的法律规范、政府是否享有行政优益权等众多问题。所以,具有探讨的必要性。概括来说,在实务之中,主要有三种观点,分别是民事行为、行政行为和行政许可行为。

一、民事行为

在2015年的《中华人民共和国行政诉讼法》修订以前,燃气特许经营协议并未明确纳入到行政诉讼之中,再加之诸如国有土地出让合同都被纳入到民事诉讼程序中予以审理。所以,在2015年以前,一些法院认为地方政府签订燃气特许经营协议的行为属于民事行为,所签订的燃气特许经营协议属于民事合同。主张民事行为说的,主要有以下几个方面的理由:一是尽管燃气特许经营协议当事人中有一方是行政机关,但是燃气特许经营协议的主要内容是对双方合作进行的约定,双方当事人的地位平等,均以民事法律行为主体身份签订。二是燃气特许经营协议的签订源自双方的自愿,并非出自行政机关的单方行为。三是燃气特许经营协议中没有体现行政优益权。四是燃气特许经营协议约定的行为体现了等价有偿的原则,具有显著的民事行为特征,如投资、有偿出让、普通租赁等。

我们认为,即便在2015年以前,将燃气特许经营协议认定为民事合同也是不正确的,其所持有的理由也是不成立的,主要如下:一是签约双方的地位是不平等的,行政机关享有行政优益权。在2004年出台的《市政公用事业特许经营管理办法》中即规定了行政机关享有包括监督检查、临时接管、强制解约等权力。二是行政机关签订燃气特许经营协议的目的在于加快地方燃气基础设施建设,提升天然气综合利用水平,优化营商环境,增强人民群众幸福感,实现社会公共利益。三是燃气特许经营协议所确定的权利和义务也具有明显的公共利益属性。在正常情况下,地方政府为了能够达到签约的目的,多会在投资额度、工程建设进度、建设范围、供气时间、供气能力、供气价格、服务质量、应急保障等众多方面对燃气公司作出要求。

即便如此,在2015年以前,一些地方政府签订燃气特许经营协议的行为仍被认定为民事行为,其所签订的燃气特许经营协议也被认定为民事合同。一旦发生诉讼,这些案件依然适用民事诉讼程序。

例如,在平果华商公司、田阳华商公司诉田阳新山新能公司与百色新山公司一案中,百色市中级人民法院在作出的(2012)百中民一终字第385号《民事判决书》认为:"市政特许经营具有平等主体之间形成的民事法律关系的特征,其核心权利特许经营权为新型的财产权和准物权,具有独占性和排他性,该权利受法律的保护，侵犯特许经营权，应承担侵权的民事责任。"

又例如，在上栗某燃气公司诉县住建局一案中，上栗县人民法院在作出的(2012)栗民一初字第945号《民事判决书》中认为："以上协议（2010年6月30日签订的燃气特许经营协议）虽是行政机关与企业之间签订，但合同是在行政授权前提下签订，合同内容包括了民事合同中关于标的、数量、履行期限、违约责任、争议解决方法等条款，受民事合同的约束，且上栗县住建局在该合同中不享有行政优益权，故原、被告于2010年6月30日所签订合同为民事合同……"

二、行政行为

有一种观点认为，地方政府签订燃气特许经营协议的行为属于行政行为，但不属于行政许可行为。持有该观点的主要理由有两个方面：一是与现行《中华人民共和国行政许可法》规定不一致。二是一些司法判例认为其不构成行政许可。我们认为，这些理由均不能完全成立。

《中华人民共和国行政许可法》第十四条规定："本法第十二条所列事项，法律可以设定行政许可。尚未制定法律的，行政法规可以设定行政许可。必要时，国务院可以采用发布决定的方式设定行政许可。实施后，除临时性行政许可事项外，国务院应当及时提请全国人民代表大会及其常务委员会制定法律，或者自行制定行政法规。"第十五条规定："本法第十二条所列事项，尚未制定法律、行政法规的，地方性法规可以设定行政许可；尚未制定法律、行政法规和地方性法规的，因行政管理的需要，确需立即实施行政许可的，省、自治区、直辖市人民政府规章可以设定临时性的行政许可。临时性的行政许可实施满一年需要继续实施的，应当提请本级人民代表大会及其常务委员会制定地方性法规。"据此可知，行政许可只能由法律和行政法规来设定。在法律和行政法规未设定的情况下，地方性法规可以设定。在地方性法规未设定的情况下，政府规章可以设定不满一年的临时性行政许可。但是对于燃气特许经营协议来说，其直接的法律依据是《市政公用事业特许经营管理办法》及《基础设施和公用事业特许经营管理办法》。这两个办法均是部门规章，不是法规，也不是地方政府规章。不仅如此，《市政公用事业特许经营管理办法》颁布于2004年，《基础设施和公用事业特许经营管理办法》颁布于2015年，生效时间远超1年。也就是说，《市政公用事业特许经营管理办法》及《基础设施和公用事业特许经营管理办法》并不符合《中华人民共和国行政许可法》第十四条及第十五条第一款的规定。因此，地方政府签订燃气特许经营协议的行为当然不能视为行政许可行为。应当说，这一理由具有一定的合理性。虽然如此，笔者仍认为这是由于国家立法滞后所造成的，即国家没有严格按照《中华人民共和国行政许可法》的规定来设立行政许可，但是在我国现行行政法体系中,仍然充斥着各种各样的部门规章及地方规章,这些规章体系几乎涵盖了行政管理的各个方面。不能因为国家未出台法律法规而否定燃气特许经营权作为行政许可的法律地位。

就司法判例来说,能够举出的案例较少。作为案例支撑的是济南瀚洋公司与济南市环保局之间的环境保护行政管理案,对于本案是否应当适用《中华人民共和国行政许可法》的争议,济南市中级人民法院认为:"政府特许经营不同于行政许可,特许经营是行政机关授权符合条件的企业或其他组织提供公共产品或公共服务的行为,行政许可是行政机关赋予特定主体从事特定活动的资质的行为,取得行政许可是从事特许经营的必要非充分条件。就本案而言,《医疗废物管理条例》第二十二条规定:'从事医疗废物集中处置活动的单位,应当向县级以上人民政府环境保护行政主管部门申请领取经营许可证;未取得经营许可证的单位,不得从事有关医疗废物集中处置的活动。'根据上述规定,瀚洋公司欲从事医疗废物集中处置,先要取得危险废物经营许可证,获得从事医疗废物集中处置的合法资质。瀚洋公司欲实际从事处置工作,还必须与市环保局签订特许经营协议,取得处置项目的特许经营权。根据上述规定,本案争议解决虽涉及《中华人民共和国行政许可法》规定,但主要应当适用行政协议及政府特许经营法律规定。另外,根据《最高人民法院关于适用若干问题的解释》第十四条的规定,还可以适用不违反行政法和《中华人民共和国行政诉讼法》强制性规定的民事法律规范。"[1] 对于一审判决意见,二审山东省高级人民法院予以维持。据此可知,在本案中,主审法院虽然认为特许经营与行政许可是不相同的,但对于有何不同并未具体说。事实上,特许经营属于"政府特许",是一种特殊的行政许可,区别于一般的行政许可。此外,主审法院也认为,本案涉及《中华人民共和国行政许可法》,只是涉及行政协议,所以适用特许经营法及行政协议相关法律规定更为适当。也就是说,在本案中,主审法院并未明确否定特许经营是行政许可。

三、行政许可行为

我们认为,地方政府签订燃气特许经营协议的行为属于行政许可行为,而且是特殊的行政许可。主要理由如下:

第一,《中华人民共和国行政许可法》的规定。《中华人民共和国行政许可法》第十二条规定:"下列事项可以设定行政许可:……(二)有限自然资源开发利用、公共资源配置以及直接关系公共利益的特定行业的市场准入等,需要赋予特定权利的事项。"《中华人民共和国行政许可法》第五十三条第一款规定:"实施本办法第十二条第二项所列事项的行政许可的,行政机关应当通过招标、

---

[1] 山东省高级人民法院(2017)鲁行终1170号《行政判决书》。

拍卖等公平竞争的方式作出决定。但是，法律、行政法规另有规定的，依照其规定。"根据《中华人民共和国行政许可法》第十二条的规定可知，政府特许主要适用于三类情形：一是自然资源的开发利用许可。如取水许可、排污许可、探矿权许可。二是公共资源的配置许可。如出租车营运许可、电信频率配置许可。三是直接关系公共利益的特定行业的市场准入许可。[1] 也有人认为："在特许经营协议列入行政协议范围的前提下，特许经营权被认为是一种行政许可权也在所难免。"[2]

第二，地方性法规的规定。当前，很多地方都出台了地方性法规，这些地方性法规在第一条中即明确将《中华人民共和国行政许可法》作为制定依据。因此表明，这些地方主张地方政府签订燃气特许经营协议的行为属于行政许可行为。列举如下：

（1）《江苏省管道燃气特许经营管理办法》第一条规定："为规范管道燃气特许经营活动，保障社会公众利益和公共安全，根据《中华人民共和国行政许可法》《江苏省燃气管理条例》以及建设部《市政公用事业特许经营管理办法》的规定，制定本办法。"

（2）《吉林省城镇管道燃气特许经营管理办法》第一条规定："为规范城镇管道燃气特许经营活动，保障社会公众利益和公共安全，根据《中华人民共和国行政许可法》《城镇燃气管理条例》《市政公用事业特许经营管理办法》（建设部令第126号）和《吉林省燃气管理条例》等有关法律法规的规定，制定本办法。"

（3）《湖南省市政公用事业特许经营条例》第一条规定："为了规范市政公用事业特许经营活动，保障公众利益和特许经营者的合法权益，促进市政公用事业健康发展，根据《中华人民共和国行政许可法》和其他有关法律、法规，结合本省实际，制定本条例。"

（4）《重庆市管道天然气特许经营管理办法》第一条规定："为了加强管道天然气管理，规范管道天然气特许经营活动，保障公众生命、财产安全和公共安全，维护管道天然气用户和天然气经营企业合法权益，促进管道天然气事业文明诚信健康发展，根据《中华人民共和国行政许可法》《城镇燃气管理条例》《重庆市天然气管理条例》《基础设施和公用事业特许经营管理办法》等规定，结合本市实际，制定本办法。"

（5）《深圳市公用事业特许经营条例》第一条规定："为了规范深圳市公用事业特许经营活动，保障公众利益和公用事业特许经营者的合法权益，促进公用事

---

[1] 应松年. 行政许可法教程[M]. 北京：法律出版社，2012.
[2] 谭臻、吕汉阳. 政府和社会资本合作（PPP）核心政策法规解读与合同体系解析[M]. 北京：法律出版社，2018.

业健康发展,根据《中华人民共和国行政许可法》等法律、法规,结合本市实际,制定本条例。"

(6)《济南市管道燃气特许经营实施细则》第一条规定:"为规范我市管道燃气特许经营活动,保障社会公共利益和公共安全,根据《基础设施和公用事业特许经营管理办法》《市政公用事业特许经营管理办法》《济南市特许经营管理办法》等规定,结合我市管道燃气行业实际,制定本细则。"

(7)《衡水市燃气特许经营评估及退出暂行管理办法(试行)》第一条规定:"为加强燃气监管,规范本市燃气特许经营许可,根据《中华人民共和国安全生产法》《城镇燃气管理条例》《河北省燃气管理条例》《基础设施和公用事业特许经营管理办法》《市政公用事业特许经营管理办法》《河北省燃气经营许可实施办法》等规定,结合我市实际,制定本办法。"

第三,司法判例上的确认。从审判实务来看,在早期的时候,由于人们对燃气经营许可制度缺乏足够的了解,并不认为政府签订燃气特许经营协议是行政许可行为。所以,将其作为民事行为对待,完全适用《中华人民共和国合同法》等相关法律规范的规定。但是,近些年,尤其是2015年以后,随着管道燃气的不断普及,人们对"政府特许"认知的不断加深,所以,多会将其作为行政许可对待,适用《中华人民共和国行政许可法》等相关法律规范的规定。

案例一:在田阳新山新能公司诉田阳县人民政府、第三人平果华商、第三人田阳华商燃气特许经营许可一案中,最高人民法院在(2017)最高法行申6054号《行政裁定书》中指出:本院经审查认为,《中华人民共和国行政许可法》第十二条第二款、第五十三条规定,实施有限自然资源开发利用、公共资源配置以及直接关系公共利益的特定行业的市场准入等事项行政许可的,行政机关应当通过招标、拍卖等公平竞争的方式作出决定。《市政公用事业特许经营管理办法》第八条规定,市政公用事业特许经营项目,应当向社会公开发布招标条件,通过公开招标,择优选择特许经营权授予对象,并向社会公示中标结果。《中华人民共和国行政诉讼法》第七十四条第一款第(二)项规定,行政行为程序轻微违法,但对原告权利不产生实际影响,人民法院判决确认违法,但不撤销行政行为。根据该项规定,即便是被诉行政行为存在轻微程序违法的,为严格监督行政机关依法行政,人民法院也要判决确认被诉行政行为违法,不能驳回原告诉讼请求。

案例二:在桂鸿环保公司诉凭祥市人民政府特许经营许可一案中,最高人民法院在(2020)最高法行申3732号《行政裁定书》中指出:本院经审查认为,根据《中华人民共和国行政许可法》第八条的规定,准予行政许可所依据的客观情况发生重大变化的,为了公共利益的需要,行政机关可以依法变更或者撤回已经生效的行政许可。本案中,案涉的生活垃圾处理工程项目属于新增中央投资项目,因桂鸿环保公司未按其与凭祥市政府共同签订的《广西凭祥市生活垃圾处理工程特许经营权协议》第十二条（6）的约定，提交案涉项目详细的设计和施工进度计划，致使案涉项目未能及时开工建设，影响了城市生活垃圾的处理。为尽快推进城市生活垃圾处理这一公益项目建设，完成中央新增投资项目建设，凭祥市政府基于合同约定和客观情况发生的重大变化，解除双方签订的特许经营权协议，一审判决认定符合法律规定，二审予以维持，均无不当。根据《中华人民共和国行政许可法》第八条的规定，撤销行政许可给公民、法人或者其他组织造成财产损失的，行政机关应当依法给予补偿。《最高人民法院关于审理行政许可案件若干问题的规定》第十五条规定，法律、法规、规章或者规范性文件对变更或者撤回行政许可的补偿标准未作规定的，一般在实际损失范围内确定补偿数额；行政许可属于《中华人民共和国行政许可法》第十二条第二项规定情形的，一般按照实际投入的损失确定补偿数额。

案例三：在华隆天然气公司因九州某燃气公司诉濮阳市城市管理局、濮阳市人民政府确认行政协议无效一案中，最高人民法院作出的（2020）最高法行再509号《行政裁定书》载明：二审法院经审理认为，一、管道燃气经营属于《中华人民共和国行政许可法》第十二条规定的"有限自然资源开发利用、公共资源配置以及直接关系公共利益的特定行业的市场准入等，需要赋予特定权利的事项"，管道燃气特许经营协议中关于经营范围的内容属于行政许可。

案例四：在飞腾公司诉煤化工管委会、第三人淮南某燃气公司行政撤销一案中，安徽省高级人民法院在（2019）皖行申493号《行政裁定书》中认为："《中华人民共和国行政许可法》第四条规定，设定和实施行政许可，应当依照法定的权限、范围、条件和程序，由具有行政许可权的行政机关在其法定职权范围内实施。煤化工管委会作为淮南市政府在该市潘集区范围内设立的派出机构，并无证据证实其能够依法行使相应的燃气经营许可审批权限，故其于2017年6月16日与淮南某燃气公司签订《天然气入园项目投资协议》，与其法定职权范围不符，依法应予撤销。"

第三节　燃气特许经营权的识别

在燃气特许经营权纠纷中，很多人不能正确理解燃气特许经营权与燃气经营权这两个概念，也不能准确客观地作出区分，从而可能在事实认定和法律适用上发生严重错误，继而为案件的败诉留下重大隐患，最终将让企业彻底失去安身立命之本的燃气特许经营权。基于此，对于众多燃气公司来说，提高对燃气特许经营权与燃气经营权的理解和识别显得尤为重要。

一、混淆两种权利的具体表现

(一) 立法层面的混淆

在立法层面上对燃气特许经营权与燃气经营权发生混淆的案例是比较少见的，但并不是没有。例如，在2006年7月1日施行的《安徽省燃气管理条例》第十二条即发生了混淆的现象。该条例第十二条规定："……燃气经营权应当通过招标投标等公开、公平的方式取得。"显然，此处误把燃气经营权理解为燃气特许经营权。燃气经营权的取得属于一般行政许可，依法不需要经过招标投标等程序。相反，燃气特许经营权的取得属于特殊行政许可，依法需要经过招标投标等程序。目前，这一错误的法律规定已经得以纠正。在2019年5月1日施行的《安徽省城镇燃气管理条例》第十六条规定："实行管道燃气特许经营制度。市、县人民政府应当按照公开、公平、公正的原则，通过招标、竞争性谈判等竞争方式，依法选择管道燃气特许经营者。"

(二) 司法层面的混淆

相比较于立法层面的鲜有混淆，司法层面的混淆则较多。我国虽然不是一个判例法国家，但是人民法院作出的生效判决仍然具有广泛的公信力。一个错误的判决，有着一定的误导作用，可能会给其他律师、法官、燃气从业者的理解带来负面影响，加重他们对燃气特许经营权与燃气经营权的错误理解。

案例一：濮阳九州某燃气公司与濮阳市人民政府、城管局及第三人华隆公司确认行政协议无效一案中，[1] 最高人民法院认为：《城镇燃气管理条例》第五条第二款规定："县级以上地方人民政府燃气管理部门负责本行政区域内的燃气管理工作。"因此，濮阳市城管局具有签订被诉行政协议的法定职权，其作为能够独立承担法律责任的行政主体，是本案的适格被告。就本案而言，被诉的行政协议是城管局与华隆公司签订的《濮阳市城市管道燃气特许经营协议》。根据法律规定，城管局之所以能够作为燃气特许经营协议的签约主体并授予华隆公司燃气特许经营权，主要依据是其得到了濮阳市人民政府的授权，而不是《城镇燃气管理条例》第五条第二款的授权。《城镇燃气管理条例》第五条第二款规定的是行业主管部门对于燃气经营的行政管理职权，不包括授予燃气特许经营权的权力。

案例二：在中威公司与武鸣县政府及其住建局燃气特许经营权纠纷一案中，[2] 南宁中院以中威公司没有取得燃气经营许可证为由，认定中威公司不具备履行燃气特许经营协议书的能力，继而将其作为认定燃气特许经营协议无效的理由之一。显然，南宁中院将燃气经营权作为获得燃气特许经营权的前置条件也是

---

[1] 最高人民法院（2020）最高法行再509号《行政裁定书》。
[2] 南宁市中级人民法院（2014）南市行一初字第25号《行政判决书》。

值得商榷的，在法律层面上并无相关依据。

案例三：在飞腾公司与煤化工管委会燃气特许经营权纠纷一案中，[1] 淮南中院以住建委享有燃气经营许可证办理权限为由，认定飞腾公司与住建委之间的燃气特许经营协议合法有效。据此可知，淮南中院误将燃气经营权理解为燃气特许经营权，继而认为住建委既然享有燃气经营许可证的办理权限，那么其与飞腾公司签订的燃气特许经营协议就是有效的。应当说，淮南中院的此处认定也是值得商榷的。因为根据相关法律规范的规定，燃气特许经营协议的签约主体只能是县级以上人民政府，包括住建委在内的众多政府职能部门只有在得到县级以上人民政府的授权，并经招标投标等竞争性方式选择之后，其方才有权签订燃气特许经营权协议。住建委虽然是燃气行业的主管部门，但不等于其是有权授予主体。《基础设施和公用事业特许经营管理办法》第十四条规定："县级以上人民政府应当授权有关部门或单位作为实施机构负责特许经营项目有关实施工作。"《安徽省城镇燃气管理条例》第十七条第一款规定："市、县人民政府授权的实施机构应当与取得管道燃气特许经营权的经营者，按照国家有关规定签订特许经营协议。……"

（三）经营层面的混淆

在经营层面上，很多燃气公司从业人员并不能够准确地界定燃气特许经营权与燃气经营权之间的关系，更不能区别两者之间的不同之处，常常将两者混为一谈。这种现象甚至会发生在一些从业多年的人士身上。在一起燃气经营权纠纷案件中，当地政府在《城镇燃气管理条例》实施以前，就一直给燃气公司发放燃气经营许可证，从未发放过燃气特许经营许可证，也从未实施过燃气特许经营许可政策。近年，受到工业大用户直供政策的影响，地方政府以"减少中间环节、降低用气成本"的名义，将已经授予燃气经营许可区域中的大工业用户剥离出来，重新授予其他燃气公司大工业用户直供权。此时，那些原本拿着燃气经营许可证的燃气公司在维权的过程中遭遇到一个现实困境，即燃气经营权是否像燃气特许经营权一样具有排他性？对于此，原有燃气公司坚信燃气经营权就是燃气特许经营权，享有排他性，而地方政府的回答则是完全相反的。

二、混淆两种权利的主要原因

（一）理论研究短缺

在天然气法律基础理论研究上，我国的研究应当说还处于起步阶段，基础理论薄弱，理论成果有限，理论体系尚未形成，更遑论燃气特许经营权与燃气经营权区别之上的研究了。以"燃气特许经营权"为关键词在"中国知网"检索发

---

[1] 淮南市中级人民法院（2019）皖04行终20号《行政判决书》。

现，仅有 51 条检索结果，且主要发生于 2015—2022 年。这样的一个理论研究现状，极大地影响了人们对燃气特许经营权与燃气经营权基本概念的认识和理解。

（二）立法规定空白

在立法层面上，无论是燃气特许经营权，还是燃气经营权，现有立法未能作出一个明确的界定，这给人们认知带来了一定的影响。《市政公用事业特许经营管理办法》及《基础设施和公用事业特许经营管理办法》虽然对整个市政公用事业的特许经营权作出了界定，但并不是针对燃气特许经营权所作的界定，需要据此延伸或具体规定。需要说明的是，建设部发布的《城市管道燃气特许经营协议示范文本》（GF-2004-2502）对燃气特许经营权的定义是："指本协议中甲方（县级以上人民政府）授予乙方（燃气企业）的、在特许经营期限内独家在特许经营区域范围内运营、维护市政管道燃气设施、以管道输送形式向用户供应燃气，提供相关管道燃气设施的抢修抢险业务等并收取费用的权利。"在燃气经营权的概念之上，法律上并未作出任何的界定。《燃气经营许可管理办法》的立法目的在于规范燃气经营许可行为，加强燃气经营许可管理，也未对燃气经营权作出界定。

（三）瑕疵判例误导

从检索到的司法判例来看，很多法院在审理涉及燃气特许经营权纠纷案件时，常会将燃气经营许可误解为燃气特许经营许可，从而在事实认定和法律适用上留下瑕疵。这些有瑕疵的裁判文书一经网络平台公开发布，即可被人们轻易检索到。怀着对司法权威的信仰，很多人会毫不怀疑这些裁判文书的正确性，并在此基础之上得到一个偏差较大，甚至完全错误的认知。可以说，在一传十、十传百、百传千之下，将会有越来越多的人不能正确区别燃气特许经营权与燃气经营权之间的不同之处。

三、混淆两种权利的严重后果

在很多燃气公司的观念中，认为识别燃气特许经营权与燃气经营权的意义并不大，甚至认为其只是一个概念而已，正确与否的认识不会对实际经营管理工作有任何影响。实则不然，对燃气特许经营权与燃气经营权的正确认知关系到燃气公司的维权效果，关系到燃气公司的生死存亡，关系到燃气公司的可持续发展。

四、识别两种权利的相同之处

我们认为，两者都属于行政许可的结果。燃气特许经营许可是一种特殊的行政许可，也可称之为"政府特许"，其需要通过招标等竞争性手段选择权利人，同时需要特许经营权协议等法定方式确定特许经营权内容。燃气经营许可属于一种普通的行政许可，行业主管部门根据燃气公司的申请而决定是否授予许可。在有些地方的城镇燃气管理中，明确规定燃气公司在取得燃气特许经营权后，应当再取得燃气经营许可。例如，《北京市燃气管理条例》第十七条第二款规定："实施燃气特许经营的，特许经营者或者按照特许经营协议成立的项目公司应当取得燃气经营许可。城市管理部门在办理燃气经营许可手续时，对于特许经营协议签订时已审定的内容，不再作重复审查，对其他内容的审查结果不应当导致特许经营协议内容的实质性变更。"

五、识别两种权利的不同之处

（一）授予目的不同

燃气特许经营权的授予目的主要在于准许燃气公司在一定期限及地域范围内独家从事管道燃气基础设施投资、建设、运营的权利，而燃气经营权的授予目的主要在于解决燃气经营资质的问题。燃气公司获得燃气特许经营权之后，可以从事投资、建设、运营等活动，但只有在获得燃气经营权之后，方可向终端用户供应天然气。

（二）授予主体不同

燃气特许经营权的授予主体一般是县级以上人民政府，县级以上人民政府可以委托住建局、发改委、管委会等职能部门或派出机构行使相关权力，而燃气经营权的授予主体应当是住建局。当然，关于燃气特许经营权的授权主体，其实是一个比较麻烦的问题，不但要考虑《市政公用事业特许经营管理办法》及《基础设施和公用事业特许经营管理办法》的规定，还需要充分考虑地方上的专门规定，各地做法不尽相同。

需要特别指出的是，住建局在多数情况下是燃气行业的主管部门，但并不是燃气特许经营协议的当然签约主体，其只有在获得县级以上人民政府的授权之后，方才有权签订燃气特许经营协议。与此同时，诸如经济开发区管委会、高新技术开发区管委会等各类管委会并不是一级政府，原则上无权授予燃气特许经营权，但地方上可能会有另外规定。

（三）授予依据不同

燃气特许经营权的授予依据主要是《基础设施和公用事业特许经营管理办法》及《中华人民共和国行政许可法》中有关特殊许可的相关规定。例如，《中华人民共和国行政许可法》第五十三条第一款规定："实施本法第十二条第二项所列事项的行政许可的，行政机关应当通过招标、拍卖等公平竞争的方式作出决定。但是，法律、行政法规另有规定的，依照其规定。"《中华人民共和国行政许可法》第十二条第二项规定："有限自然资源开发利用、公共资源配置以及直接关系公共利益的特定行业的市场准入等，需要赋予特定权利的事项。"燃气经营权的授予依据主要是《燃气经营许可管理办法》及《中华人民共和国行政许可

(四) 授予方式不同

《市政公用事业特许经营管理办法》《基础设施和公用事业特许经营管理办法》规定，燃气特许经营权应当通过招标投标、竞争性谈判等竞争性方式授予。具体授予方式，仍然需要结合各地的具体做法。例如，《安徽省城镇燃气管理条例》第十六条规定："实行管道燃气特许经营制度。市、县人民政府应当按照公开、公平、公正的原则，通过招标、竞争性谈判等竞争方式，依法选择管道燃气特许经营者。"据此可知，在安徽地区，招标投标不是授予燃气特许经营权的惟一方式，还可能是竞争性谈判等其他竞争方式。与之不同的是，在福建地区，原则上应当通过招标投标的方式予以授予，特殊情况下可采用其他公开、公平的方式。例如，《福建省燃气管理条例》第十二条第二款规定："管道燃气特许经营权的授予，应当依法通过招标方式作出决定。有效投标人不足三个的，可以依法采取其他公开、公平的方式作出决定。"

燃气经营权主要采取申请核准的方式授予。《燃气经营许可管理办法》第二条规定："从事燃气经营活动的，应当依法取得燃气经营许可，并在许可事项规定的范围内经营。燃气经营许可的申请、受理、审查批准、证件核发以及相关的监督管理等行为，适用本办法。"

(五) 权利载体不同

燃气特许经营权的主要载体是燃气特许经营协议，主要内容包括经营区域、经营期限、投资强度、投资进度、供气义务、应急预案及违约责任等方面，具体可参见《基础设施和公用事业特许经营管理办法》第十八条的规定。需要注意的是，有些地方还会颁发燃气特许经营权授权书或燃气特许经营许可证。当前，颁发燃气特许经营许可证的地方比较少。如《福建省燃气管理条例》规定颁发管道燃气特许经营许可证。浙江省早年也曾颁发过管道燃气特许经营许可证，后又取消。燃气经营权的载体是燃气经营许可证。根据《燃气经营许可管理办法》的规定，燃气经营许可证还有多种表现形式，如管道燃气经营许可证、瓶装气经营许可证、加气站经营许可证。

综上所述，燃气特许经营权与燃气经营权在本质上存在着诸多不同，应当适用不同的法律法规及行业政策。燃气公司应当能够准确识别两者之间的区别，了解自身权利所在，更好地保障企业的可持续发展。

第四节 燃气特许经营权的不足

任何一项制度的建设，都离不开法律规范的支撑。在燃气特许经营权的制度建设上，专门性的法律规范并不多，且存在法律层级低、法律规定不全面的问题，这可以说是当前最大的不足。

一、缺乏专门性的法律规范

从法律的层面上来说，主要的法律依据是《中华人民共和国行政许可法》，但正如一些人认为的，依据《中华人民共和国行政许可法》第十四条、第十五条的规定，燃气特许经营权不是政府特许，不能将其视之为行政许可。也就是说，《中华人民共和国行政许可法》是否适用于燃气特许经营权在实务之中仍然存在着争议。

从行政法规的层面上来说，主要的法律依据是《城镇燃气管理条例》。《城镇燃气管理条例》第一条规定："为了加强城镇燃气管理，保障燃气供应，防止和减少燃气安全事故，保障公民生命、财产安全和公共安全，维护燃气经营者和燃气用户的合法权益，促进燃气事业健康发展，制定本条例。"据此可知，《城镇燃气管理条例》主要规定燃气经营阶段的各类活动，并不规定燃气特许经营权授予等相关活动。事实上，很多地方上的城镇燃气管理也会对燃气特许经营权作出一些规定，但所涉及的条文也是屈指可数的。

从部门规章的角度来说，主要的法律依据是《市政公用事业特许经营管理办法》及《基础设施和公用事业特许经营管理办法》。《基础设施和公用事业特许经营管理办法》第二条规定："中华人民共和国境内的能源、交通运输、水利、环境保护、市政工程等基础设施和公用事业领域的特许经营活动，适用本办法。"据此可知，作为燃气特许经营权两部专门性的法律规范，也不是专门适用于燃气行业，同样适用于交通运输、水利、环境保护、市政工程等众多领域。

二、在法律规定上存在不足

就燃气特许经营权来说，由于现行法律规范并未对一些重要问题作出明确的规定，以至于在实务之中引发了不小的争议，同时也为政企矛盾埋下隐患。概括起来，法律上规定的不足有以下几个方面：

第一，燃气特许经营权与燃气经营权的区别问题。按照现行法律规定，两者应当具有明显的区别，但是在实务之中，经常发生被混用的现象，且这种现象具有相当的普遍性，甚至有些地方的高级法院也会混淆两者概念。

第二，项目公司是否必须由中标公司设立的问题。《基础设施和公用事业特许经营管理办法》第十八条第一款规定："实施机构应当与依法选定的特许经营者签订特许经营协议。需要成立项目公司的，实施机构应当与依法选定的投资人签订初步协议，约定其在规定期限内注册成立项目公司，并与项目公司签订特许经营协议。"据此可知，投资公司在中标后，应当根据地方政府的要求在本地成立项目公司。那么中标公司是否应当在项目公司持有股权？持有多少股权？对于这些问题，现有法律规范并未作出进一步的规定。从立法本意来说，投资公司应当持有项目公司至少51%的股权，这样才能最大限度地保证投资公司充足的资金、丰富的经验、精干的团队、先进的科技等优势资源能够用到燃气特许经营项目的建设及运营之上。但是从实务来看，由于法律上并未对股权作出一个明确的规定，以至于一些地方通过"借用"资质的方式参与投标，中标后，由非中标企业或其股东来注册项目公司。也就是说，中标公司与项目公司在股权上没有任何关系。实际上，也不存在任何关联。那么这样的一个招标投标可以说就是一个无用，甚至虚假的招标投标。项目公司就是通过借用资质的方式来获得燃气特许经营权。这对于地方燃气特许经营项目实施来说，是极为不利的。

第三，项目公司股东转让股权的问题。作为燃气特许经营的实施主体，项目公司在经营过程中，经常会遇到其他投资主体并购的问题。在投资并购的过程中，又往往通过出让项目公司股权的方式予以完成。那么项目公司的股东是否需要将出让股权的方式向地方政府汇报？向谁汇报？如何汇报？是否需要得到政府部门的同意？对于这一系列的问题，现行法律并未作出规定。实务之中，各地的做法也不尽相同。笔者认为，燃气特许经营事关民生，事关社会稳定，事关企业经营。项目公司的稳定是保障燃气特许经营的重要前提。所以，地方政府应当介入到投资并购中，至少需要了解受让方是否有实力继续从事燃气特许经营。燃气公司也应当主动地将股权出让之事汇报给政府行业主管部门，争取最大限度的理解与支持，避免不必要的麻烦。

第四，燃气特许经营权限制的问题。地方政府授予燃气特许经营权的目的在于投资建设燃气基础设施，提高天然气综合利用水平，优化能源结构，降低企业用气成本，方便群众生活。但是在实务之中，一些燃气公司在获得燃气特许经营权之后，存在"圈而不建"，甚至"待价而沽"的现象，严重违背燃气特许经营权的授予初衷，阻碍地方经济建设。面对这一情况，地方政府很想去限制或终止燃气特许经营权，但是由于法律上并未作出明确的规定，地方政府不知如何去实施，以致"摆烂"的现象时有发生。实际上，地方政府可以从两个方面来限制已授予的燃气特许经营权。一方面，是在燃气特许经营协议之中，对燃气公司在投资强度、投资额度、建设进度、气源方式、供气时间、供气量等方面作出约定及其违约责任。一旦发生违约情形，即可依法限制燃气特许经营权。另一方面，地方政府可以行使行政优益权。《中华人民共和国行政许可法》第八条第二款规定："行政许可所依据的法律、法规、规章修改或者废止，或者准予行政许可所依据的客观情况发生重大变化的，为了公共利益的需要，行政机关可以依法变更或者撤回已经生效的行政许可。由此给公民、法人或者其他组织造成财产损失的，行政机关应当依法给予补偿。"当然，地方政府在行使行政优益权之时，应当依法行使，即按照法定的程序进行，举行听证，给予燃气公司必要的陈述和申辩的权利。在燃气特许经营权的限制方面，尤其是在终止上，应当履行听证程序。《市政公用事业特许经营管理办法》第二十五条第二款规定："对获得特许经营权的企业取消特许经营权并实施临时接管的，必须按照有关法律、法规的规定进行，并召开听证会。"

第五，燃气特许经营权被限制后的补偿问题。《基础设施和公用事业特许经营管理办法》第三十八条规定："在特许经营期限内，因特许经营协议一方严重违约或不可抗力等原因，导致特许经营者无法继续履行协议约定义务，或者出现特许经营协议约定的提前终止协议情形的，在与债权人协商一致后，可以提前终止协议。特许经营协议提前终止的，政府应当收回特许经营项目，并根据实际情况和协议约定给予原特许经营者相应补偿。"该条仅规定地方政府需要作出"相应补偿"，对于如何"补偿"并未作出进一步的规定。这样模糊的规定，更有利于地方政府行使自由裁量权，也为地方政府乱授权提供便利，不利于保护燃气公司的合法权益，不利于本地管道燃气秩序的建设。笔者认为，在燃气特许经营权被限制后，一方面，遵守"有约定，从约定；无约定，从法定"的基本原则。另一方面，考虑过错方及程度。若是地方政府的过错，如重复授予、强行整合，对燃气公司的补偿不应仅限于投资的净资产，还应当包括可预期利益。否则，对于地方政府来说，补偿的标准过低，更容易诱发主动违约。若是燃气公司违约，对燃气公司的补偿应当不高于投资的净资产。若在争议地区未作出投资建设，那么则不需要予以补偿。否则，则变相肯定燃气公司"圈而不建"的行为。

第六，重签燃气特许经营协议的问题。在2015年以前，国内很多地方对于燃气特许经营权的授予并不十分了解。在授予燃气特许经营权之时，并未履行招标投标等竞争性方式，而是直接签订协议。有的协议，不是规范的管道燃气特许经营协议，而是诸如合资合作、天然气利用开发、天然气建设工程、入园等五花八门的协议。在这种情况下，地方政府授予燃气特许经营权的程序即存在着瑕疵。面对这一问题，一些地方政府基于依法行政的考量，要求重新签订规范的燃气特许经营协议。那么对于重签燃气特许经营协议，是否需要重新履行招标投标程序则存在着很大的争议。对于该问题，国内多数地方未作出进一步的规定，只有少数地方作出了规定。对于有规定的，便于执行操作。对于未规定的，地方政府行使职权等于没有明确的法律依据。地方政府即便想完善，也不知从何入手。

第七，已取得燃气经营许可但未签订燃气特许经营协议的问题。对于该问题，《市政公用事业特许经营管理办法》及《基础设施和公用事业特许经营管理办法》并未作出统一的规定，各地做法不一。比较有代表性的地方有四川省和浙江省。其中，《四川省城镇燃气管理条例》第二十条规定："县级以上地方人民政府可以对既有管道燃气经营实行特许经营制度。对既有管道燃气实行特许经营的，县级以上地方人民政府燃气管理部门应当会同相关部门根据国家规定组织开展辖区内既有管道燃气经营权的评估，并根据评估结果，制定既有管道燃气经营项目特许经营实施方案。经公开招标投标等合法方式竞争后，既有管道燃气经营企业未获得特许经营权的，当地人民政府燃气管理部门应当会同相关部门根据实际情况和评估结果，组织特许经营者以购买等方式给予原经营者合理补偿。"据此可知，对于已取得燃气经营许可却未签订燃气特许经营协议的，四川省视为"空白"区域。完善燃气特许经营权授予之时，应当履行招标投标等竞争性方式，不能直接签订燃气特许经营协议。

但在浙江和重庆地区，对于未签订燃气特许经营协议却获得燃气经营许可的，可以直接补签燃气特许经营协议，但应当通过评估。《浙江省管道燃气特许经营评估管理办法》第五条规定："管道燃气特许经营评估包括特许经营协议完整性评估和经营情况评估两部分。对已取得管道燃气经营许可证，但未签署特许经营协议的，由市、县人民政府与燃气经营企业补签特许经营协议，并按照本办法进行评估。"《重庆市管道天然气特许经营管理办法》第三十条第二款规定："区县（自治县）天然气管理部门应本着尊重历史和法不溯及既往的原则，制定特许经营协议补充签订工作方案，按本办法第十二条及其他有关规定完成特许经营协议补充签订。"

第八，燃气特许经营权中期评估的问题。中期评估，是地方政府有效行政监管的重要手段，是淘汰"圈而不建"燃气公司的重要途径，是人民群众实现知情权和监督权的重要保障。中期评估的重要性不言而喻，《市政公用事业特许经营管理办法》第二十一条规定："在项目运营的过程中，主管部门应当组织专家对获得特许经营权的企业经营情况进行中期评估。"《关于加强市政公用事业监管的意见》（建城〔2005〕154号）也明确要求具体落实特许经营项目的中期评估。虽然如此，中期评估在全国范围内开展并不乐观，很多地方都未启动过中期评估，这也是我国早期燃气特许经营项目呈现"粗放式"经营的一个重要原因。之所以未能依法依约开展中期评估，其中一个非常重要的原因就是地方政府未能建立起系统的中期评估体系，缺乏科学、规范、有效的评估标准，以至于地方政府不知道如何开展中期评估。当前，有据可查的只有三个地方颁发了中期评估方面的管理办法，分别是《江苏省城市市政公用事业特许经营中期评估制度》《浙江省管道燃气特许经营评估管理办法》《衡水市燃气特许经营评估及退出暂行管理办法（试行）》。

第二章 城镇燃气特许经营权的常见问题

第一节 关于燃气特许经营权重复授予的问题

地方政府将当地的燃气特许经营权授予两家以上不同的燃气公司，致使多家燃气公司都主张自己享有特许经营权，从而在实际中造成纠纷。这在实务之中又有几种具体的表现形式：一是完全重复授予，即将已被授予出去的燃气特许经营权完全授予另外一家燃气公司。二是部分重复授予，即将部分范围内已被授予出去的特许经营权授予另外一家燃气公司。部分重复授予多集中发生于经济开发区等工业用户聚集区。

"中国裁判文书网"已公开的案例来看，自2003年以来，全国各地共计发生了23起燃气特许经营权重复授予案例。需要指出的是，受限于"中国裁判文书网"更新的滞后性和非全面性，一些成诉案例的裁判文书并未公布，故而未能纳入本次统计范围之中。此外，一些地方虽然发生了燃气特许经营权重复授予的情况，但囿于政企关系，很多燃气公司并不愿意与政府打官司。所以，该部分也未能纳入本次统计范围之中。即便如此，对已公开的23起燃气特许经营权重复授予案例进行分析和探讨，依然有其价值所在。

一、重复授予的四个阶段

从发生时间来看，在这23起案例中，2003年1例，2009年1例，2010年1例，2011年2例，2012年3例，2013年2例，2014年2例，2015年5例，2016年3例，2017年1例，2018年2例。这里的"发生时间"，是指地方政府重复授予燃气特许经营权或签订燃气特许经营协议的时间，不是燃气公司的起诉时间或人民法院的裁判时间。

第一个阶段（2003年之前），空白阶段。未能搜寻到重复授予的案例。之所以如此，主要可归结于以下几个方面原因：一方面，建设部在2004年才颁布《市政公用事业特许经营管理办法》，燃气特许经营制度被正式以法律规范的方式确立起来；另一方面，在天然气开发利用上，我国尚处于比较低的水平，空白区域特别多，重复授予的情况较少发生。

第二个阶段（2004—2014年），平稳阶段。在这11年时间里，全国各地累计发生了 12 例，2004—2008 年间更是未新发生重复授予案例。2009—2014 年，平均每年 2 例。

第三个阶段（2015 年至今），暴发阶段。在 2015—2018 年时间里，累计发生了 11 例。其中，2015 年是个标志性的年度，在所有的统计年份中，重复授予的案例最多，达到 5 例。虽然在 2019—2021 年未能搜寻到重复授予的案例，但实际上肯定有案例存在。作者在此期间在四川和云南两省代理过 3 例重复授予的案例。之所以会有多起案例发生，主要可归结于以下几个方面原因：首先，2015 年，包括住房和城乡建设部等六部委联合颁布了《基础设施和公用事业特许经营管理办法》，为燃气特许经营制度的完善和实施提供了进一步的规范指引；其次，经过十多年的发展，天然气综合利用水平得到了长足发展，全国各地涌现了很多燃气公司，竞争愈加激烈。再次，在国家政策层面上，粗犷式的发展需要逐步被淘汰，要求逐步推行市场化改革，提高天然气管理政策。与此同时，全国各地也对那些"圈而不建""消极应付""怠于投资"的燃气公司出手予以整治，重新授予燃气特许经营权，引入新的燃气公司，以加快本地燃气基础设施的建设。最后，诸如高新技术开发区、煤化工产业园、工业聚集区等园区如雨后春笋般发展起来，为重复授予燃气特许经营权提供了空间条件和终端用户。

第四个阶段（未来），规范整治阶段。这个阶段之所以称之为规范整治阶段，主要是因为地方政府在重新授予燃气特许经营权方面表现得将更加专业和规范，不再轻易违反法律法规的规定，径直重新授予燃气特许经营权，生硬地造成重复授予现象，转而寻求法律上的支持，轻松驾驭"行政优益权"，充分行使特许经营协议中的单方解除权。这样对于地方政府来说，能够解除或变更原有燃气特许经营协议，重新签订燃气特许经营协议，不存在重复授予的现象。2020 年 9 月 1 日，浙江省开始实施的全国首部《管道燃气特许经营评估管理办法》具有开创性的重要意义。与此同时，国家在燃气特许经营权治理制度上，不再坚守遍地开花的原则，转而寻求高度的集中统一。中小型的燃气公司逐渐被收购兼并，全国性的大型燃气公司分割全国天然气市场。

二、重复授予的诉讼特点

一旦发生重复授予，被侵权的一方燃气公司很可能会提起诉讼来维护自身权益。诉讼主要有两种方式，一种是民事诉讼，另一种是行政诉讼。在 23 起案例中，民事诉讼有 6 例，行政诉讼有 17 例。通过对这些案例进行研究后，发现重复授予的诉讼具有以下几个方面的特点。

第一，民事诉讼完全不能达到维权效果，绝大多数会被法院以不属于民事诉讼范围为由，驳回起诉，仅 1 例因证据不足被驳回起诉。在重复授予中，后授予的一方燃气公司也会与地方政府或其职能部门或管委会签订燃气特许经营协议。对于后签订的燃气特许经营协议，无论其是否是法定的行政机关签订，是否依照法定程序签订，人民法院在民事诉讼程序之中都不会进行审查与认定，而是认为此属于行政机关职权范围，理应由行政机关先行进行处理。与此同时，在发生的6例民事诉讼案例中，有5例发生于2014年以前，1例发生于2016年。这也表明，大家越来越意识到民事诉讼难以解决燃气特许经营权重复授予的问题。

第二，行政诉讼中，重复授予多会以公共利益为由判决确认违法但不撤销。在17例行政诉讼中，确认违法的7例，撤销的4例，协议无效的1例，仍在进行的3例，驳回的1例，撤诉的1例。《中华人民共和国行政诉讼法》第七十四条规定："行政行为有下列情形之一的，人民法院判决确认违法，但不撤销行政行为：（一）行政行为依法应当撤销，但撤销会给国家利益、社会公共利益造成重大损害的；（二）行政行为程序轻微违法，但对原告权利不产生实际影响的。""行政行为有下列情形之一，不需要撤销或者判决履行的，人民法院判决确认违法：（一）行政行为违法，但不具有可撤销内容的；（二）被告改变原违法行政行为，原告仍要求确认原行政行为违法的；（三）被告不履行或者拖延履行法定职责，判决履行没有意义的。"据此可知，如果重复授予被判决确认违法，但不撤销，那么这对于后授予燃气特许经营权的企业来说是比较有利的，等于以人民法院判决的方式正式获得了重复授予地域的燃气特许经营权。一家欢喜一家愁。对于先授予燃气特许经营权的企业来说，其等于失去了原本属于自己的特许经营区域，最多只能向实施违法授予的行政机关主张赔偿。

在7例确认重复授予违法的案例中，无一例外均涉及公共利益。人民法院多认为，后授予的燃气特许经营权虽存在重复授予的现实情况，但天然气牵涉到本地经济发展、企业经营生产、百姓用气等问题。如果予以撤销，那么社会公共利益将难以得到保障。同时，后授予的燃气公司在管道气资源、燃气基础设施建设、经营时间等方面的投资也会成为人民法院衡量的重要指标。

第三，诉讼程序相当漫长。在23起案例中，多数会发生一审、二审程序，有的还会发生重审、再审、抗诉等程序，甚至会发生打完民事诉讼再来打行政诉讼的极端案例。之所以会如此，主要可归结于以下几个方面的原因：一是因为燃气特许经营权对于任何一个企业来说都是非常重要的，甚至关系到一个企业的生死存亡。即便不能影响到一个企业的生死存亡，也会影响到一个企业在未来约30年时间里的市场占有率、利润空间及销气量。二是很多燃气公司对于特许经营权的争夺与维护会制定赏罚机制。相反，对于丢失燃气特许经营权的个人，则会给予惩罚，扣罚绩效，解除领导职务。三是燃气特许经营权的授予与撤销一定会牵涉利益相关方，各种关系错综复杂，这些因素能够对诉讼程序的推进产生一定的影响。四是法官享有较大的自由裁量权,各方都会想方设法影响法官的裁判。在燃气特许经营权重复授予的案件中,人民法院可以判决确认重复授予违法,也可以判决撤销。这两个结果,无论怎么判都不会违反现行法律规定,但对于当事双方影响却特别巨大。从法官自由裁量权的角度来说,有的人可能会认为,国家应当加强立法,进行细化,限制自由裁量权。其实不然,以公共利益为例,在法律上就很难对其进行明确化,这样的状况一直存在于古今中外的法律规范之中。不过,最高人民法院可以出台相关的司法解释或指导意见,对其进行类型化,以限制自由裁量权。五是作为原告一方的燃气公司及其代理律师,缺乏燃气特许经营权的诉讼经验,缺乏对相关法律规范的了解。在民事诉讼及行政诉讼中,作出错误选择。在县级人民政府、住建局、管委会等被告中,作出错误选择。以选择被告为例,在重复授予案件中,很多燃气公司在将住建局等签约部门作为被告之时,也会将县级人民政府作为共同被告。对此,有的人民法院会认为,燃气特许经营协议是由住建局独立作出的行政行为,县级人民政府不是本案适格被告。这样,人民法院就会裁定驳回对县级政府的诉请,将案件移送有管辖权的县级人民法院。维权企业如不服,则可能会因此而提起上诉,额外增加诉讼程序。

三、重复授予的最高判例

最高人民法院的判例具有相当高的权威性和指导意义,全国各地法院更容易接受最高人民法院的裁判意见。所以,熟悉掌握最高人民法院的裁判要旨对于维权具有很重要的价值。在23起案例中,最高人民法院累计作出了9份裁判文书,关系到公共利益、特许经营区域划分等各个方面。

第一,关于公共利益的认定方面。在益民公司与亿星公司燃气特许经营权重复授予一案中,2005年3月1日,最高人民法院作出(2004)行终字第6号《行政判决书》认为:虽然市计委作出《招标方案》、发出《中标通知书》及市政府作出54号文的行为存在适用法律错误、违反法定程序之情形,且影响了上诉人益民公司的信赖利益,但是如果判决撤销上述行政行为,将使公共利益受到以下损害:一是招标活动须重新开始,如此则周口市"西气东输"利用工作的进程必然受到延误。二是由于具有经营能力的投标人可能不止亿星公司一家,因此重新招标的结果具有不确定性,如果亿星公司不能中标,则其基于对被诉行政行为的信赖而进行的合法投入将转化为损失,该损失虽然可由政府予以弥补,但最终亦必将转化为公共利益的损失。三是亿星公司如果不能中标,其与中石油公司签订的"照付不议"合同亦将随之作废,周口市利用天然气必须由新的中标人重新与中石油公司谈判,而谈判能否成功是不确定的,在此情况下,周口市民及企业不仅无法及时使用天然气,甚至可能失去"西气东输"工程在周口接口的机会,从而对周口市的经济发展和社会生活造成不利影响。

在中威公司与中金公司燃气特许经营权重复授予一案中，2015年12月30日，最高人民法院作出（2015）行监字第2035号《行政裁定书》认为：被诉具体行政行为违法，但撤销该具体行政行为将会给国家利益或者公共利益造成重大损失的，人民法院应当作出确认被诉具体行政行为违法的判决，并责令被诉行政机关采取相应的补救措施；造成损害的，依法判决承担赔偿责任。本案中，首先，中金公司在签订《特许经营合同》后已经基本完成市政管道铺设，基本建成管道燃气门站等管道燃气供气设施，并已取得梧州市市政局试运行的批复，可见中金公司对工程已有大量投入，燃气供应也已进入试运行阶段，部分辖区内的居民开始接受供气。若撤销该合同，将导致已使用燃气的用户暂停用气，延后尚未使用燃气的居民的用气时间，影响居民的生活。其次，若撤销该合同，中威公司如无法接收中金公司已建设燃气设施，将导致工程重复建设，浪费市政资源，增加社会管理成本。最后，从燃气工程建设的速度和进度来看，中金公司明显优于中威公司，更符合政府行政管理目的，更有利实现行政管理职能，维护公共利益。

第二，关于不属于民事案件诉讼范围的认定方面。在天地某燃气公司与天目某燃气公司燃气特许经营权重复授予一案中，2015年10月16日，最高人民法院作出（2015）民申字第256号《民事裁定书》认为：本案争议焦点为城市规划区域范围的确定是否属人民法院民事案件裁判范畴。……该争议的解决，不能回避商丘市城市区域范围的认定问题。而城市规划区域应由行政机关依法确定。但本案中，商丘市相关部门对该市城市规划区域范围的意见并不一致。商丘市人民政府或其他有权机关亦未就商丘市城市规划区域的范围作出明确的认定。根据《最高人民法院关于适用〈中华人民共和国行政诉讼法〉若干问题的解释》第十一条的规定，政府特许经营协议属行政机关为实现公共利益或者行政管理目标，在法定职责范围内，与公民、法人或者其他组织协商订立的具有行政法上权利义务内容的协议。如前所述，在行政机关未明确本案《特许经营协议》所涉商丘市城市规划区域范围的情况下，直接认定天地某燃气公司依该协议所享有特许经营权的区域范围，超出人民法院民事裁判的范畴。但是一审、二审裁定以天地某燃气公司未能提供该图示（区域范围），故不能证明其特许经营区域范围为由驳回其起诉不当。上述裁定关于界定城市规划区域范围属政府行政职权的意见正确，在该范围未经行政机关依法确定前，驳回新奥公司基于此提起的侵权诉讼，并无不当。

在兆薪公司与天地某燃气公司燃气特许经营权重复授予一案中，2013年5月28日，最高人民法院作出（2013）民申字第314号《民事裁定书》认为：天地某燃气公司与兆薪公司均是在滦县人民政府的授权及许可范围内经营燃气管道建设及供应，经营范围及区域的具体确认，应由授权单位即滦县人民政府自己作出解释。即使上述两份协议在经营范围上存有冲突，也是滦县人民政府根据本地区的发展与规划依行政职权作出的决策，法院在本案用益物权纠纷中无权替滦县人民政府作出解释，并对双方的经营范围进行具体划分。而且，兆薪公司在一审中明确表示，不要求追加滦县人民政府为当事人。因此，二审法院认为兆薪公司与新奥公司经营区域如何划分、经营权是否存在冲突等问题，不属于本案审理范围，并无不当。

第三，关于重复授予违法应予撤销的认定方面。在新山新能公司与平果华商公司燃气特许经营权重复授予一案中，最高人民法院作出（2017）最高法行申6054号《行政裁定书》认为：本案中，田阳县政府未经招标投标程序，授予平果华商公司燃气特许经营权，违反法定程序。但是，由于平果华商公司取得燃气特许经营权在先，田阳新山公司取得在后，上述违反法定程序行为并未对田阳新山公司的合法权益造成损害，二审判决确认田阳县政府授予平果华商公司燃气特许经营权行为违法，符合法律规定。同时，鉴于广西壮族自治区高级人民法院于2016年5月27日作出的（2015）桂行再字第10号再审行政判决已经将百色新山铝产业示范园区内南昆铁路线以北的燃气特许经营权保留给田阳新山公司，为与生效的10号再审判决保持一致，避免关联判决之间发生冲突，二审判决同时撤销田阳县政府授予平果华商公司在某产业示范园区某铁路以北区域的燃气特许经营权，并无不当。平果华商公司、田阳华商公司主张，特定投资环境下未经招标投标程序授予其燃气特许经营权虽然存在瑕疵，但尚不构成违法，不符合《中华人民共和国行政诉讼法》第七十四条第一款第（二）项规定。平果华商公司、田阳华商公司还主张，二审法院判决以南昆铁路为界划分管道燃气特许经营区域超越职权，行使了地方人民政府的职权，有违公平原则。但是，以南昆铁路为界划分管道燃气特许经营区域，系生效的10号再审判决结论，本案受该生效判决拘束。

第四，关于燃气特许经营区域由协议约定的认定。在重庆公司与咸阳公司燃气特许经营权重复授予一案中，2019年6月20日最高人民法院作出（2015）民二终字第260号《民事裁定书》认为：依据《市政公共事业特许经营管理办法》及《基础设施和公用事业特许经营管理办法》的相关规定，特许经营区域应由当地市政公共事业主管部门依据人民政府的授权，与企业签订《特许经营协议》进行约定。

四、重复授予的案例统计

重复授予的23个案例，见表2.1-1。

重复授予的 23 个案例　　　　　　　表 2.1-1

序号	一方	对方	地点	时间	类型	裁判结果	主要理由	最高人民法院受理
1	益民公司	亿星公司	河南	2003 年	行政诉讼	确认违法	公共利益	1
2	兴平公司	咸阳公司	陕西	2009 年	民事诉讼	驳回	证据不足	2
3	京融公司	中油紫源公司	江苏	2010 年	行政诉讼	确认违法	公共利益	0
4	兆薪公司	天地某燃气公司	河北	2011 年	民事诉讼	驳回	案由错误	1
5	平果华商公司	新山新能公司	广西	2011 年	行政诉讼	撤销	程序违法	1
6	华隆公司	九州某燃气公司	河南	2012 年	行政诉讼	撤销	程序违法	0
7	天地某燃气公司	天目某燃气公司	河南	2012 年	民事诉讼	驳回	案由错误	1
8	联油公司	九州某燃气公司	山东	2012 年	民事诉讼	驳回	案由错误	0
9	中威公司	中金公司	广西	2013 年	行政诉讼	确认违法	公共利益	0
10	中油公司	九州某燃气公司	广东	2013 年	行政诉讼	确认违法	公共利益	0
11	港京某燃气公司	九丰公司	广东	2014 年	民事诉讼	驳回	案由错误	0
12	天目某燃气公司	惠民公司	河北	2014 年	行政诉讼	确认违法	公共利益	0
13	光明燃气公司	天目某燃气公司	山东	2015 年	行政诉讼	确认违法	公共利益	0
14	福裕公司	绿能公司	河北	2015 年	行政诉讼	撤诉	自愿撤诉	0
15	赛博公司	中油公司	湖北	2015 年	行政诉讼	仍在进行	—	0
16	博远公司	九州某燃气公司	河南	2015 年	行政诉讼	协议无效	重复授予	0
17	九州某燃气公司	华隆公司	河南	2015 年	行政诉讼	仍在进行	—	1
18	天目某燃气公司	九州某燃气公司	山西	2016 年	行政诉讼	仍在进行	—	1
19	天全天然气公司	华兴公司	四川	2016 年	民事诉讼	驳回	案由错误	0
20	福伦公司	天目某燃气公司	海南	2016 年	行政诉讼	驳回	批复不可诉	0
21	飞腾公司	福伦公司	安徽	2017 年	行政诉讼	撤销	无法定职权	0
22	华夏公司	蓝天公司	河南	2018 年	行政诉讼	确认违法	不撤销	0
23	鑫泰公司	昊泰公司	新疆	2018 年	行政诉讼	撤销	重复授予	0
				小计				9

第一，2003 年，河南周口市，益民公司与亿星公司。

2000 年 7 月 7 日，原周口市建设局以《关于对周口市益民燃气有限责任公司为"周口市管道燃气专营单位"的批复》，授予益民公司燃气特许经营权。2003 年 6 月 20 日，经招标投标，原周口市计委向亿星公司下达中标通知书，将燃气特许经营权重复授予亿星公司。益民公司提起行政诉讼。2005 年 3 月 1 日，最高人民法院作出（2004）行终字第 6 号《行政判决书》，确认原周口市计委重复向亿星公司授予燃气特许经营权违法，但基于公共利益原因，不予撤销，并责令周口市人民政府及原周口市计委对益民公司予以合理弥补。

第二，2009 年，陕西兴平市，兴平公司与咸阳公司。

2000 年 6 月 28 日，兴平市建设局及招商引资办公室与重庆玉祥公司签订

《合作开发天然气合同书》，授权重庆玉祥公司独家经营兴平市天然气业务，后成立兴平公司。2009年5月5日，兴平市人民政府作出兴政函〔2009〕9号《关于咸阳市天然气输配三期工程兴平辖区规划预审意见的批复》，该批复同意将东起咸阳界、西至武功界、南起渭河北岸、北至礼泉界（不含302部队至408厂，西宝高速公路至引惠北干渠的区域）天然气特许经营权授予咸阳公司。重复授予的地方为新兴纺织工业园。咸阳公司提起民事诉讼。2021年4月6日，陕西省高级人民法院作出（2021）陕民终129号《民事判决书》，以咸阳公司无证据证实在争议地区拥有燃气特许经营权为由，维持一审判决，驳回起诉。

2013年2月，重庆玉祥公司以兴平市住建局为被告将确认合同效力纠纷一案诉至重庆市巴南区人民法院，该案经重庆市第五中级人民法院终审，于2013年10月15日作出（2013）渝五中法民终字第03807号《民事判决书》，判决认定原告重庆玉祥公司与被告兴平市住建局签订的《合作开发天然气合同书》有效，双方继续履行合同，重庆玉祥公司享有兴平市行政区域内的天然气独家经营权。兴平市住建局不服，申诉至最高人民法院，最高人民法院认为（2013）渝五中法民终字第03807号《民事判决书》认定基本事实不清，遂以（2019）最高法民再190号《民事裁定书》，撤销重庆市第五中级人民法院（2013）渝五中法民终字第03807号《民事判决书》及重庆市巴南区人民法院（2013）巴法民初字第00482号《民事判决书》，指令陕西省高级人民法院审理该案。陕西省高级人民法院（2019）陕民初57号《民事判决书》重审判决，重庆玉祥公司与兴平市住建局于2000年9月8日签订的《合作开发天然气合同书》约定的主要内容有效，双方应当继续履行合同。该案重审时，兴平公司撤回了请求确认其在兴平市行政区域内享有独家经营天然气的权利的诉讼请求。

2014年，重庆玉祥公司与兴平公司以咸阳公司为被告将侵权纠纷一案诉至陕西省高级人民法院，2015年6月16日陕西省高级人民法院以（2014）陕民二初字第00005号《民事判决书》判决：一、咸阳公司侵犯了重庆玉祥公司、兴平公司在兴平市的独家经营权，应停止在兴平市某镇进行天然气管道建设，并恢复原状；二、咸阳市天然气有限公司赔偿重庆公司、兴平公司依法维权所支出的律师费35万元；三、驳回重庆玉祥公司、兴平公司的其他诉讼请求。咸阳公司不服，上诉至最高人民法院，最高人民法院2019年6月20日作出（2019）民二终字第260号《民事裁定书》，认为陕西省高级人民法院作出（2014）陕民二初字第00005号《民事判决书》认定事实不清，将该案发回陕西省高级人民法院重新审理。重审时重庆玉祥公司、兴平公司撤回该案起诉。

第三，2010年，江苏连云港赣榆区，京融公司与中油紫源公司。

2002年7月1日，原赣榆县人民政府与香港汇德海投资公司签订协议书，授予赣榆京融公司在辖区内的燃气特许经营权。2010年7月13日，原赣榆县住建局与中油紫源公司签订燃气特许经营协议,授予中油紫源公司辖区内四大园区的燃气特许经营权。赣榆京融公司提起行政诉讼。2014年12月30日,江苏省高级人民法院作出(2014)苏行终字第158号《行政判决书》,确认原赣榆县住建局授予中油紫源公司燃气特许经营权行为违法,但基于公共利益原因,不予撤销,并责令原赣榆县人民政府在六个月内采取相应的补救措施。

第四,2011年,河北滦县,兆薪公司与天地某燃气公司。

2005年3月2日,滦县建设局与兆薪公司签订《燃气开发协议书》,将滦县城区(含开发区——企业自备气除外)燃气特许经营权授予兆薪公司。2011年6月8日,滦县发改局与公司签订《天然气经营协议》,将兆薪公司以外的经营区域燃气特许经营权授予天地某燃气公司。兆薪公司提起民事诉讼。2013年5月28日,最高人民法院作出(2013)民申字第314号《民事裁定书》,驳回兆薪公司再审申请。最高人民法院认为经营区域的解释属于行政机关职权,同时认为制定天地某燃气公司经营燃气及建设燃气设施行为是否违法属于行政机关职权。基于此,本案不属于民事案件审理范围。

第五,2011年,广西百色市田阳县,平果华商公司与新山新能公司。

2010年9月15日,经田阳县人民政府授权,田阳县市政管理局与平果华商公司签订《田阳县管道燃气特许经营协议》,将田阳县行政区域内燃气特许经营权授予平果华商公司。2011年3月16日,经百色新山铝产业示范园管委会授权,新山开发投资公司代表管委会与新山新能公司签订《百色新山铝产业示范园管道燃气特许经营协议》。2011年3月18日,新山开发投资公司与新山新能公司签订《百色新山铝产业示范园管道燃气特许经营协议》,将田阳县内的新山铝产业示范园区燃气特许经营权重复授予新山新能公司。平果华商公司先行提起民事诉讼。2012年11月5日,百色市中级人民法院作出(2012)百中民一终字第385号《民事判决书》,认定新山新能公司构成侵权,需要承担民事侵权责任。2013年9月17日,广西壮族自治区高级人民法院作出(2013)桂民提字第130号《民事裁定书》,认为本案不属于民事案件,撤销一审及二审判决,驳回平果华商公司诉请。

后来,平果华商公司重新提起行政诉讼,2014年6月16日,田阳县人民法院作出(2014)阳行初字第5号《行政判决书》,确认新山管委会授予新山新能公司燃气特许经营协议违法并予以撤销。新山管委会与新山新能公司不服,提起上诉。百色市中级人民法院作出(2014)百中行终字第59号《行政判决书》,维持一审判决。2015年4月2日,广西壮族自治区人民检察院以桂检行监(2015)22号行政抗诉提起抗诉。2016年5月27日,广西壮族自治区高级人民法院作出(2015)桂行再字第10号《再审判决书》,撤销(2014)百中行终字第59号《行政判决书》,变更(2014)阳行初字第5号《行政判决书》:确认新山管委会授予新山新能公司燃气特许经营权的行为违法，以南昆铁路线为界，撤销新山管委会授予的南昆铁路以南区域的燃气特许经营权。

2014年6月17日，新山新能公司提起行政诉讼，请求撤销田阳县人民政府于2010年9月15日授予平果华商公司在田阳县内的燃气特许经营权。百色市中级人民法院作出（2014）百中行初字第1号《行政判决书》，以重复起诉为由，驳回起诉。2016年10月9日，广西壮族自治区高级人民法院作出（2015）桂行终字第21号《行政判决书》，撤销（2014）百中行初字第1号判决，撤销田阳县人民政府授予平果华商公司在百色新山铝产业示范园区范围内南昆铁路以北区域的燃气特许经营权。2017年11月24日，最高人民法院作出（2017）最高法行申6054号《行政裁定书》，认为（2015年）桂行终字第21号判决正确，驳回再审申请。

第六，2012年，河南濮阳市范县，华隆公司与九州某燃气公司。

2010年8月18日，濮阳市华龙区人民政府与华隆公司签订《濮阳市华龙区濮东产业集聚区燃气项目投资建设合同》，授予华隆公司燃气特许经营权。2012年8月21日，经濮阳市人民政府委托，濮阳市市政公用事业局与九州某燃气公司签订燃气特许经营协议，将濮东产业园集聚区的燃气特许经营权重复授予九州某燃气公司。九州某燃气公司提起行政诉讼。2015年12月12日，范县人民法院作出（2015）范行初字第1号《行政判决书》，撤销濮阳市华龙区人民政府与华隆公司签订的项目投资建设合同。

第七，2012年，河南商丘市睢阳区，天地某燃气公司与天目某燃气公司。

2007年12月27日，经商丘市人民政府授权，商丘市市政管理局与天地某燃气公司签订燃气特许经营协议，授予天地某燃气公司商丘市城市规划区内的燃气特许经营权。2012年10月12日，弘泰燃气公司与睢阳区人民政府签订《投资建设天然气加气母站项目合同书》，授予弘泰燃气公司在睢阳区内的燃气特许经营权。后弘泰燃气公司更名为天目某燃气公司。天地某燃气公司提起民事诉讼。2015年10月16日，最高人民法院作出（2015）民申字第256号《民事裁定书》，认为城市规划区域范围的界定属于行政机关职权，不属于民事诉讼范围，驳回起诉。

第八，2012年，山东济宁市任城区，联油公司与九州某燃气公司。

2012年9月25日、2012年11月8日，联油公司分别与济宁市市中区人民政府、任城区人民政府签订燃气特许经营协议，授予济宁市市中区、任城区燃气特许经营权。2009年12月，济宁市住建局与济宁市燃气公司签订燃气特许经营协议，将济宁市市中区、任城区、北湖度假、高新技术开发区及未来规划区的燃气特许经营权授予济宁市燃气公司。后来，济宁市燃气公司更名为九州某燃气公司。联油公司提起民事诉讼，要求九州某燃气公司停止在任城区的长沟镇、喻屯镇的侵权行为。2017年12月12日，济宁市任城区人民法院作出（2017）鲁0811民初10178号《民事裁定书》，认为特许经营权区域划分属于行政机关职权，不属于民事诉讼范围，驳回起诉。

第九，2013年，广西苍梧县，中威公司与中金公司。

2010年4月23日，经苍梧县人民政府授权，苍梧县住建局与中威公司签订《特许经营协议》，将苍梧县燃气特许经营权授予中威公司。2013年2月25日，苍梧县人民政府与中金公司签订《特许经营合同》，将苍梧县燃气特许经营权重复授予中金公司。中威公司提起行政诉讼。2015年12月30日，最高人民法院作出（2015）行监字第2035号《行政裁定书》，认为广西壮族自治区高级人民法院作出的（2014）桂行终字第35号《行政判决书》正确，苍梧县人民政府与中金公司签订的《特许经营合同》违法，但基于公共利益原因，不予撤销。驳回中威公司再审申请。

第十，2013年，广东英德市，中油公司与九州某燃气公司。

2008年8月20日，英德市住建局与中油公司签订《英德市管道燃气特许经营协议》，将英德市辖区燃气特许经营权授予项目公司英德中油公司。2010年8月24日、2011年8月16日，清远华侨工业园英德英红管委会分别与英德中油公司签订《投资天然气站项目合同书》及《投资天然气站项目合同书补充协议2》，授予英德中油公司在清远华侨工业园英德英红园规划红线范围内的燃气特许经营权。2013年2月20日，经公开招标投标，英德市规划和城市管理局与九州某燃气公司签订燃气特许经营协议，取得包括英德英红工业园区在内的燃气特许经营权。英德中油公司提起行政诉讼。2018年5月31日，广东省高级人民法院作出（2017）粤行终559号《行政判决书》，认为九州某燃气公司的特许经营协议违法，但其所获得的燃气特许经营权并不无效，责令英德市政府及英德英红管委会采取相应的补救措施。

第十一，2014年，广东清远市清城区，港京某燃气公司与九丰公司。

2012年9月25日，清远市人民政府授权城市综合管理局与港京某燃气公司签订特许经营协议，将包括清远清城区经济开发区在内的多个地方的燃气特许经营权授予港京某燃气公司。2014年9月25日，九丰公司与广州（清远）产业转移工业园区管委会签订《广州（清远）产业转移工业园项目投资合作协议》。港京某燃气公司提起民事诉讼。2017年6月22日，清远市清城区人民法院作出（2017）粤1802民初1458-1号《民事裁定书》，认为原被告双方的协议均系行政机关为了燃气能源开发利用的建设与行政相对方协商投资参与、确定双方权利义务而签订的行政合同，范围涉及广清产业园。由此产生的争议，不属于民事诉讼范围，驳回起诉。

第十二，2014年，河北武邑县，天目某公司与惠民公司。

2008年11月12日,武邑县人民政府与益友公司签订《武邑县管道天然气项目投资建设合同》。2008年11月20日,武邑县住建局为老惠民公司颁发燃气特许经营权证书。2014年7月5日,衡水实华天然气有限公司分立为实华公司和新惠民公司。2014年9月19日,武邑县住建局作出《关于批准武邑县惠民天然气有限公司特许经营权存续的通知》,武邑县燃气特许经营权由新惠民公司承继。2010年4月9日,武邑县人民政府作出《关于衡水泰华房地产开发有限公司投资建设天然气利用项目的答复意见》,同意昆仑公司在武邑县境内投资建设管道天然气。2011年11月3日,天目某公司取得燃气经营许可证,经营区域为衡水工业新区。天目某公司提起行政诉讼。2019年9月20日,衡水市中级人民法院作出(2019)冀11行终132号《行政判决书》,维持一审判决,武邑县住建局作出的《关于批准武邑县惠民天然气有限公司特许经营权存续的通知》违法,但基于公共利益原因,不予撤销。

昆仑公司诉被告武邑县住房和城乡规划建设局、第三人惠民公司公司燃气行政许可一案,河北省武邑县人民法院于2015年11月9日作出(2015)武行初字第10号《行政判决书》。惠民公司不服,提起上诉,衡水市中级人民法院于2016年3月29日作出(2016)冀11行终10号《行政裁定书》,撤销原判,驳回天目某公司的起诉。天目某公司不服终审裁定,向河北省高级人民法院申请再审,河北省高级人民法院于2016年12月25日作出(2016)冀行申331号《行政裁定书》,指令衡水市中级人民法院进行再审。再审后,于2017年3月28日作出(2017)冀11行再1号《行政裁定书》,撤销衡水市中级人民法院(2016)冀11行终10号《行政裁定书》,恢复二审程序,由原审判组织继续审理。衡水市中级人民法院于2017年7月31日作出(2017)冀11行终80号《行政裁定书》,撤销武邑县人民法院(2015)武行初字第10号《行政判决书》,发回武邑县人民法院重审。武邑县人民法院报请衡水市中级人民法院指定审理,衡水市中级人民法院指定衡水市冀州区人民法院审理本案。衡水市冀州区人民法院于2018年5月28日作出(2018)冀1181行初2号《行政裁定书》,驳回天目某公司起诉。天目某公司不服,上诉。河北省衡水市中级人民法院于2018年8月24日作出(2018)冀11行终54号《行政裁定书》,准许天目某公司撤回上诉。

第十三,2015年,山东枣庄市台儿庄区,光明公司与天目某公司。

2009年7月31日,枣庄市台儿庄区建设局经被告台儿庄区人民政府授权,与枣庄市燃气总公司签订《台儿庄区城区天然气项目特许经营权合同书》,将台儿庄区城区燃气特许经营权授予光明公司。2015年7月20日,台儿庄区人民政府将台儿庄区城区燃气特许经营权重复授予天目某公司。2019年1月30日,枣庄市中级人民法院作出(2018)鲁04行初26号《行政判决书》,确认台儿庄区人民政府与天目某公司签订的燃气特许经营协议违法,但基于公共利益原因,不予撤销。2020年4月23日,山东省高级人民法院作出(2020)鲁行终276号《行政裁定书》,维持原判。

第十四,2015年,河北宁晋县,中裕燃气公司与绿能公司。

2003年10月18日,宁晋县住建局与福伦公司签订《城市燃气开发合同》,将宁晋县的燃气特许经营权授予项目公司福裕燃气公司。2015年9月9日,宁晋县住建局与绿能公司签订《宁晋县城市管道燃气特许经营协议》,将宁晋县燃气特许经营权重复授予绿能公司。福裕燃气公司提起行政诉讼。2018年6月6日河北省南宫市人民法院作出(2018)冀0581行初32号《行政判决书》,确认绿能公司的燃气特许经营协议违法并撤销。2018年11月2日,河北省邢台市中级人民法院作出(2018)冀05行终167号《行政裁定书》,准许绿能公司撤回上诉,准许福裕公司撤回起诉,(2018)冀0581行初32号《行政判决书》视为撤销。

第十五,2015年,湖北黄冈蕲春县,赛博公司与中油公司。

2004年6月16日,蕲春县天然气利用项目领导小组办公室代表蕲春县人民政府与赛博公司签订《蕲春县天然气项目投资建设协议书》。2005年赛博公司正式开工建设。2007年12月1日,蕲春县发改局与赛博公司签订招商合同书。2009年12月9日,赛博公司取得燃气经营许可证,经营区域为蕲春漕河、横车、赤东镇。2015年12月11日,中油公司分别与蕲春县人民政府、蕲春县住建局签订《中油某泰管道天然气项目投资经营协议》《蕲春县管道燃气特许经营协议书》,燃气特许经营区域为河西新区、陶瓷工业园以及赤东、管窑、彭思、横车、株林镇现行行政管辖区域内。两家燃气公司在横车、赤东两个镇的经营区域重叠。赛博公司提起行政诉讼。2019年6月21日,湖北省黄冈市中级人民法院作出(2019)鄂11行终62号《行政裁定书》,维持一审判决作出的撤销中油公司燃气特许经营协议。2020年9月29日,湖北省高级人民法院作出(2020)鄂行申186号《行政裁定书》,提审本案,新的裁判文书暂未获取。

第十六,2015年,河南濮阳县,博远公司与九州某燃气公司。

2012年3月8日,濮阳县公用事业局(后更名为濮阳市城市管理局)与博远公司签订《天然气特许经营协议》,将濮阳县户部寨镇、柳屯镇、清河乡三个乡镇的燃气特许经营权授予博远公司。2012年8月21日,濮阳市城市管理局与九州某燃气公司签订《濮阳九州某燃气有限公司管道燃气特许经营协议》,将包括濮阳工业园区在内的濮阳规划区燃气特许经营权授予九州某燃气公司。2013年6月18日,濮阳市人民政府下发工业园区代管濮阳县华龙区部分村庄移交方案,将柳屯镇12个村庄及清河乡2个村庄移交给工业园区代管。2015年8月1日,濮阳市公用事业局与九州某燃气公司签订《补充协议》,将流村镇及清河乡14个乡镇的燃气特许经营权授予九州某燃气公司。2020年5月25日,河南省濮阳市中级人民法院作出（2020）豫09行终13号《行政判决书》，维持一审确认的九州某燃气公司《补充协议》中14个乡镇的燃气特许经营权无效。

第十七，2015年，河南濮阳市华龙区，九州某燃气公司与华隆公司。

2012年8月21日，九州某燃气公司与濮阳市城市管理局签订《濮阳九州某燃气有限公司管道燃气特许经营协议》，将包括濮阳工业园区在内的濮阳规划区燃气特许经营权授予九州某燃气公司。2013年12月10日，濮阳市城市管理局与华隆公司签订《濮阳市城市管道燃气特许经营协议》。经营区域部分重叠。2015年8月1日，濮阳市城市管理局又与九州某燃气公司签订《濮阳九州某燃气有限公司管道燃气特许经营补充协议》。九州某燃气公司提起行政诉讼。2019年6月18日，河南省高级人民法院作出（2018）豫行终111号《行政判决书》，维持一审判决，确认华隆公司的燃气特许经营协议违法。2020年11月24日，最高人民法院作出（2019）最高法行申13741号《行政裁定书》，提审本案，新裁判文书暂未获取。

第十八，2016年，山西大同新荣区，天目某公司与九州某燃气公司。

2013年11月18日，大同新荣区人民政府授权住建局与天目某公司签订《大同市新荣区管道燃气特许经营协议》，将新荣区的燃气特许经营权授予天目某公司。2016年12月15日，大同新荣区向发出天目某公司发出《关于取消大同市新荣区特许经营权的函》，取消天目某公司的燃气特许经营权。与此同时，2011年9月，大同市政管理委员会已与九州某燃气公司签订《大同市城市燃气特许经营协议》，将新荣区的燃气特许经营权授予九州某燃气公司。天目某公司不服大同新荣区人民政府的解除行为，提起行政诉讼。2017年12月28日，山西省高级人民法院作出（2017）晋行终645号《行政判决书》，维持一审判决确认的大同新荣区人民政府继续履行与天目某公司之间的燃气特许经营协议。2020年9月28日，最高人民法院作出（2020）最高法行再30号《行政裁定书》，因原审遗漏九州某燃气公司，指令朔州市中级人民法院重新审理，新的裁判文书暂未获取。

第十九，2016年，四川天全县，天全县天然气公司与华兴公司。

自2007年12月5日开始，天全县天然气公司即在天全县境内从事管道燃气经营业务，获得县政府出具的相关批文，但一直未能签订燃气特许经营协议，未能获得燃气特许经营权。2016年7月1日，四川陆升天然气有限公司与天全县住建局签订《天全县乡镇管道天然气项目特许经营协议书》，将天全县辖区内九个乡镇的燃气特许经营权授予项目公司华兴公司。华兴公司提起民事诉讼。2019年11月20日，雅安市中级人民法院作出（2019）川18民初1022号《民事裁定书》，以涉及进行区域划分属行政机关职权范围为由，维持一审裁定，驳回起诉。2020年7月28日，四川省高级人民法院作出（2020）川民申3173号《民事裁定书》，驳回天全县天然气公司的再审申请。

第二十，2016年，海南白沙县，福伦公司与天目某公司。

2016年1月19日,白沙县人民政府向县住建局作出《关于同意签订管道天然气特许经营协议的批复》,授权住建局与天目某公司签订《特许经营协议》。福伦公司先后提起民事诉讼及行政诉讼。2019年9月25日,海南省高级人民法院作出(2019)琼行终430号《行政裁定书》,以批复不具有可诉性为由,维持一审裁定,驳回起诉。

第二十一,2017年,安徽淮南市潘集区,飞腾公司与福伦公司。

2012年9月16日,安徽淮南市潘集区住建局与飞腾公司签订《安徽省淮南市潘集区天然气利用工程项目投资特许经营合同书》,将潘集区燃气特许经营权授予飞腾公司。2016年8月,淮南市潘集区住建局与飞腾公司签订《淮南市潘集区天然气特许经营补充协议》。2017年6月16日,煤化工管委会与福伦公司签订《安徽(淮南)现代煤化工产业园天然气入园项目投资协议》,约定煤化工管委会授予福伦公司园区内30年的独家特许经营权。飞腾公司提起行政诉讼。2019年3月27日,淮南市中级人民法院作出(2019)皖行终20号《行政判决书》,以煤化工管委会无法定职权为由,维持一审判决,撤销福伦公司燃气特许经营权。

第二十二,2018年,河南南阳市宛城区,九州某燃气公司与蓝天公司。

2007年6月,郑州燃气公司与南阳市住建局签订《南阳市管道燃气特许经营权协议》。后郑燃公司成立。2010年12月20日,郑燃公司签订《南阳市管道燃气特许经营权协议》,将南阳市城市规划区燃气特许经营权授予郑燃公司。后郑燃公司更名为九州某燃气公司。2018年3月2日,南阳市宛城区住建局与蓝天公司签订《南阳市宛城区乡镇管道燃气特许经营协议》,将宛城区8个乡镇燃气特许经营权授予蓝天公司。九州某燃气公司提起行政诉讼。2019年8月26日,河南省高级人民法院作出(2019)豫行终853号《行政判决书》,维持一审判决,确认蓝天公司燃气特许经营协议违法,但基于公共利益原因,不予撤销。

第二十三,2018年,新疆库车县,鑫泰公司与昊泰公司。

2002年6月27日,库车县人民政府与鑫泰投资公司签订《天然气城市输配项目投资开发建设合同》,授权项目公司鑫泰公司经营库车县城市天然气输配工程。2018年2月11日,库车县住建局与昊泰公司签订《城市管道燃气特许经营协议》,将库车县城北新区及经济技术开发区燃气特许经营权授予昊泰公司。2019年8月28日,新疆维吾尔自治区阿克苏地区中级人民法院作出(2019)新29行初3号《行政判决书》,判决撤销库车县人民政府向昊泰公司授予燃气特许经营权的具体行政行为。

第二节 关于区政府授予燃气特许经营权的问题

燃气特许经营权法定授权主体,是指依法享有向燃气公司授予燃气特许经营权的行政机关。在燃气特许经营权法定授权主体上，县、县级市、市、直辖市政府（以下简称"本级政府"）作为法定授权主体自无争议，但是区政府是否能够作为法定授权主体却存在着争议。区政府如不是法定授权主体，那么其与燃气公司签订燃气特许经营协议的行为，将是超越职权的行为，燃气特许经营协议自然无效。通过整理发现，在现行的法律规范下，全国大多数地方规定区政府能够作为燃气特许经营权的授权主体，少数地方未规定区政府能够作为授权主体，如安徽省、福建省、江苏省、浙江省、河北省、河南省。行政行为应当有明确的依据，地方性法规或规章如未规定区政府可以授予燃气特许经营权，则表明区政府不是该地方法定的授权主体。

一、部门规章的规定

因《中华人民共和国行政许可法》尚未对燃气特许经营权的法定授权主体作出规定，现行的主要法律规范是《市政公用事业特许经营管理办法》《基础设施和公用事业特许经营管理办法》两部部门规章。与此同时，全国各个地方出台的一些《城镇燃气管理条例》及《燃气特许经营管理办法》也会对燃气特许经营权的法定授权主体作出规定。所以，探讨区政府是否是法定授权主体，应当围绕两部部门规章及地方性法规展开。本节将从部门规章来展开，下节将从地方性法规展开。从部门规章来看，区政府是否是法定授权主体，主要可以分为两个阶段。

第一个阶段（2004—2015年），区政府不是法定的燃气特许经营权授权主体。2004年5月1日颁布实施的《市政公用事业特许经营管理办法》第四条第三款规定："直辖市、市、县人民政府市政公用事业主管部门依据人民政府的授权（以下简称主管部门），负责本行政区域内的市政公用事业特许经营的具体实施。"据此可知，此时，区政府还不是燃气特许经营权的法定授权主体。

也有人提出反对意见，认为《市政公用事业特许经营管理办法》虽然未明确规定区政府，但是规定了县政府有权作为授权主体，而区政府与县政府具有相同的行政级别。所以，区政府也是法定授权主体。其实不然，持有该观点是错误的。在行政级别上，区政府虽与县政府是相同的，在很多行政职能上也具有相似性，但区政府与县政府依然存在着很大的区别。首先，区政府与县政府相比，不具备完善的政府职能，事权、物权和财力不配套。其次，区政府的调控能力不断弱化，不具有审批、规划、收费等权限。最后，区政府职能不全，部分职能部门的上划，在经济发展方面失去协调的主动性和自主能力。与此不同，根据《中华人民共和国地方各级人民代表大会和地方各级人民政府组织法》的规定可知，县政府是管理一个县级行政区域事务的政府组织的总称，是中央政府、省级政府、地区级政府与乡镇政府、村联系的中间环节，是整个国民经济和社会发展的基础行政区域。

例如，在濮阳市九州某燃气有限公司诉濮阳市华龙区人民政府、濮阳市华龙区华隆天然气有限公司燃气特许经营权纠纷一案中，范县人民法院认为："根据《河南省城镇燃气管理办法》第十二条'省辖市、县（市）人民政府或者其授权的燃气主管部门应当按照有关法律、法规规定，通过市场竞争机制，以招标投标方式选择管道燃气投资企业或者经营企业，并签订特许经营协议'之规定，被告（濮阳市华龙区人民政府）与第三人（濮阳市华龙区华隆天然气有限公司）濮东产业集聚区燃气特许经营权的行为违反了《河南省城镇燃气管理办法》第十二条的规定，系超越职权的行为。"具体参见范县人民法院（2015）范行初字第1号《行政判决书》。

第二个阶段（2015年至今），区政府是法定的燃气特许经营权授权主体。2015年6月1日颁布实施的《基础设施和公用事业特许经营管理办法》第十四条规定："县级以上人民政府应当授权有关部门或单位作为实施机构负责特许经营项目有关实施工作，并明确具体授权范围。"与《市政公用事业特许经营管理办法》相比较，《基础设施和公用事业特许经营管理办法》使用了"县级以上人民政府"的表述，而未继续使用"直辖市、市、县人民政府"的表述。"县级以上人民政府"的表述，表明区政府也可以作为燃气特许经营权的法定授权主体。

二、地方性法规的规定

在地方性法规方面，主要可以分为两个层级，分别是省级、市级人大及其常委会颁布实施的《城镇燃气管理条例》等地方性法规。

在省级人大及其常委会颁布实施的《城镇燃气管理条例》中，按照区政府是否有权作为燃气特许经营权的授权主体，可以分为三类：第一类规定了燃气特许经营权授权主体，但是没有规定区政府作为授权主体，主要有安徽省、福建省、江苏省、浙江省、河北省、河南省。第二类是规定区政府作为燃气特许经营权授权主体，主要有四川省、贵州省、湖北省、重庆市。第三类是没有规定燃气特许经营权的授权主体，如江西省、湖南省、云南省、山东省、青海省、内蒙古自治区、宁夏回族自治区、北京市、上海市。

在市级人大及其常委会颁布实施的《城镇燃气管理条例》中，由于2015年修订后的《地方各级人民代表大会和地方各级人民政府组织法》将"较大的市"修改为"设区的市"。"较大的市"正式退出历史舞台。与此同时，《中华人民共和国立法法》也将"较大的市"删除，重新规定"设区的市"拥有地方性法规的制定权。在这种情况下，一些设区的市开始制定本地的《城镇燃气管理条例》，并对燃气特许经营权的授权主体作出规定。例如，《萍乡市燃气管理条例》第十五条规定："市、县（区）人民政府对本行政区域内的市政公用管道燃气特许经营的，应当按照下列程序规定授予燃气特许经营权：……"需要特别指出的是，根据本条例第五条的规定，第十五条中的"区人民政府"还应当包括"经济开发区、风景名胜区、工业园区"在内的管委会。再如，《赣州市燃气管理条例》（2021年）第十三条第二款规定："市政公用管道燃气特许经营区域不得重叠。取得市政公用管道燃气特许经营权的经营者应当与市、县（市、区）人民政府签订特许经营协议，协议中应当明确特许经营权退出情形。"

萍乡市及赣州市的《燃气管理条例》将区政府作为燃气特许经营权的法定授权主体，值得商榷，主要原因是违反了《中华人民共和国立法法》的规定。《中华人民共和国立法法》第七十二条第二款规定："设区的市的人民代表大会及其常务委员会根据本市的具体情况和实际需要，在不同宪法、法律、行政法规和本省、自治区的地方性法规相抵触的前提下，可以对城乡建设与管理、环境保护、历史文化保护等方面的事项制定地方性法规，法律对设区的市制定地方性法规的事项另有规定的，从其规定。"据此可知，地方性法规有权规定的事项应当仅限于"城乡建设与管理""环境保护""历史文化保护"三项内容，不应当包括其他事项。与此同时，本条中的"等"，应当是"等内等"，非"等外等"，即只包括载明的内容，不做扩大解释。对于燃气特许经营权的授予来说，其属于行政许可中的特殊许可，并不属于《中华人民共和国立法法》规定的三项内容中的任何一项。所以，市人大无权就燃气特许经营权的授予主体作出规定。

《萍乡市燃气管理条例》将燃气特许经营权的授权主体扩展至经济开发区管委会、风景区管委会的做法更是值得商榷。管道燃气具有投资大、投资回收期长的特点，特定区域内的垄断经营更有利于摊销投资成本、提高利润率，继而更加有利于燃气公司的经营发展。不仅如此，特定区域内的垄断经营，也能够互联互通，满足普遍供气需求，同时也有利于实施安全监管，提升燃气公共安全保障。相反，如果允许经济开发区管委会、风景区管委会等主体来授予燃气特许经营权，那么一个行政区域内的管道燃气经营市场可能会被分割成不同的区域，这些不同的区域会分别属于不同的燃气公司。这些燃气公司犹如古代诸侯国各霸一方，彼此之间相互竞争。在这种环境之下，每家燃气公司都难以发展起来，燃气管道之间还很难相互连通，燃气管道公共安全更是难以保障。

三、区政府的授权主体

通过前文的分析来看，判断区政府是否是燃气特许经营权的法定授权主体，需要从"时间"和"空间"两个维度，同时需要考虑"部门规章"与"地方性法规"之间的冲突，综合判断各个地方的区政府是否是法定授权主体。

首先，从"时间"的角度来说，需要考虑溯及力的问题。因为2004年的《市政公用事业特许经营管理办法》未规定区政府是法定授权主体，直到2015年的《基础设施和公用事业特许经营管理办法》方才规定区政府是法定授权主体。

所以，在2015年之前，区政府不是法定的授权主体，除非地方性法规作出了不同的规定。但是，需要考虑一个现象，即区政府签订燃气特许经营协议的时间发生在2015年之前且一直存续至今，此时如发生诉讼，人民法院应当适用《市政公用事业特许经营管理办法》，还是应当适用《基础设施和公用事业特许经营管理办法》？即判断《基础设施和公用事业特许经营管理办法》是否有溯及力。对此，最高人民法院法官认为："在行政许可行为中，有关是否许可的问题应当适用新法"❶。据此，人民法院应当适用《基础设施和公用事业特许经营管理办法》的规定来认定区政府属于法定授权主体。与此同时，相关的法律规范及司法解释也认为，在行政许可中，应当具有溯及力。《中华人民共和国行政许可法》第八十三条第二款规定："本法实施前有关行政许可的规定，制定机关应当依照本法规定予以清理；不符合本法规定的，自本法施行之日起停止执行。"《最高人民法院关于审理行政许可案件若干问题的规定》第九条规定："人民法院审理行政许可案件，应当以申请人提出行政许可申请后实施的新的法律规范为依据；行政机关在旧的法律规范实施期间，无正当理由拖延审查行政许可申请至新的法律规范实施，适用新的法律规范不利于申请人的，以旧的法律规范为依据。"第十条规定："被诉准予行政许可决定违反当时的法律规范但符合新的法律规范的，判决确认该决定违法；准予行政许可决定不损害公共利益和利害关系人合法权益的，判决驳回原告的诉讼请求。"

其次，从"空间"的角度来说，需要考虑地方上的特别规定。从上文分析来看，地方性法规在区政府的燃气特许经营权授权主体上，存在着三种不同情况的规定。第一类规定了燃气特许经营权授权主体，但是没有规定区政府作为授权主体。在这种情况之下，说明地方性法规与部门规章之间存在着冲突，那么该地的区政府作为法定授权主体将存在争议。第二类是规定区政府作为燃气特许经营权授权主体。在这种情况之下，说明地方性法规与部门规章之间的规定是相一致的，那么该地的区政府作为法定授予主体将无争议。第三类是没有规定燃气特许经营权的授权主体。在这种情况下，因为不存在地方性法规与部门规章冲突的问题。所以，该地的区政府作为法定授权主体也将无争议。

最后，部门规章与地方性法规冲突时，应当如何适用法律规范。《中华人民共和国行政诉讼法》第六十三条规定："人民法院审理行政案件，以法律和行政法规、地方性法规为依据。地方性法规适用于本行政区域内发生的行政案件。人民法院审理民族自治地方的行政案件，并以该民族自治地方的自治案例和单行条例为依据。人民法院审理行政案件，参照规章。"据此可知，在行政诉讼中，地方性法规是直接适用的，而规章是参照的。"直接适用"优于"参照"。所以，在

---

❶ 蔡小雪. 行政行为的合法性审查[M]. 北京：中国民主法制出版社，2020.

地方性法规与《基础设施和公用事业特许经营管理办法》相冲突之时，似乎应当适用地方性法规，而不是规章。据此，在安徽省、江苏省、浙江省、福建省、河北省、河南省等地方，区政府则不是燃气特许经营权的法定授权主体，其所授予的燃气特许经营权将可能因此被认定为无效。但是2015年修订后的《中华人民共和国立法法》又作出了不一样的规定。《中华人民共和国立法法》（2015年）第九十五条规定："地方性法规、规章之间不一致时，由有关机关依照下列规定的权限作出裁决：……（二）地方性法规与部门规章之间对同一事项的规定不一致，不能确定如何适用时，由国务院提出意见，国务院认为应当适用地方性法规的，应当决定在该地方适用地方性法规的规定；……"据此可知，根据《中华人民共和国立法法》的规定，地方性法规与部门规章不一致，人民法院不能确定如何适用时，还需要国务院作出决定。

对于地方性法规和部门规章的冲突处理，虽然《中华人民共和国行政诉讼法》和《中华人民共和国立法法》有着不同的规定，但是在相关行政诉讼中，人民法院更加容易适用地方性法规，而不是《基础设施和公用事业特许经营管理办法》这一部门规章。主要理由如下：一是《中华人民共和国行政诉讼法》已经明确地方性法规是裁判依据，而部门规章是参照。二是《中华人民共和国立法法》虽然规定了需要国务院作出决定，但是国务院作出决定需要一个前置条件，即人民法院"不能确定如何适用时"。显然，这一前置条件并不是一定能够满足。三是地方性法规存在被优先适用的情形。最高人民法院法官认为："优先适用地方性法规有以下三种情况：一是法律、行政法规对其规定的事项授权地方性法规根据本行政区域的实际情况作出具体规定；二是地方性法规对属于地方性的事项作出规定；三是尚未制定法律、行政法规而国务院亦未作出决定、命令的事项，地方性法规根据本行政区域的具体情况作出规定。"❶

四、相关地方性法规摘录

（一）区政府不作为法定授权主体

《安徽省城镇燃气管理条例》第十六条规定："实行管道燃气特许经营制度。市、县人民政府应当按照公开、公平、公正的原则，通过招标、竞争性谈判等竞争方式，依法选择管道燃气特许经营者。"

《福建省燃气管理条例》第十二条规定："管道燃气经营实行特许经营制度。从事管道燃气经营的企业，必须依法取得管道燃气项目所在地设区的市、县（市）人民政府授予的特许经营权及其颁发的管道燃气特许经营许可证，并与设区的市、县（市）人民政府或者其授权的燃气行政主管部门签订特许经营

---

❶ 蔡小雪. 行政行为的合法性审查[M]. 北京：中国民主法制出版社，2020.

协议。……"

《江苏省燃气管理条例》第十九条第一款规定："设区的市、县（市）人民政府应当采取招标投标等公开、公平的竞争方式选择管道燃气特许经营企业，特许经营的实施方案由设区的市、县（市）燃气主管部门组织制定，并报本级人民政府批准。"

《河北省燃气管理条例》第二十一条规定："管道燃气实行特许经营制度。设区的市、县（市）人民政府应当授权有关部门作为实施机构负责管道燃气特许经营有关实施工作，并明确具体授权范围。实施机构应当按照公开、公平、公正的原则，通过招标、竞争性谈判等竞争方式，依法选择管道燃气经营者，并与其签订特许经营协议，协议应当包括经营方式、区域、范围、期限、服务质量和标准、燃气设施的维护和更新改造等内容。"

《浙江省燃气管理条例》第十四条规定："管道燃气经营实行特许经营制度。从事管道燃气特许经营的企业，应当事先向市、县燃气主管部门提出申请，取得市、县人民政府授予的特许经营权，与市、县人民政府或者其委托的燃气主管部门签订特许经营协议，并领取管道燃气特许经营许可证。"

（二）区政府作为法定授权主体

《内蒙古自治区燃气管理条例》第十九条第二款规定："从事管道燃气经营的燃气管理，经所在地盟行政公署、设区的市人民政府燃气管理部门通过招标投标等方式决定，取得经营许可证。"

《湖北省燃气管理条例》第十六条规定："管道燃气实行特许经营制度。燃气主管部门依据同级人民政府的授权，负责本行政区域内管道燃气特许经营的具体实施。特许经营权的授予符合招标投标条件的，应当采取招标投标的方式进行。取得管道燃气特许经营权的企业应当与燃气主管部门签订特许经营协议，并严格遵守国家有关规定。"

《贵州省城镇燃气管理条例》第十二条规定："管道燃气实行特许经营，由县级人民政府按照城镇燃气发展规划依法通过招标方式选择经营者，并签订管道燃气特许经营协议。管道燃气特许经营活动，按照《贵州省市政公用事业特许经营管理条例》和国家有关规定执行。"

《四川省燃气管理条例》第二十一条规定："县级以上地方人民政府或者政府授权的燃气管理部门应当与管道燃气特许经营企业签订特许经营协议。特许经营协议的内容应当符合国家相关规定。因特许经营期限届满重新选择特许经营企业的，在同等条件下，原特许经营企业优先获得特许经营权。"

《重庆市天然气管理条例》第十八条规定："市、区县（自治县）人民政府或者其授权的天然气管理部门应当根据公布的天然气特许经营项目实施方案，通过依法招标的方式，选择天然气经营企业。"

第三节 关于管委会授予燃气特许经营权的问题

随着全国各地开发区的兴起,开发区管委会作为燃气特许经营权的授权主体已不鲜见。开发区并不是一个独立的行政区域,而是由几个行政区域组成的特定区域,能够在该特定区域内发展特定的产业。因此,一个新组建的开发区往往会集中很多的工业用户,天然气用气需求量大。开发区管委会为了解决燃气基础设施配套问题,很有可能自行或在得到批准机关的授权之下重新授予燃气特许经营权,而此时组成开发区的行政区域如已进行过燃气特许经营权授予,那么就会形成燃气特许经营权重复授予的问题。既然存在重复授予的问题,那么就会形成纠纷。

一、开发区管委会的发展现状

从数量上来说,据《中国开发区审核公告目录》(2018年版)记载,全国各地共有2543个开发区。其中,国家级开发区有552个,省级开发区有1991个。虽然我国在2003年出台了《关于清理整顿现有各类开发区的具体标准和政策界限的通知》,对各种级别的经济开发区进行规范调整,明确说明省级以下开发区不适合我国目前经济发展的现状,省级以下开发区需要纳入到清理整顿的范围之中。实际上,省级以下开发区依然大量存在着。也就是说,《中国开发区审核公告目录》(2018年版)只是收录了省级以上人民政府批准设立的开发区,未收录省级以下人民政府批准设立的开发区。所以,全国各地的开发区数量远超过2543个。

从名称上来说,根据《中国开发区审核公告目录》(2018年版)可知,比较常见的开发区名称有"经济开发区""经济技术开发区""新兴技术开发区""高新技术开发区""高新技术产业开发区""工业园区""产业园区""航空经济技术开发区""航天经济技术开发区""空港经济区""汽车产业园""自主创新承接产业转移示范园区""工业聚集区""工业集中区""循环产业经济区"等。

从管理方式上来说,开发区的管理模式有三种,分别是开发公司管理模式、管委会管理模式、企业与政府合作管理模式。其中,适用最多的是管委会管理模式,即在一个开发区内设立一个管委会,行使行政管理职权。本节所探讨的正是开发区管委会授予燃气特许经营权的问题。

二、开发区管委会的法律地位

虽然开发区管委会在现实中大量存在着,但是在《中华人民共和国宪法》《中华人民共和国国务院组织法》《中华人民共和国地方各级人民代表大会和地方各级人民政府组织法》中并未对开发区管委会这一组织形式作出规定。也就是说，开发区管委会并不是一级政府。有关开发区管委会的法律地位及职权更多地被规定于地方的法规及规章之中。

从地方的规定来看，开发区管委会主要可以分为两类，一是政府派出机关，二是政府派出机构。派出机关和派出机构的不同表述，意味着其是否具备独立的行政主体资格。简单地说，就是能否作为被告。开发区管委如被作为派出机关，那么其可以自己的名义行使行政管理职权，能够独立承担法律责任。开发区管委会如被作为派出机构，则其不能以自己的名义行使管理职权，不能独立承担法律责任，应将其批准机关作为被告。与此同时，根据《最高人民法院〈中华人民共和国行政诉讼法〉的解释》第二十条第二款规定："法律、法规或者规章授权行使行政职权的行政机关内设机构、派出机构或者其他组织，超出法定授权范围实施行政行为，当事人不服提起诉讼的，应当以实施该行为的机构或者组织为被告。"据此可知，在超越职权的情形下，作为派出机构的开发区管委会也是可以作为被告的。需要说明的是，《国家经济技术开发区管理机构职责》规定国家经济技术开发区管委会为派出机构，而《国务院办公厅关于促进开发区改革和创新发展的若干意见》（国办发〔2017〕7号）规定国家高新技术开发区管委会为派出机关。

我们认为，在判断开发区管委会法律地位之时，应当优先考虑地方上的特别规定。据有关学者统计，在被统计的全国各个地方72部地方性法规和10部地方规章中，将开发区管委会作为派出机关的有4部，将开发区管委会作为派出机构的有32部，未对开发区管委会性质作出规定的有46部。可以说，在开发区管委会性质问题上，全国并未形成一个统一的认识。现简单列举如表2.3-1所示。

开发区管委会性质　　　　　　　　　表2.3-1

时间	名称	级别	性质
2019年	《山西省开发区条例》	省级以上	派出机关
2018年	《辽宁省开发区条例》	省级以上	派出机关
2016年	《广西壮族自治区高新技术产业开发区条例》	省级以上	派出机构
2016年	《山东省经济开发区条例》	省级以上	派出机构
2016年	《天津经济技术开发区条例》	国家级	派出机构
2012年	《贵州省开发区条例》	省级以上	派出机构
2010年	《河南省开发区条例》	省级以上	未规定
2004年	《安徽省省级开发区条例》	省级	未规定

三、开发区管委会的主体资格

《最高人民法院关于适用〈中华人民共和国行政诉讼法〉的解释》（法释〔2018〕1号）第二十一条规定："当事人对国务院、省级人民政府批准设立的开发区管理机构作出的行政行为不服提起诉讼的，以该开发区管理机构为被告；对由国务院、省级人民政府批准设立的开发区管理机构所属职能部门作出的行政行为不服提起诉讼的,以其职能部门为被告;对其他开发区管理机构所属职能部门作出的行政行为不服提起诉讼的,以开发区管理机构为被告;开发区管理机构没有行政主体资格的,以设立该机构的地方人民政府为被告。"据此可知,开发区管委会的行政主体资格可以分为三类:

第一类:由省级以上人民政府批准设立的开发区管委会作出的行政行为,开发区管委会具备行政主体资格。

第二类:由省级以上人民政府批准设立的开发区管委会职能部门作出的行政行为,职能部门具备行政主体资格。

第三类:由省级以下人民政府批准设立的开发区管委会作出的行政行为,批准设立机关具备行政主体资格。

依据《最高人民法院关于适用〈中华人民共和国行政诉讼法〉的解释》(法释〔2018〕1号),似乎比较容易判断出开发区管委会是否具备行政主体资格,但现实中可能仍然存在着一定的模糊不清的地方。例如,一家开发区管委会向燃气公司授予了燃气特许经营权,原有的燃气公司提起行政撤销之诉,以重复授予为由,要求开发区管委会撤销授予的燃气特许经营权。该开发区管委会为省级人民政府批准设立的,但是本省的地方性法规却规定开发区管委会属于派出机构,不属于派出机关。那么此时该开发区管委会是否具备行政主体资格,则存在争议。

四、开发区管委会的授予效果

行政行为的合法性主要包括主体合法及程序合法两个方面,但就燃气特许经营权授予来说,行政机关及司法机关关注更多的是主体合法性的问题,即判断开发区管委会是否有权作为燃气特许经营权的授权主体。根据《市政公用事业特许经营管理办法》及《基础设施公用事业特许经营管理办法》,燃气特许经营权授权主体是县级以上人民政府,开发区管委会并非县级以上人民政府。所以,开发区管委会不能直接对外授予燃气特许经营权,其应当在得到批准机关的授权之后,方才可以作为燃气特许经营权的授权主体。从司法实务中来看,开发区管委会作为授权主体所产生的法律效果各有不同,而在民事诉讼中,人民法院更会直接推定燃气特许经营协议有效。

案例一:因违约,被地方政府撤销燃气特许经营权。2009年11月20日,建平县人民政府授权建平县陶瓷工业园管委会与金润公司签订燃气特许经营协议。2019年2月5日,建平县陶瓷工业园管委会与金润公司签订《辽宁建平陶瓷工业园燃气特许经营权协议书》。因金润公司未能按照协议约定完成燃气基础设施投资建设,建平县人民政府于2012年12月21日收回金润公司的燃气特许

经营权。❶

案例二：因重复授予，被人民法院判决确认违法。2010年8月24日，依据英德市住建局与英德中油公司于2008年8月20日签订的燃气特许经营协议，清远华侨工业园英德英红园管理委员会与英德中油公司签订《投资天然气站项目合同书》，将英红工业园区的燃气特许经营权授予英德中油公司。2013年2月20日，九州某燃气公司与英德市规划和城市管理局签订《英德市管道燃气特许经营协议》，重复将英红工业园区的燃气特许经营权授予九州某燃气公司。❷

案例三：因重复授予，被人民法院判决部分撤销地域范围内的燃气特许经营权。2011年3月16日，新设立的百色新山铝产业示范园管委会授权百色新山开发投资有限公司同新山新能公司签订《百色新山铝产业示范园管道燃气特许经营协议》，将铝产业示范园的燃气特许经营权重复授予新山新能公司。铝产业示范园位于田阳县行政区域内，而田阳县行政区域内的燃气特许经营权在2010年9月15日之时，已授予平果华商公司。❸

案例四：因无法定职权，被地方政府否认。2012年9月29日，梧州市不锈钢制品产业园区管委会与鑫林公司签订《梧州市不锈钢制品产业园天然气项目特许经营协议书》，将园区内的燃气特许经营权授予鑫林公司。2016年7月26日，梧州市人民政府作出《关于梧州市不锈钢制品产业园区经营管道天然气项目办理准入手续的批复》认为："园区管委会作为协议主体不适格，无权签订燃气特许经营协议。"❹

案例五：因在民事诉讼中，人民法院直接推定协议有效（一）。2010年4月26日，云南嵩明杨林工业园区管委会经嵩明县人民政府授权，与天目某公司签订《嵩明杨林工业园区天然气综合利用项目合作协议书》，将工业园区内的燃气特许经营权授予天目某公司。2008年12月29日，嵩明县人民政府已将嵩明县区域内的燃气特许经营权授予民生公司。❺

案例六：因在民事诉讼中，人民法院直接推定协议有效（二）。2014年12月9日，广州（清远）产业转移工业园管委会与九丰公司签订《广州（清远）产业转移工业园项目投资合作协议》，将包括石角镇广清产业园在内的燃气基础设施建设权及经营权授予九丰公司。在2012年9月25日，清远市人民政府已将包括石角镇在内的清远市行政区域的燃气特许经营权授予清远港京某公司。❻

---

❶ 朝阳市中级人民法院（2014）朝行终字第6号《行政判决书》。
❷ 广东省高级人民法院（2017）粤行终559号《行政判决书》。
❸ 百色市中级人民法院（2012）百中民一终字第385号《民事判决书》。
❹ 广西壮族自治区高级人民法院（2017）桂行终257号《行政裁定书》。
❺ 昆明市中级人民法院（2017）云01民终451号《民事判决书》。
❻ 清远市清城区人民法院（2017）1802民初1458-1号《民事裁定书》。

案例七：因在民事诉讼中，人民法院直接推定协议有效（三）。2017年2月28日，蒲城高新技术产业开发区管委会与民东公司签订《蒲城天然气项目投资协议书》，将开发区内的天然气基础设施投资及经营权授予民东公司。2005年11月16日，中天洋实业公司与蒲城县人民政府签订《蒲城县城市管道天然气项目投资建设协议书》，将蒲城县内的天然气基础设施投资及经营权授予中天洋实业公司。两份协议均未明确约定燃气特许经营权。❶

案例八：因无法定职权，人民法院判决撤销燃气特许经营权。2017年6月16日，安徽（淮南）现代煤化工产业园管委会与淮南福伦公司签订《安徽（淮南）现代煤化工产业园天然气入园项目投资协议》，将煤化工产业园的燃气特许经营权授予淮南福伦公司。2012年9月16日，潘集区住建局与飞腾公司签订《安徽省淮南市潘集区天然气利用工程项目投资特许经营合同书》，将潘集区的燃气特许经营权授予飞腾公司。煤化工产业园位于潘集区境内。❷

综上所述，开发区管委会在燃气特许经营权授予中扮演着一定的角色，在判断其所授予的燃气特许经营权是否违法、因何违法、违法效果等方面，全国各地法院的做法不尽相同。与此同时，由于特殊的法律地位，开发区管委会是否具有行政主体资格在实务之中仍然存在着争议。所以，燃气公司遭遇开发区管委会重复授予之时，一定要慎之又慎地选择好被告。

第四节 关于对政府会议纪要提起诉讼的问题

在实务中，偶尔会出现这么一种情况，即地方政府通过会议纪要的方式来授予或终止燃气特许经营权。无论是在授予的情况下，还是在终止的情况下，都有可能引起第三人的不服，继而可能会引发诉讼。一旦发生诉讼，会议纪要的可诉性往往会成为案件的重大争议焦点，直接关系到案件的成败。从现行法律规范及司法判例中可以发现：会议纪要在正常情况之下，是不具有可诉性的，但会议纪要同时具有"两个直接"的情况是具有可诉性的。一个直接，即直接为相对人设定了的权利和义务；另一个直接，即直接得以实施，不需要再依靠其他行政机关。

一、基本案情

2006年7月12日，原武鸣县人民政府召开领导碰头会，讨论同意中威公司进入武鸣县开展燃气特许经营权活动。

---

❶ 渭南市中级人民法院（2018）陕05民初66号《民事判决书》。
❷ 淮南市中级人民法院（2019）皖04行终20号《行政判决书》。

2006年7月31日，原武鸣县规划建设局与中威公司签订《武鸣县管道燃气特许经营协议书》，许可中威公司在武鸣县辖区内独家进行管道燃气的投资建设以及从事管道燃气经营活动，特许经营企业有效期限为20年。

2008年，原武鸣县人民政府召开会议，要求中威公司在武鸣县注册成立新公司作为武鸣县燃气项目的纳税主体，以便解决税留当地的问题。2008年5月7日，万佳公司在武鸣县注册成立。

……

2013年12月6日，原武鸣县政府召开2013年第33次常务会议，并于同年12月12日形成了《武鸣县人民政府常务会议纪要》（〔2013〕33号），此次会议审议并原则同意原武鸣县住建局提交的《关于解除与中威公司签订的武鸣县管道燃气特许经营协议书的请示》，并且要求原武鸣县住建局尽快解除与中威公司所签订的《武鸣县管道燃气特许经营协议书》。

中威公司不服该会议纪要，提起诉讼，第一项诉请即为撤销会议纪要涉及解除中威公司燃气特许经营权的事项。在一审法院向作为被告的原武鸣县政府及其住建局送达诉讼文书后，原武鸣县住建局于2014年5月21日向中威公司发出《关于解除与中威公司签订的〈武鸣县管道燃气特许经营协议书〉的通知》，决定解除与中威公司签订的《武鸣县管道燃气特许经营协议书》，取消中威公司在武鸣县的燃气特许经营权，由原武鸣县住建局对中威公司和万佳公司实施接管。

二、法院认为

关于会议纪要的可诉性的问题，南宁市中级人民法院认为：原武鸣县人民政府常务会议纪要并未确定行政相对人的权利义务，最终对当事人的权利义务产生实际影响的是原武鸣县住建局所作出的《关于解除与中威公司签订的〈武鸣县管道燃气特许经营协议书〉的通知》。该会议纪要只是原武鸣县政府在解除与中威公司间的特许经营协议过程中的一个过程性、阶段性行为，本身并没有外化，对当事人的权利义务并未产生直接的、实际的影响，该会议纪要不可诉。

广西壮族自治区高级人民法院认为：根据《市政公用事业特许经营管理办法》第八条"主管部门应当依照下列程序选择投资者或者经营者：（一）提出市政公用事业特许经营项目，报直辖市、市、县人民政府批准后，向社会公开发布招标条件，受理投标；……（五）公示期满，对中标者没有异议的，经直辖市、市、县人民政府批准，与中标者签订特许经营协议"的规定，原武鸣县政府的会议纪要中有关"会议审议并原则同意县住建局提交的《关于解除与中威公司签订的武鸣县管道燃气特许经营协议书的请示》"的内容，应为上级行政机关对解除行政许可的批准行为。根据《最高人民法院关于审理行政许可案件若干问题的规定》第四条"当事人不服行政许可决定提起诉讼的,以作出行政许可决定的机关为被告;行政许可依法须经上级行政机关批准,当事人对批准或者不批准行为不服一并提起诉讼的,以上级行政机关为共同被告;行政许可依法须经下级行政机关或者管理公共事务的组织初步审查并上报,当事人对不予初步审查或者不予上报不服提起诉讼的,以下级行政机关或者管理公共事务的组织为被告"的规定,中威公司对原武鸣县政府作出的批准解除行政许可的批准行为不服一并提起诉讼,原武鸣县政府依法应作为共同被告,即涉案会议纪要具有可诉性。[1]

三、案例评析

会议纪要多数是行政机关针对某项具体事务召开会议形成的,其是否具有可诉性一直是一个争议比较大的问题。《最高人民法院办公厅关于印发〈行政审判办案指南(一)〉的通知》(法办〔2014〕17号)第一条规定:"行政机关的内部会议纪要不可诉。但其直接对公民、法人或者其他组织的权利义务产生实际影响,且通过送达等途径外化的,属于可诉的具体行政行为。"浙江省高级人民法院法官戴文波认为:"行政机关制作的会议纪要,只有在其直接设定了一定的权利和义务并且实际得到直接实施的情况下,才具有可诉性。如果尚需有关行政机关以自己的名义作出后续的法律行为,会议纪要的内容才能得以实现,则后续得到直接实施的法律行为才是真正产生法律效果的可诉之行政行为。"[2] 据此可知,会议纪要在正常情况之下,是不具有可诉性的,但会议纪要在同时具有"两个直接"之时,应是具有可诉性的。一个直接,即直接对相对人设定了的权利和义务;另一个直接,即直接得以实施,不需要再依靠其他行政机关。

在本案中,关于会议纪要是否具有可诉性的问题,两审法院作出了两种截然相反的认定。一审法院认为会议纪要不具有可诉性,主要理由是认为会议纪要并未直接对中威公司的权利义务产生影响,直接产生影响的是原武鸣县住建局作出的《关于解除与中威公司签订的〈武鸣县管道燃气特许经营协议书〉的通知》。如果以"两个直接"作为认定标准,那么可以发现,一审法院认定会议纪要不具有可诉性是没有问题的。但是,在这个案件中,有其特殊之处,即二审法院所查明的原武鸣县人民政府作出的批准行为。正是因为原武鸣县住建局在作出《关于解除与中威公司签订的〈武鸣县管道燃气特许经营协议书〉的通知》之前,向原武鸣县人民政府呈报了《关于解除与中威公司签订的武鸣县管道燃气特许经营协议书的请求》,原武鸣县人民政府方才据此作出会议纪要。

在这里,不得不提另外一个案例,也涉及会议纪要可诉性认定的问题,两级

---

[1] 广西壮族自治区高级人民法院(2015)桂行终字第133号《行政判决书》.
[2] 戴文波. 会议纪要是否具有可诉性的界分 [J]. 人民司法,2020.(11):99-103.

第四节 关于对政府会议纪要提起诉讼的问题

法院也作出了完全不同的认定。一审法院认为会议纪要具有可诉性，二审法院改判认为会议纪要不具有可诉性。在该案中，如果以"两个直接"作为认定标准，该会议纪要应当不具有可诉性。

在鑫林公司诉梧州市人民政府会议纪要纠纷一案中，❶人民法院查明以下事实。2012年9月29日，鑫林公司与梧州市不锈钢制品产业园区管委会签订《梧州市不锈钢制品产业园区天然气项目特许经营协议书》，约定由鑫林公司统一经营不锈钢园区的一切管道燃气业务。2016年7月1日，梧州市人民政府作出梧政阅〔2016〕165号《关于研究管道燃气特许经营有关问题会议的纪要》，载明："一、会议原则同意市政园林管理局根据市委市政府主要领导批示及市政府专题会议精神拟定的《工作方案》……"该方案中解决不锈钢园区管道燃气问题的处理为：（1）鉴于深海公司是经人民政府授权，依法依规取得特许经营权的企业，燃气管道到位，气源有保障，所以建议由深燃公司向不锈钢园区建设供气。（2）由不锈钢园区与鑫林公司共同委托第三方评估机构对鑫林公司的实际投入进行评估，由不锈钢园区按评估价对鑫林公司进行补偿。2016年8月23日，梧州市市政局作出《关于梧州市不锈钢制品产业园区经营管道天然气项目办理准入手续的批复》（以下简称《批复》），认为，"园区管委会作为协议主体不适格，无权签订燃气特许经营协议。你公司与园区签订的协议不能作为取得特许经营的依据，所以，我局不能支持你司在不锈钢产业园区经营管道天然气项目办理准入手续。"

鑫林公司对165号会议纪要不服诉至法院，认为《批复》侵犯其特许经营权，梧州市市政局的《批复》是依据165号会议纪要及其附件《工作方案》作出的，并认为《工作方案》中的"第四条第（二）款关于解决不锈钢园区管道燃气问题的处理方案"属于规范性问价，要求人民法院对该规范性文件进行审查，同时认为165号会议纪要及其附件侵犯了其燃气特许经营权，要求确认违法和无效。经一审合议庭释明，鑫林公司将诉讼请求变更为依法审查、确认165号会议纪要违法。

梧州市中级人民法院一审判决确认165号会议纪要违法。

广西壮族自治区高级人民法院二审判决认为：关于165号会议纪要是否具有可诉性问题。165号会议纪要是梧州市人民政府在进行规范整治梧州市管道燃气特许经营管理过程中作出的工作部署，需有关部门落实对外依职权作出行政管理行为，不直接对外发生效力，属于行政机关内部行政行为，且鑫林公司未能提供证据证明165号会议纪要已经外化，故该会议纪要不可诉。关于鑫林公司提出梧州市市政局作出的《批复》是依据165号会议纪要作出的，梧州市市政局2016年8月5日《关于要求制止鑫林公司在长洲门站附近建设燃气管道的通知》可以

---

❶ 广西壮族自治区高级人民法院（2017）桂行终257号《行政裁定书》。

49

证实的问题。经核实,《批复》是梧州市市政局在收到被上诉人 2016 年 7 月 26 日请求其办理天然气项目特许经营的准入手续申请后,于 2016 年 8 月 23 日作出的,而且从《批复》的内容可以看出:"园区管委会作为协议主体不适格,无权签订燃气特许经营协议。你公司与园区签订的协议不能作为取得特许经营的依据,所以,我局不能支持你司在不锈钢产业园区经营管道天然气项目办理准入手续。"该《批复》并没有提到是依据 165 号会议纪要作出的。鑫林公司提供的梧州市市政局 2016 年 8 月 5 日《关于要求制止鑫林公司在长洲门站附近建设燃气管道的通知》,由于该通知是发送给不锈钢园区管委会的,且被上诉人没有提供其他证据佐证不锈钢园区管委会已按 165 号会议纪要实施了行为,因此,该证据不能证明《批复》是依据 165 号会议纪要作出的。故鑫林公司要求法院将 165 号会议纪要作为规范性文件适用《中华人民共和国行政诉讼法》第五十三条、第六十四条规定进行审理,没有事实和法律依据。由于 165 号会议纪要不可诉,一审法院依法应不予受理,一审法院对鑫林公司请求法院依法审查、确认 165 号会议纪要违法的诉请作出实体判决,属适用法律错误。

第五节 关于不规范燃气特许经营协议效力的问题

近些年,一些地方政府以未签订规范的燃气特许经营协议为由,否认已授予的燃气特许经营权,继而要求重新授予燃气特许经营权或为重复授予燃气特许经营权寻求正当性。那么燃气特许经营权的重新授予是否一定要以规范的燃气特许经营协议为条件?协议是燃气特许经营权的重要载体,协议只要对燃气特许经营权的地域范围、权利期限作出约定,具备特许经营权所要求的"时空性"特征,那么就应当认定地方政府已授予燃气特许经营权。地方政府应当站在历史的高度,尊重历史,依据现行法律规范,结合燃气公司在燃气基础设施投资建设上的贡献,补签特许经营协议,完善燃气特许经营权授予程序,而不是想当然地去否定或撤销燃气特许经营权。

一、不规范燃气特许经营协议的由来

2004 年 2 月 24 日,建设部颁布《市政公用事业特许经营管理办法》(建设部令第 126 号),要求地方政府在授予燃气特许经营权时,签订燃气特许经营协议。同时,建设部在同年 9 月 14 日发布了《城市管道燃气特许经营协议》(示范文本)(GF-2004-2502)。可以说,在特许经营协议上,规章有要求,文本有示范。

虽然如此,由于我国早期综合利用天然气的水平有限,地方政府在天然气行政规制政策的适用上同样有限。所以,燃气特许经营示范文本并未从一开始就被

完全适用。直到2015年《基础设施和公用事业特许经营管理办法》颁布之后，这种情况才得以改变。在2015年以前，一些地方政府在授予燃气特许经营权之时，只是简单地签订诸如合资合作协议、天然气基础设施投资建设协议、管道工程投资建设协议、招商引资协议等五花八门的协议。

从形式上来说，这些协议均不是规范的燃气特许经营协议。从实质上来说，这些协议均授予燃气公司投资、建设、运营、供气的各项权利。从效果上来说，燃气公司多会依约推进燃气基础设施投资建设及供气，地方政府多会依法颁发燃气经营许可证或燃气特许经营权授权书。

二、不规范燃气特许经营协议的定位

对于这些不规范燃气特许经营协议，地方政府不能简单地以名称不是燃气特许经营协议为由来否定已授予燃气特许经营权的事实，主要理由如下：

第一，关键看协议内容是否有授予燃气特许经营权的意思表示。《市政公用事业特许经营管理办法》第二条规定："本办法所称市政公用事业特许经营，是指政府按照有关法律、法规规定，通过市场竞争机制选择市政公用事业投资者或者经营者，明确其在一定期限和范围内经营某项市政公用事业产品或者提供某项服务的制度。"《基础设施和公用事业特许经营管理办法》第三条也有类似表述。也就是说，燃气特许经营权的核心在于"时空性"，即"一定期限"，一般为30年；"一定区域"，如某地的行政区域内。据此可知，只要协议对燃气特许经营权的"时空性"作出了约定，那么就应当推定燃气公司享有燃气特许经营权，依法享有"四个独家"："独家建设""独家运营""独家供气""独家收益"。

第二，应当站在历史的角度看待不规范燃气特许经营协议。在早年，管道燃气对于很多人来说还是比较陌生的，在燃气特许经营权的认知上还处于比较模糊的状态，相关配套行政法规措施也未出台，很多地方政府也不清楚如何去授予燃气特许经营权。与此同时，一些地方政府为了招商引资，加强地方燃气基础设施投资建设，促进地方能源结构优化，通过签订招商引资或基础设施投资建设协议方式将燃气特许经营权授予出去，准予被引进单位在本地从事燃气相关的投资、建设、运营等活动。在这种情况下，如果再以今天的行业规范和标准去衡量当初的协议，那么将会失去公平性与合理性。

第三，地方政府应当主动担负起更多的行政管理责任。在燃气特许经营权授予上，地方政府负有法定的行政管理职责，有权决定授予方式、授予期限、授予范围等事宜。相反，燃气公司更多地处于被动接受的地位。既然签订了协议，在未经法定程序解除之前，原有政府及继任政府就有必要保障协议的稳定性和约束性，保障燃气公司的信赖利益，这也是优化营商环境的重要体现。

三、不规范燃气特许经营协议的效力

通过"中国裁判文书网"搜索,不规范燃气特许经营协议在多数情况下被承认具有合同效力。例如,在九州某燃气公司诉濮阳市人民政府、濮阳市城市管理局及第三人华隆公司确认行政协议无效一案中,对于华隆公司与濮阳华隆区人民政府签订的不规范燃气特许经营协议的效力,最高人民法院在(2020)最高法行再 509 号《行政判决书》中认为:本案中,被诉协议约定了华隆公司在濮阳市特许经营管道燃气的区域、年限等内容。《城镇燃气管理条例》第五条第二款规定:"县级以上地方人民政府燃气管理部门负责本行政区域内的燃气管理工作。"《市政公用事业特许经营管理办法》第四条第三款规定:"直辖市、市、县人民政府市政公用事业主管部门依据人民政府的授权,负责本行政区域内的市政公用事业特许经营的具体实施。"据此,濮阳市城管局具有负责濮阳市包括城市供气在内的市政公用事业特许经营管理工作的职权。根据《建设部关于印发〈关于加快市政公用行业市场化进程的意见〉的通知》中关于"城市市政公用行业主管部门代表城市政府与被授予特许经营权的企业签订特许经营合同"的规定,濮阳市城管局作为城市市政公用行业主管部门,与华隆公司签订被诉协议,具有法律依据,因此,该协议不存在"签订主体没有行政主体资格或者超越法定权限"的情形。此外,该协议中也不存在《最高人民法院关于适用〈中华人民共和国行政诉讼法〉的解释》(法释〔2018〕1 号)第九十九条规定的"减损权利或者增加义务的行政行为没有法律规范依据""行政行为的内容客观上不可能实施"或者其他重大且明显违法的情形。因此,最高人民法院认为,被诉协议不存在《中华人民共和国行政诉讼法》第七十五条规定的无效情形。

关于不规范燃气特许经营协议被人民法院承认合同效力或视为有效的案例,简单列举如表 2.5-1 所示。

案例　　　　　　　　　　　　　　　　　　　表 2.5-1

序号	签约时间	签约双方	协议名称	案号
1	2002 年 7 月 1 日	原赣榆县政府 汇德海公司	《协议书》	(2014)苏行终字第 158 号
2	2002 年 8 月 15 日	康定县政府 华运油气公司	《投资开发天然气装供项目协议书》	(2018)川 33 民终 217 号
3	2003 年 10 月 18 日	宁晋县政府 燃伟业公司	《城市燃气开发合同》	(2018)冀 0581 行初 32 号
4	2004 年 3 月 10 日	龙山县政府 民生集团	《龙山县城区天然气运输工程投资合同书》	(2019)湘 3101 民初 96 号

续表

序号	签约时间	签约双方	协议名称	案号
5	2004年6月16日	蕲春县天然气利用项目领导小组 赛博公司	《蕲春县天然气项目投资建设协议书》	（2019）鄂11行终62号
6	2007年12月1日	蕲春县发改局 赛博公司	《招商合同书》	
7	2005年3月2日	滦县建设局 兆薪公司	《燃气开发协议书》	最高法（2013）民申字第314号
8	2008年11月12日	武邑县政府 益友公司	《武邑县管道天然气项目投资建设合同》	（2019）冀11行终132号
9	2010年8月18日	华龙区政府 华隆公司	《＊＊产业集聚区燃气项目投资建设合同》	（2020）最高法行再509号
10	2011年6月8日	滦县发改局 天地公司	《燃气经营协议》	最高法（2013）民申字第314号

对于不规范的燃气特许经营协议，多数在司法实务中被认定为有效。实际上，无论是规范到什么程度的燃气特许经营协议，其应当都是地方政府基于公共利益而签订的行政协议，是行政机关行使行政管理职权的重要方式，是具体行政行为的表现形式。对于这些不规范的燃气特许经营协议，应当首先推定其具有法律效力，未经法定程序予以撤销或确认无效，不应当直接推定其无效。这是行政行为具有公定力和确定力的基本要求。

四、不规范燃气特许经营协议的未来

对于不规范燃气特许经营协议，地方政府应当站在历史的高度，依据现行的法律规范，结合燃气公司对地方燃气基础设施投资建设所作出的贡献，采取补签规范燃气特许经营协议的方式予以完善。燃气特许经营协议是地方政府与燃气公司之间就实施燃气特许经营项目而签订的行政协议，关系到地方政府如何行使行政管理职权，关系到燃气公司的投资建设义务，关系到人民群众的生产生活。可谓关系重大。对于未签订规范燃气特许经营协议的，协议条款一般比较简单，有的协议甚至只有十几个条款，难以对燃气特许经营项目实施过程中诸如投资强度、投资进度、气源保障、服务质量、特许经营期限、特许经营区域、考核评估、市场退出、股权转让等方面作出充分而细致的约定，这样很容易导致地方政府不知道如何去行使监督管理权，燃气公司也容易躺在权利上"睡觉"，甚至抱着权利"待价而沽"。所以，基于规范行政管理职权、监督燃气公司积极履约、实现社会公共利益的需要，地方政府应当及时补签规范的燃气特许经营协议。对于如何补签燃气特许经营协议，在实务之中大体存在三种方式：

第一种,"评估+签约"模式,即在通过评估之后,根据评估结果来补签燃气特许经营协议,代表性地方为浙江省。《浙江省管道燃气特许经营评估管理办法》第五条第二款规定:"对已取得管道燃气特许经营许可证,但未签署特许经营协议的,由市、县人民政府与燃气经营企业补签特许经营协议,并按照本办法进行评估。"

第二种,"直接签约"模式,即直接补签燃气特许经营协议,代表性地方为重庆市。《重庆市管道天然气特许经营管理办法》第三十条规定:"区县(自治县)天然气管理部门应当按照《重庆市天然气管理条例》的规定,与在《重庆市天然气管理条例》实施前已依法取得天然气经营许可证的企业补充签订特许经营协议,区县(自治县)天然气管理部门在补充签订特许经营协议时不得擅自调整供气区域。""区县(自治县)天然气管理部门应本着尊重历史和法不溯及既往的原则,制定特许经营协议补充签订工作方案,按本办法第十二条及其他有关规定完成特许经营协议补充签订,确定补充签订的特许经营协议内容,并在协议签订后的30日内报送至市天然气管理部门。"

第三种,"招标+签约"模式,即在履行招标等竞争性方式之后,与选定的燃气特许经营者签订燃气特许经营协议。本模式的逻辑前提是承认已经签订的不规范燃气特许经营协议无效,这对于既有燃气特许经营企业来说是不公平的,这种模式值得商榷。对于既有燃气特许经营企业来说,其之所以能够进入当地燃气特许经营市场,履行燃气基础设施的投资建设,主要是依据于已签订的不规范燃气特许经营协议。如果直接认定已签订的不规范燃气特许经营性协议无效,重新履行招标投标程序选定新的燃气特许经营者,会损害既有燃气公司的信赖利益。该种模式,虽然尚没有找到明确的依据予以支持,但就笔者代理的案件来看,在一些地方上采用的就是该模式。

需要注意的是,"招标+签约"模式与四川省的规定存在不同的之处。《四川省城镇燃气管理条例》第二十条规定:"县级以上地方人民政府可以对既有管道燃气经营实行特许经营制度。对既有管道燃气实行特许经营的,县级以上地方人民政府燃气管理部门应当会同相关部门根据国家规定组织开展辖区内既有管道燃气经营权的评估,并根据评估结果,制定既有管道燃气经营项目特许经营实施方案。经公开招标投标等合法方式竞争后,既有管道燃气经营企业未获得特许经营权的,当地人民政府燃气管理部门应当会同相关部门根据实际情况和评估结果,组织特许经营者以购买等方式给予原经营者合理补偿。"据此可知,四川省所规定的是那些没有签订燃气特许经营协议但实际从事管道燃气经营的情形,此不同于签订不规范燃气特许经营协议的情形。

综上所述,在不规范特许经营协议之中,只要该协议具备了特许经营权的"时空性"特征,那么就应当认定地方政府或其职能部门已将燃气特许经营权授予出去。地方政府不应当以不规范燃气特许经营协议为由，否定已授予的燃气特许经营权，或以燃气特许经营权授予不合法为由要求撤销。

第六节　关于直接签署燃气特许经营协议效力的问题

对于行政机关未经招标投标等竞争性方式，直接与燃气公司签订的特许经营协议的效力问题，一直存在着不同的认识。有的认为属于无效协议，有的认为属于可撤销的协议。实际上，根据现行法律规范的规定，此类协议应属于可撤销协议，而非无效协议。

一、协议效力的辨析

认为燃气特许经营协议无效的理由，主要是因未履行招标投标等竞争性程序，违反了《中华人民共和国民法典》第一百五十三条第一款、《中华人民共和国行政许可法》第十二条及五十三条的规定。《中华人民共和国民法典》第一百五十三条第一款规定：违反法律、行政法规的强制性规定的民事法律行为无效。但是，该强制性规定不导致该民事法律行为无效的除外。《中华人民共和国行政许可法》第十二条规定："下列事项可以设定行政许可：……（二）有限自然资源开发利用、公共资源配置以及直接关系公共利益的特定行业的市场准入等，需要赋予特定权利的事项；……"第五十三条第一款规定："实施本法第十二条第二项所列事项的行政许可的，行政机关应当通过招标、拍卖等公平竞争的方式作出决定。但是，法律、行政法规另有规定的，依照其规定。"

应当说，认为此类燃气特许经营协议无效是一种错误的观点，未能坚持"行政法准用民法模式"的原则。该原则是指优先适用行政法，行政法没有规定的，方才可以适用《中华人民共和国民法典》。对于未能履行招标投标等竞争性程序的，应当优先适用《中华人民共和国行政许可法》第六十九条的规定，而非《中华人民共和国民法典》第五十二条的规定。《中华人民共和国行政许可法》第六十九条规定："有下列情形之一的，作出行政许可决定的行政机关或者其上级行政机关，根据利害关系人的请求或者依据职权，可以撤销行政许可：……（三）违反法定程序作出准予行政许可决定的；……"

二、可撤销的判例

需要指出的是，通过近十年的司法判例来看，认为此类燃气特许经营协议是无效协议的，多发生于早先几年，特别是2018年《最高人民法院关于适用〈中华人民共和国行政诉讼法〉的解释》（法释〔2018〕1号）出台之前。近年出现的司法判例，多认为此类燃气特许经营协议是可撤销的。

例如，在赛博公司诉蕲春住建局、中油公司撤销行政协议纠纷一案中，湖北省黄冈市中级人民法院作出的（2019）鄂11行终62号《行政判决书》认为：本案诤争的特许经营协议所涉及的是管道燃气经营。根据《湖北省燃气条例》第十六条"管道燃气实行特许经营制度。燃气主管部门依据同级人民政府的授权，负责本行政区域内管道燃气特许经营的具体实施。特许经营权的授权符合招标投标条件的，应当采取招标投标的方式进行。……"以及建设部《市政公用事业特许经营管理办法》第二条第二款、第三条、第八条……原审被告蕲春住建局应当严格按照招标投标程序，对本案所涉的管道燃气经营通过市场竞争机制，依法择优选择管道燃气投资者或者经营者。原审被告蕲春住建局没有提供证据证实其是否已按上述规定的程序选择投资者或者经营者，其将本案诤争的燃气特许经营权授予本案上诉人中油中泰公司，程序违法，事实证据不足。根据《中华人民共和国行政诉讼法》第七十条第一项和第三项之规定，一审撤销原审被告蕲春住建局与上诉人中油公司2015年12月11日签订的特许经营协议并无不当。

三、确认违法但不撤销的案例

根据《中华人民共和国行政许可法》第六十九条第一款的规定，未经招标投标等竞争性方式签订的燃气特许经营协议虽然属于可撤销的协议，但是根据《中华人民共和国行政许可法》第六十九条第三款及《中华人民共和国行政诉讼法》第七十四条的规定，基于社会公共利益原则，很多人民法院并不会撤销这些协议。

作为市政公用行业的燃气行业具有典型的公益属性，关系到民生问题，关系到企业生产经营和用气成本，关系到大气环境。对于那些在当地实际作出了大量燃气基础设施投资，甚至引入了管道气资源，并向当地进行了供气的燃气公司，如果人民法院依然撤销燃气特许经营协议，排除该燃气公司市场经营权，不但会影响到本地的日常用气，还将涉及已投资的燃气基础设施处置的问题，很可能会引起更多更大的社会问题。

例如，在光明燃气公司诉台儿庄区人民政府、天目某公司特许经营协议纠纷一案中，枣庄市中级人民法院作出的（2018）鲁04行初26号《行政判决书》认为：2015年7月20日《城市燃气特许经营协议书》存在对台儿庄城区燃气特许经营权重复授权行为，且违反了须经过竞争程序确定特许经营者的相关程序规定，属于依法应当撤销的行政行为。但是被诉行政行为违法，并不必然撤销该行政行为。《中华人民共和国行政诉讼法》第七十四条规定，行政行为有下列情形之一的，人民法院判决确认违法，但不撤销行政行为：（一）行政行为依法应当撤销，但撤销会给国家利益、社会公共利益造成重大损害的。本案中，天目某公司在签订《城市燃气特许经营协议书》后，已经在部分区域完成管道铺设，进行燃气经营,若撤销该协议,势必会造成社会公共利益损失,不同程度影响居民用气安全。因此,可确认违法,但不撤销,由被告台儿庄区政府从维护社会公共利益的角度,依法采取补救措施,保障好居民用气和用气安全,协调好光明燃气公司与天目某公司的经营行为,切实解决光明燃气公司的实际问题。

综上所述,对于未经招标投标等竞争性方式而直接签订的燃气特许经营协议,应当优先适用行政法上的规定,应当认定其为可撤销协议,而非无效协议。

第七节 关于燃气特许经营中公共利益识别的问题

燃气特许经营权诉争发生原因很多,其中杀伤性最强的莫过于不当行政行为引起的诉争,即由政府一手操盘的"一女二嫁"。那么通过不当行政行为授予的燃气特许经营权是否一定无效呢?通过对最高人民法院的有关司法判例分析来看,根据行政诉讼法司法解释有关"公共利益"的规定,人民法院可能会确认行政行为违法,但不撤销,即因不当行政行为授予的燃气特许经营权有效,原合法获得燃气特许经营权企业可以主张行政赔偿,但丧失了燃气特许经营权。

一、何为公共利益

从最高人民法院的两起司法判例来看,当公共利益与燃气公司利益发生冲突时,燃气公司利益应当作出让步,公共利益优先获得保护,但何为公共利益呢?

在理论法学中,公共利益基本上是一个不能被明确界定的概念,犹如普洛透斯的脸。各有各的说法,各有各的道理。我国学者余少祥更是直言:"公共利益是一个古老而又常新的话题,是一个高度抽象、易生歧义和弊端的概念,是一个奇特、混乱且无法丢弃的筐"❶。相较于此,德国法学家耶林的认识要稍微清晰一点,他认为:"公共利益在由个人接近权利实现的情形下,就不再仅仅是法律主张其自身权威、威严这样一个单纯的概念上的利益,而同时也是一种谁都能感受到得到,谁都能理解得到的非常现实、极为实际的利益,即一种能够保证和维持个人所关注的交易性生活的安定秩序的利益"❷。

二、公共利益在行政法上的规定

在 2018 年行政诉讼法司法解释实施之前,最高人民法院于 2000 年实施的行政诉讼法司法解释即对公共利益作出了规定。1999 年 11 月 24 日,最高人民法

---

❶ 余少祥. 什么是公共利益——西方法哲学中公共利益概念解析[J]. 江淮论坛,2010(2):87-98.
❷ 莫诺·卡佩莱蒂. 福利国家与接近正义[M]. 徐俊祥,译. 北京:法律出版社,2000.

院通过了《最高人民法院关于执行〈中华人民共和国行政诉讼法〉若干问题的解释》(法释〔2000〕8号)第五十八条规定:"被诉具体行政行为违法,但撤销该具体行政行为将会给国家利益或者公共利益造成重大损失的,人民法院应当作出确认被诉具体行政行为违法的判决,并责令被诉行政机关采取相应的补救措施;造成损害的,依法判决承担赔偿责任。"

需要注意的是,依据《最高人民法院关于适用〈中华人民共和国行政诉讼〉的解释》(法释〔2018〕1号)的规定,《最高人民法院关于执行〈中华人民共和国行政诉讼法〉若干问题的解释》(法释〔2000〕8号)、《最高人民法院关于适用〈中华人民共和国行政诉讼司法〉若干问题的解释》(法释〔2015〕9号)两部司法解释自2018年2月8日起均已废止。

当前,《中华人民共和国行政许可法》第六十九条第三款规定:"依照前两款的规定撤销行政许可,可能对公共利益造成重大损害的,不予撤销。"《中华人民共和国行政诉讼法》第七十四条规定:"行政行为有下列情形之一的,人民法院判决确认违法,但不撤销行政行为:(一)行政行为依法应当撤销,但撤销会给国家利益、社会公共利益造成损害的。……"

三、公共利益在实务中的适用

(一) 公共利益在执法实务中的适用

虽然在燃气特许经营权制度建设方面,国家和地方已经颁布了一些规章、法规或规范性文件,但是一些地方政府却打着公共利益的幌子,违反上位法或上级政府规范性文件的要求,强行限制现有燃气特许经营企业的合法权益,帮助其他燃气经营企业谋求不当利益。可以说,这些地方政府的目的并不在于增进公共利益,而是在于钻取公共利益模糊条件的漏洞,借用掌握的行政权力干扰天然气市场经营秩序,实质是在破坏公共利益。

例如,在中房燃气公司与临颍县政府、临颍县住建局燃气特许经营权纠纷一案中,❶临颍县住建局解除与中房燃气公司之间燃气特许经营协议的行为即存在着滥用公共利益的现象。中房燃气公司与临颍县政府于2003年3月30日签订《关于许昌中房燃气有限公司投资建设临颍县天然气工程项目合作协议》,本协议约定临颍县政府同意中房燃气公司独资开发临颍县天然气利用工程。2010年11月13日,经临颍县政府授权,临颍县住建局与中房燃气公司又签订《临颍县燃气特许经营协议》,明确中房燃气公司享有特许经营权有效期限为30年,自2010年11月15日始至2040年11月14日止。自2003年3月30日签订项目合作协议之后,中房燃气公司即开始在临颍县从事燃气基础设施投资建设及运营活

---

❶ 郑州铁路运输中级法院(2020)豫71行初32号《行政判决书》。

动，延续至今。据中房燃气公司所述，自 2003 年以来，其已铺设中低压管网 9000 多公里，向 10 万户居民用户及 600 多家工商业用户供气，让临颍县城区的天然气管网覆盖率超 90%，使全县近 300 个行政村实现通气，通气村庄占全县村庄的 80% 以上。2019 年 8 月 5 日，临颍县住建局向中房燃气公司作出《解除合同通知书》，主要理由是中房燃气公司在 2017 年至 2018 年冬季，城区供应天然气严重短缺，致使大范围居民生活用气和企业用气中断，严重影响居民正常生活和企业生产活动，居民生活用气设施安装进度缓慢，居民生活用气的供应增速不达标。2019 年 8 月 13 日，临颍县住建局再向中房燃气公司作出《关于纠正临颍中房燃气公司城市管道燃气特许经营协议的通知》，主要理由是临颍县住建局与中房燃气公司签订的《临颍县燃气特许经营协议》因未履行招标投标程序而无效，同时限制了其他经营者参与竞争的权利，损害了其他经营者的利益，违反了《中华人民共和国反垄断法》的规定。

在本案例中，临颍县政府及住建局的做法并不符合公共利益要求。一是因为中房燃气公司已合法取得燃气特许经营权并实际经营至今。二是 2017 年至 2018 年冬季未能保供的原因并不一定能够成为解约的条件，需要注意的是当年在全国范围内"闹气荒"应当是大家所熟知的。三是燃气特许经营权的授予的确需要履行招标投标等竞争性方式，但不是一定要履行招标投标程序，更何况中房燃气公司在 2003 年也是通过竞拍方式取得的独家经营权。2003 年的项目合作协议与 2010 年的燃气特许经营协议具有延续关系。此外，招标投标更多的是规范招标方，而不是投标方。在本案中，临颍县政府之所以急于解除与中房燃气公司之间的燃气特许经营权，主要原因在于希望能够引入第二家燃气经营企业。

（二）公共利益在司法实务中的适用

相比较于行政执法，司法层面在对公共利益进行适用时会显得更加保守与慎重，更加追求于立法本意。

例如，在中威公司诉苍梧县政府燃气特许经营权侵权纠纷一案中，中威公司于 2010 年 4 月 23 日取得苍梧县燃气特许经营权，在该特许经营权未被撤销的情况下，苍梧县政府在 2013 年 2 月 25 日又将燃气特许经营权授予第三人中金公司。最高人民法院作出（2015）行监字第 2035 号《行政裁定书》，认为："本案中，首先，中金公司在签订《特许经营合同》后已经基本完成市政管道铺设，基本建成管道燃气门站等管道燃气供气设施，并已取得梧州市市政局试运行的批复，可见中金公司对工程已有大量投入，燃气供应也已进入试运行阶段，部分辖区内的居民开始接受供气。若撤销该合同，将导致已使用燃气的用户暂停用气，延后尚未使用燃气的居民用气时间，影响居民的生活；其次，若撤销该合同，中威公司如无法接收中金公司已建设燃气设施，将导致工程重复建设，浪费市政资源,增加社会管理成本;最后,从燃气工程建设的速度和进度来看,中金公司明显优于中威公司,更符合政府行政管理目的,更有利实现行政管理职能,维护公共利益。"所以,裁定:"一、二审法院确认被诉行政行为违法,并无不当。但是,被诉行政行为违法,并不必然撤销该行政行为。"

通过这个案例可以看出,最高人民法院在适用公共利益条款时,并未简单地去适用《关于执行〈中华人民共和国行政诉讼法〉若干问题的解释》(法释〔2000〕8号)第五十八条的规定,而是紧密结合案例本身的实际情况,多角度地对公共利益进行了阐释,让抽象的公共利益变得具体,让裁判结果更加具有说服力和公信力。在本案中,最高人民法院为了论证政府行政行为违法但不撤销更符合公共利益的要求,从以下几个方面予以展开:一是在燃气基础设施的建设进度上,中金公司比中威公司更加具有优势,这意味着中金公司更加有利于加快当地天然气基础设施的建设进度,有利于提高当地的天然气综合利用水平。二是在燃气基础设施的建设效果上,中金公司已经基本完成经营区域内天然气基础设施的投资建设,这意味着中金公司已经在事实上控制经营区域,具备向经营区域内的终端用户供应天然气的能力。三是在燃气基础设施的运营上,中金公司已经向经营区域内的终端用户供应天然气,这意味着如果撤销中金公司的燃气特许经营权,那么很可能导致现有终端用户无法得到持续且稳定的天然气供应,这不但会影响到居民的日常生活,还将影响到工商业的生产经营活动,可谓影响重大。四是在燃气基础设施主体变更上,如果撤销中金公司的燃气特许经营权,那么则意味着中威公司需要对其进行资产收购。如中威公司没有能力支付对价,那么则意味着中威公司不能正常进行资产收购。如中威公司不进行资产收购,而是重新进行投资建设,那么则意味着巨大的社会资源浪费。以上是最高人民法院在界定公共利益时,所披露出来的主要理由。实际上,最高人民法院如果撤销中金公司的燃气特许经营权,那么很有可能导致地方政府向中金公司承担巨额违约责任。因为中金公司是按照地方政府的授权进行燃气基础设施的投资建设,地方政府未能保障中金公司的信赖利益并导致中金公司丧失燃气特许经营权,那么地方政府应当向中金公司承担违约责任。如果地方政府承担违约责任,那么则意味着地方政府需要向中金公司支付高额违约款,这当然也不符合公共利益原则。

四、公共利益的类型化建议

虽然在法学理论中,公共利益是模糊的,是允许被争论的,但是在司法适用中,公共利益应当是相对明确的,能够作为司法裁判的依据,能够实现法制的统一,能够维护法律的权威。也就意味着,司法实务之中公共利益的明确,主要是依靠法官在自由裁量权的基础之上,结合每个案件的具体情况作出合理界定。能够看出，在两个最高人民法院的相关司法判例中，均对公共利益作出了阐述，但阐述却是完全不一样的。如在益民公司案件中，最高人民法院认为及时取得"西气东输"的气源开口是公共利益；又如在中威公司案件中，最高人民法院认为中金公司的实际投入已经形成并开始供气，已经与公共利益发生紧密联系。

在燃气特许经营权案件中，对公共利益的判断应当注意以下几个方面的指标：

（一）燃气特许经营权授予指标

根据《市政公用事业特许经营管理办法》第二条及《基础设施和公用事业特许经营管理办法》第三条的规定，燃气特许经营权应当通过招标投标等竞争性方式授予。需要注意的是，各个地方的城镇燃气管理有着不同的规定。有的地方规定可以采取招标投标等竞争性方式，而有的地方则规定只能采取招标投标的方式。但无论是部门规章，还是地方性法规作出什么规定，燃气特许经营权至少需要通过招标投标等竞争性方式授予。从公共利益的角度来说，在考察燃气特许经营权授予程序时，需要注意以下几个问题：

第一，2015年6月1日之前，燃气特许经营权授予程序不是很规范，过分地强调程序正当性，反而不利于实现公共利益。我国虽然自2004年颁布《市政公用事业特许经营管理办法》以来，即已对燃气特许经营权的授予程序作出了规定，但是在执行层面上并不理想，很多地方政府采取会议纪要、批复、招商引资或直接签约等方式授予燃气特许经营权。与此同时，这些燃气特许经营企业也已经做出了大量的燃气基础设施投资建设，持续稳定地向经营区域内终端用户供应天然气。此时，如果仅仅以燃气特许经营权授予程序不合法为由，撤销已授予出去的燃气特许经营权，则显得有违公共利益。相反，在2015年6月1日之后，随着《基础设施和公用事业特许经营管理办法》的实施，及政府对天然气产业规制措施的不断深入，地方政府以招标投标等竞争性方式授予燃气特许经营权已成为一种常态。此时，燃气特许经营权的授予程序应当成为公共利益的一个重要衡量标准，尤其是在重复授予之上。

第二，在燃气特许经营权重复授予问题之上，仍应当区分情况具体把握，防止公共利益被滥用。一方面，需要注意对原有燃气经营企业的惩治，撤销其燃气特许经营权，引入第二家燃气经营企业，以发展本地燃气基础设施，提升本地天然气综合利用水平。一些燃气经营企业在取得燃气特许经营权之后，建设滞后，甚至圈而不建，更有甚者待价而沽，严重影响本地天然气综合利用水平的提升。在这种情况之下，地方政府重复授予行为即便存在瑕疵，但为公共利益，也不应撤销。例如，在益民公司诉周口市政府及周口市发展计划委员会燃气特许经营权纠纷一案中，最高人民法院认为："虽然市计委作出……的行为存在适用法律错误、违反法定程序之情形，且影响了上诉人益民公司的信赖利益，但是如果判决撤销上述行政行为，将使公共利益受到损害"[1]。最高人民法院在适用公共利益时，从管道气气源开口、照付不议、政府违约等多角度论证公共利益。另一方面，也要注意对原有燃气经营企业的保护，防止公共利益被滥用，影响正常的燃气市场秩序，危害本地燃气经营的稳定发展。例如，在旭瑞公司起诉荣县人民政府的燃气特许经营权纠纷案件中，旭瑞公司一直按照当地政府的要求进行投资建设、引进管道燃气、按政府定价供气，但荣县人民政府却以"大工业用户直供"为由引入第二家燃气公司，事实上侵害旭瑞公司的合法权益。在本案中，荣县人民政府的做法则不符合公共利益的要求。[2]

（二）燃气基础设施建设指标

地方政府授予燃气特许经营权的目的，在于提升本地燃气基础设施建设水平，提高天然气使用率，优化能源结构，促进地方经济发展。但是如果企业在取得燃气特许经营权之后，建设滞后，那么就会违背地方政府授予燃气特许经营权的目的，损害地方天然气事业的发展这一公共利益，则此企业可成为被清理的对象。例如，《云南省人民政府关于进一步促进天然气协调稳定发展的实施意见》（云政发〔2020〕7号）规定："按照'谁授权、谁清理'原则，加快对'圈而不建'城市燃气特许经营权的全面清理，建立有效、严格的准入和退出机制。"

在多数情况下，地方政府会与燃气经营企业签订燃气特许经营协议，明确约定燃气基础设施的投资强度、建设进度、建设规模、建设内容和审批手续等方面。如果燃气经营企业能够严格遵守燃气特许经营协议的约定，那么就应当能够判断其是符合公共利益要求的。反之，则相反。

需要特别指出的是，在少数情况下，地方政府不会与燃气经营企业签订正式的燃气特许经营协议，甚至根本就不存在协议，双方之间不存在对燃气基础设施建设方面的约定。那么在这种情况之下，因为缺乏一个公允的判断标准。所以，地方政府不宜直接作出是否符合公共利益的判定，最好的方式是委托第三方机构进行综合考评，并在此基础之上判定是否符合公共利益。地方政府也可以通过听证的方式，给予燃气经营企业等利益相关方充分的陈述和申辩的权利。

（三）燃气气源供应方式指标

对于城镇燃气的气源来说，主要有三种方式：一是管道天然气气源，具有气量稳定、气质有保障、气价稳定的特点。二是LNG气源，具有价格波动大、供应季节性差异大、气质地区差异大的特点。三是CNG气源，具有气量小、价格高的特点。所以，综合三种气源特点判定：对于城镇燃气来说，管道天然气无疑

---

[1] 最高人民法院（2004）行终字第6号《行政判决书》。
[2] 自贡市中级人民法院（2020）川03行初5号《行政裁定书》。

是最优的方案。当然，不排除在一些深山老林、交通不便的地方，管道天然气短期内进入成本过高，LNG 气源可能是最经济的气源供应方式。尽管如此，国家设立燃气特许经营权制度的主要目的之一就是为了引进管道天然气，能够让居民用户，尤其是工业用户早日享受到管道天然气的种种便利。

由于管道天然气投资建设成本较大，所以，一些燃气经营企业在引进管道天然气时并不积极，严重影响当地天然气的供应及终端用户的用气成本。对于那些积极引进管道天然气的，则可以判定其符合公共利益要求。反之，则相反。例如，在京融公司起诉赣榆区人民政府燃气特许经营权纠纷一案中，京融公司作为原有的燃气特许经营企业一直通过槽车运输天然气，年供气量只有 300 万 m^3，而后授予的紫源公司却通过中石油"西气东输"开口，年供气量达到 6000 万 m^3，且后续增长空间有保障。所以，江苏省高级人民法院认为："因本案所涉特许经营的产品为天然气，是涉及居民生活和企业生产的重要生活与生产资料，该能源作为清洁能源在环境治理等方面亦发挥重大作用，且随着赣榆地区经济的迅速发展和群众生活需求的提高，对该能源的需求不断增长，该能源的供给问题直接关系到该地区经济发展、社会生活、环境保护等公共利益。……如果撤销原赣榆县政府授予紫源公司的被诉特许经营权，将会对赣榆区的经济发展、社会生活、环境保护等公共利益产生重大不利影响"❶。

（四）燃气安全生产管理指标

燃气具有易燃易爆的特点，安全管理不当很容易引发爆炸，从而给人民群众的生命和财产造成重大损失。燃气经营企业如果不能落实安全生产责任，不能不断提高安全管理能力，甚至导致重大安全责任事故的发生，那么则不符合公共利益的要求。当前，除了《市政公用事业特许经营管理办法》将生产安全事故作为取消燃气特许经营权的情形外，很多地方也作出了类似的规定。例如，《合肥市市政公用事业特许经营管理办法》第二十四条第一款规定："特许经营者在特许经营期限内有下列行为之一的，主管部门应当依法终止特许经营协议，收回特许经营项目，并可以实施临时接管：……（三）因管理不善，发生重大质量、生产安全事故的……"

近几年，燃气经营企业由于不能保证燃气安全而被强制实施临时接管继而取消燃气特许经营权的案例越来越多。例如，2018 年 4 月 25 日，吉林松原市人民政府发布听证公告，决定取消浩源公司的燃气特许经营权并实施临时接管。2019 年 3 月 15 日，永州市零陵区城市管理行政执法局发布听证公告，决定取消彩虹燃气公司的燃气特许经营权并实施临时接管。2019 年 4 月 26 日，翼城县住建局发布听证公告，决定取消晋能燃气公司的燃气特许经营权并实施临时接管。

---

❶ 江苏省高级人民法院（2014）苏行终字第 00158 号《行政判决书》。

(五) 其他指标

除前文述及的燃气基础设施建设、气源供应及安全生产管理三大主要指标以外，其他的一些指标也可以成为公共利益的判定标准：

第一，普遍服务指标。燃气经营企业应当能够落实安全宣传、入户安检、维修、维护、应急管理、普遍供气等各项法定或约定义务，不断提升服务能力，保证服务品质，方符合公共利益要求。

第二，保供服务指标。燃气经营企业应当具备保供的能力，能够满足经营区域内终端用户的用气需求。为了保障供气能力，燃气经营企业在必要之时，应当建设储气设施，以满足应急调峰需要。

在这几大指标之中，气源指标无疑是最为关键的指标，其不但解决了管道天然气的气源问题，还直接决定了剩余四个指标的实现。燃气公司一旦获得气源，即意味着其具备一定经营实力，继而意味着在服务和管理能力上也不逊色。同时，因为解决了气源的问题，其在价格和保供上也将具备较为明显的优势。需要注意的是，判断燃气公司是否具备维护和实现公共利益的能力，单纯的依据客观能力是不足的，还需要考虑主观意愿。燃气公司只有在客观上具备能力，主观上愿意依靠这些能力向用户供气，才是最有利于实现公共利益的。

五、企业如何应对

在公共利益之下，燃气公司的力量是羸弱的，其身家性命几乎全掌握在法官的自由裁量权之下。燃气公司唯有不断提高经营管理能力，真真切切为老百姓做实事，最大限度增进公共利益，方有可能在燃气特许经营权的保卫战中立于不败之地。基于此，燃气公司可以采取策略予以应对：

一是切忌投机心理。燃气特许经营权是一种用益物权，具有财产性、垄断性、稀缺性、流转性的四大特点。也正是由于这些特点，一些燃气公司萌生了投机心理，希望通过出让燃气特许经营权的方式来获取暴利。具体的操作模式是先想方设法争取到燃气特许经营权，并象征性地作些投入，基本上就是待价而沽，坐收渔翁之利。可以说，拥有投机心理的燃气公司不在少数，他们在获得燃气特许经营权之后，未能按照《管道燃气特许经营权协议》的约定进行建设，极大地影响了天然气的推广利用。在这种情况下，地方政府很可能会出于公共利益目的，强行引进第二家燃气公司。应当说，地方政府引进第二家燃气公司的确存在着错误，但是这种错误的根本目的还是在于维护公共利益。所以，人民法院作出确认行政行为违法，但不撤销的规定也就不足为奇了。

二是提升服务能力。燃气公司在获得燃气特许经营权之后，一方面意味着其享有特许经营权，另一方面意味着其应当承担供气的义务。义务的承担，无疑是以能力为前提。客观来说，并不是所有享有燃气特许经营权的企业都具备全方位的服务能力,因为这些能力包括资金能力、技术能力、人力能力、管理能力、气源能力、运输能力、调度能力、建设能力、服务能力等。在一些方面不具备能力或者能力较弱的时候,即意味着在增进公共利益之上的能力不足,那么也将为相关诉争的败诉留下重大隐患。当燃气公司出现能力不足之时,似乎只有两条路可以走,一条是锐意进取,克服困难,不断提升服务能力,另一条则是适时退出燃气市场。

三是重视法律维权。在某些极个别情况下,燃气公司一心一意发展天然气业务,不断提升服务能力,为地方天然气综合利用作出重大贡献,仍有可能遭遇到地方政府的不当干预。在这种情况下,燃气公司应当敢于拿起法律武器来维权,切实维护自身合法权益。公共利益虽然不易确定,但并不是无边无际的,政府要依法行政。以前文的两个案例来说,第一个案例的判决应当说具有合理性,第二个案例判决的合理性则值得商榷,因为其对公共利益的界定基本上可以概括为四个方面,分别是先期已有投资、已经供气、重复建设、服务能力强。对于已有投资的问题,接管企业可以通过作价的方式予以补偿;对于已经供气的问题,接管企业完全可以继续供气;对于重复建设的问题,接管企业可以继续加以利用;对于服务能力强的问题,本身就是一个不明确的概念。据此可知,燃气公司充分运用好法律,依然有可能在维权中争取更大的胜算。

总之,公共利益下的燃气特许经营权诉争给燃气公司带来了一定的不确定性,这种不确定性主要是由公共利益的不确定性所致。面对这种情况,燃气公司唯有以不变应万变方为上策。不变的是全心全意做好燃气服务,不断增进公共利益。

第八节 关于政府单方解除燃气特许经营协议的问题

在燃气特许经营协议履行的过程中,由于投资建设滞后、气源保障不足、安全事故、行政区划调整、开发区新设等各种原因,地方政府都有可能解除燃气特许经营协议,收回燃气特许经营权。对于地方政府如何行使单方解除权问题,有的人认为应当按照民事法律规范的规定解除,解除通知送达即可;有的人认为应当按照行政法的规定解除,需要给予燃气公司陈述、申辩及组织听证的权利,意见各有不同。根据最高人民法院发布的《行政协议案件典型案例之九:寿光中石油昆仑燃气有限公司诉寿光市人民政府解除特许经营协议案》可知,地方政府应当按照"通知+听证"的程序解除原燃气特许经营协议。也就是说,基于《市政公用事业特许经营管理办法》有关撤销燃气特许经营权应组织"听证"的特别规定,地方政府单纯依据《中华人民共和国民法典》的规定行使单方合同解除权是不合法的,这等于剥夺了燃气公司的听证权。虽然如此,基于公共利益的考量,人民法院只能判决确认解除程序违法,而不撤销解除行为。相关案例可以参看山东省潍坊市中级人民法院作出的(2016)鲁07行初88号《行政判决书》、山东省高级人民法院作出的(2017)鲁行终191号《行政判决书》。相关案例评析可以参看山东省高级人民法院法官侯勇、温贵能编写的《昆仑燃气公司诉寿光市政府、潍坊市政府解除政府特许经营协议纠纷》。

一、案例简介

2011年7月15日,被告寿光市人民政府授权寿光市住房和城乡建设局(甲方)与原告天目某公司(乙方)协商共同开发寿光市天然气综合利用项目,双方签订了《山东省寿光市天然气综合利用项目合作协议》,主要内容为:"一、甲方、乙方同意就寿光市天然气利用项目进行合作。二、甲方同意乙方在寿光市从事城市天然气特许经营,特许经营范围包括渤海化工园区(羊口镇)、侯镇化工园区、东城工业园区,特许经营期限为30年。三、甲方充分考虑天然气项目具有公共事业的特点,在国家政策法规允许的范围内,对该项目在前期可行性研究阶段、建设和经营提供最大限度的支持。四、乙方应保证在中石油管网为寿光市争取足够的天然气指标,甲方应全力配合。如果乙方不能保证寿光市实际用气需求,则甲方有权依照山东省燃气管理条例等相关法律法规进行处理。……六、本协议正式签署后,乙方对寿光市燃气项目积极开展工作,甲方利用自身优势给予积极配合。签订协议八个月内,如因乙方原因工程不能开工建设,则本协议废止。"协议签署前后,原告天目某公司陆续取得了寿光市天然气综合利用项目的立项批复、管线路由规划意见、建设用地规划设计条件通知书、国有土地使用证、环评意见书等手续。同时,原告天目某公司对项目进行了部分开工建设。

2014年7月10日,寿光市住房和城乡建设局对原告天目某公司发出催告通知,载明:"你公司的管道天然气经营许可手续至今未能办理,影响了经营区域内居民、工业、商业用户及时用气。现通知你公司抓紧办理管道天然气经营许可手续,若收到本通知2个月内经营许可手续尚未批准,我市将收回你公司的管道天然气经营区域,由此造成的一切损失由你公司自行承担。"2015年6月25日,原告天目某公司参加了寿光市燃气工作会议,会议明确要求:"关于天然气镇村通工程建设,各燃气公司要明确管网铺设计划,加快推进工程建设,今年9月底前未完成燃气配套设施建设的,一律收回区域经营权。"2015年6月29日,原告天目某公司向被告寿光市人民政府出具项目建设保证书,承诺对文家门站及主管网项目、羊口镇燃气项目、侯镇燃气项目、双王城生态经济园区燃气项目在办理完成项目开工手续后三个月内完成,如不能完成,将自动退出政府所授权的经营区域。

2016年4月6日,被告寿光市人民政府作出《关于印发寿光市"镇村通"

天然气工作推进方案的通知》（寿政办发〔2016〕47号），决定按照相关框架合作协议中有关违约责任，收回天目某公司在羊口镇、侯镇的燃气经营区域授权，并授权寿光市城市基础设施建设投资管理中心经营管理。原告天目某公司不服该决定，向被告潍坊市人民政府申请行政复议。2016年8月2日，被告潍坊市人民政府作出潍政复决字〔2016〕第161号《行政复议决定书》，维持了寿光市人民政府收回天目某公司燃气经营区域授权的决定。原告天目某公司仍不服，提起本案行政诉讼，请求法院依法确认被告寿光市人民政府收回原告燃气特许经营权的行为违法并撤销该行政行为。

二、法院认为

（一）根据《最高人民法院关于适用〈中华人民共和国行政诉讼法〉若干问题的解释》（法释〔2015〕9号）第十四条的规定，人民法院审查行政机关是否依法履行、按照约定履行协议或者单方变更、解除协议是否合法，在适用行政法律规范的同时，可以适用不违反行政法和行政诉讼法强制性规定的民事法律规范。根据《中华人民共和国合同法》[1]第六十条第一款、第六十二条第四项、第九十四条第四项的规定，当事人应当按照约定全面履行自己的义务；履行期限不明确的，债权人可以随时要求履行，但应当给对方必要的准备时间；当事人一方迟延履行债务致使合同目的不能实现的，另一方可以解除合同。本案中，涉案合作协议系寿光市人民政府为满足公共利益之需要，对天然气综合利用项目实施特许经营而与天目某公司签订的政府特许经营协议，属行政协议，可以适用《中华人民共和国合同法》相关规定予以调整，双方均应按协议约定履行相应义务。因该协议对燃气项目建设未约定具体的完工期限，寿光市人民政府可以随时要求天目某公司履行协议确定的义务，案件事实表明，寿光市人民政府在长达五年的时间内，多次催促天目某公司进行项目建设，并表示如不履约将收回其燃气经营区域授权。天目某公司对此也作出了承诺，但其始终未能消除项目建设的障碍。由此可见，天目某公司在寿光市人民政府给予的合理期限内，长期无法完成授权经营区域内的项目建设，致使相关经营区域供气目的无法实现，协议解除的法定条件成立。据此，寿光市人民政府收回天目某公司在羊口镇、侯镇的燃气特许经营权，实质就是解除其在上述区域内的燃气特许经营协议。值得注意的是，涉案合作协议的履行、变更、解除具有可分性。从协议内容来看，涉案合作协议实际可以分成羊口镇、侯镇化工园区、东城工业园区三个经营区域的燃气特许经营协议，取消天目某公司在任一区域的特许经营权并不影响其在剩余区域的权利义务。因寿光市人民政府并未提出收回天目某公司在东城工业园区的燃气特许经营

---

[1] 本案例发生于《中华人民共和国民法典》实施前，故仍适用《中华人民共和国合同法》。

权，故东城工业园区的燃气特许经营协议并未解除。

（二）根据《市政公用事业特许经营管理办法》第二十五条的规定，对获得特许经营权的企业取消特许经营权并实施临时接管的，必须按照有关法律、法规的规定进行，并召开听证会。本案中，寿光市人民政府决定收回天目某公司已获得的燃气特许经营权，应当依法告知天目某公司享有听证的权利，听取天目某公司的陈述和申辩。天目某公司要求进行听证的，寿光市人民政府应当组织听证。然而，寿光市人民政府并未提供证据证明其已履行了相应的听证程序，其收回天目某公司燃气特许经营权的行为不符合上述规定，属于程序违法。

综上，寿光市人民政府强制收回天目某公司的燃气特许经营权、终止天目某公司在授权经营区域内的燃气特许经营协议，符合《中华人民共和国合同法》关于合同解除的相关规定，但其在行政行为的作出过程中没有履行必要的听证程序，违反了《市政公用事业特许经营管理办法》第二十五条关于取消特许经营权的行政处理程序中应召开听证会的规定，因收回燃气特许经营权的行为涉及社会公共利益，行为一旦撤销最终会影响居民供气需求及区域发展规划，故该行政行为应予确认程序违法，但不撤销。因燃气项目已经开工建设，在该行政行为确认违法又不宜撤销的情况下，寿光市人民政府应当采取相应的补救措施，对天目某公司的合法投入予以合法弥补。潍坊市人民政府作出行政复议决定的程序虽然并无不当，但未对寿光市人民政府违反听证程序的违法问题进行审查认定，其复议维持决定不当，应当予以撤销。

三、裁判结果

经潍坊市中级人民法院一审，山东省高级人民法院二审认为，特许经营协议在履行过程中，出现了损害社会公共利益的情形，符合协议解除的法定条件，行政机关可以单方解除特许经营协议并收回特许经营权，但该行为亦应遵循法定程序，给相对方造成损失的还应当予以补偿。本案中，寿光市人民政府多次催促天目某公司完成天然气项目建设，但天目某公司长期无法完工，致使授权经营区域内居民供气目的无法实现，损害了社会公共利益，解除特许经营协议的法定条件成立。寿光市人民政府解除特许经营协议并收回天目某公司已获得的特许经营权，应依据《市政公用事业特许经营管理办法》第二十五条之规定告知天目某公司享有听证的权利，但其未能履行相应的告知义务，违反法定程序。因此，被诉行政行为虽然内容合法，但程序违法。鉴于被诉行政行为涉及社会公共利益，该行为一旦撤销会影响城市发展需要和居民供气需求，故该行为应判决确认程序违法但不予撤销。寿光市人民政府对此应采取相应的补救措施，对天目某公司的合理投入予以弥补。

四、案例评析

就地方政府在燃气特许经营协议中的单方解除权来说,单方解除权的行使程序应当根据《市政公用事业特许经营管理办法》的规定,给予燃气公司陈述和申辩的权利,告知燃气公司享有听证的权利。诚如山东省高级人民法院法官所言:"行政相对人迟延履行行政府特许经营协议致使协议目的无法实现,行政机关可以适用民事法律规范单方解除协议。行政机关据此强制收回特许经营权,应肯定其效力,但对于收回特许经营权过程中没有履行听证程序的做法应给予确认违法的评价。"❶

第九节 关于行政授权与行政委托区别的问题

实务中,燃气特许经营权的实施,通常会由县级以上人民政府授权住建局等部门作为实施机构,行使包括拟定实施方案、组织招标投标及签订燃气特许经营协议等职权。其中,县级以上人民政府向实施机构授权的行为属于行政授权还是行政委托,在司法实务之中存在着一些争议。县级以上人民政府的授权行为如何被定性,将直接影响到县级以上人民政府作为被告的适格问题。如被认定为行政授权,则县级以上人民政府不是适格被告,被授权的实施机构为适格被告。相反,如被认定为行政委托,则县级以上人民政府是适格被告。基于此,对于县级以上人民政府授权住建局等部门实施燃气特许经营权项目的行为性质进行探讨仍然具有一定的价值。

一、行政授权与行政委托的不同之处

(一) 条件不同

行政授权的授权条件是比较苛刻的。通常认为,必须要有法律、法规的明文规定方才可以授权。如没有,则应当被认定为委托。我们认为,规章也应当作为行政授权的依据。主要理由如下:

首先,法律法规数量有限,规章众多。由于行政管理事务具有多样性与复杂性的特点,行政立法却有着局限性与滞后性的特点,导致在行政法律体系中,很多行为是由规章来进行规制的,而不是由法律或法规来规制的。如过度强调将法律、法规作为行政授权的条件,放弃将规章作为行政授权条件,那么势必将导致很多原本合法的行政行为变为超越职权的行政行为。

其次,最高人民法院出台的司法解释已经确定规章可以作为行政授权的依据。如《最高人民法院关于适用〈中华人民共和国行政诉讼法〉的解释》(法释

---

❶ 温贵能. 强制收回特许经营权的效力性认定和合法性评价 [J]. 人民司法, 2018 (8): 100-102.

〔2018〕1号）第二十条第二款规定："法律、法规或者规章授权行使行政管理职权的行政机关内设机构、派出机构或者其他组织，超出法定授权范围实施行政行为，当事人不服提起诉讼的，应当以实施该行为的机构或者组织为被告。"《最高人民法院关于正确确定县级以上地方人民政府行政诉讼被告资格若干问题的规定》第一条规定："法律、法规、规章规定属于县级以上地方人民政府职能部门的行政职权，县级以上地方人民政府通过听取报告、召开会议、组织研究、下发文件等方式进行指导，公民、法人或者其他组织不服县级以上地方人民政府的指导行为提起诉讼的，人民法院应当释明，告知其以具体实施行政行为的职能部门为被告。"

从最高人民法院出台的司法解释来看，规章作为行政授权的依据是可行的。虽然如此，仍然需要强调的是，最高人民法院所出台的这两部司法解释仅仅是针对法律规范类的行政授权，而非行政机关的行政授权。所以，不能扩大到燃气特许经营权中县级以上人民政府向住建等市政公用部门的授权。对于行政委托的授权条件，最高人民法院蔡法官认为："行政机关委托实施行政管理职权，必须是法律、法规及规章明确规定可以委托实施的行政管理职权。受委托的组织或者个人必须符合法律、法规及规章规定的条件。"[1]

(二) 方式不同

行政授权必须是书面的方式，且应当通过适当方式予以公告。行政委托虽然被认定为委托合同关系，但并不意味着一定需要书面的委托合同，诸如委托书、批复、会议纪要等方式也是可行的，甚至是推定方式也是可行的。

说到这里，大家可能会认为行政授权与行政委托是比较容易界定的。实际上，在实务中，行政授权与行政委托是难以区分的，甚至在一些法律之中也不能作出清楚界定，名为"授权"，实为"委托"，这在全国各个地方上的《市政公用事业特许经营管理办法》及《城镇燃气管理条例》中表现得尤为突出。所以，有学者认为："可以说，理论上的分歧，已经给立法、行政执法及司法审查带来了较大的混乱；立法时滥用授权概念，数以千计的法律、法规、规章中出现了涵义各异的'授权'规定；行政执法中，行政授权与行政委托的权利义务的混同；法院司法审查时难以确定法律责任的承担主体。"[2]

二、行政授权与行政委托的区分意义

(一) 确定被告

在燃气特许经营权授予中，之所以需要区分行政授权和行政委托，是因为两

---

[1] 蔡小雪. 行政行为的合法性审查 [M]. 北京：中国民主法制出版社，2020.
[2] 耿宝建. 行政授权理论之反思与重构——走出理论与现实困境的一种认知尝试 [J]. 武汉理工大学学报，社会科学版，2006 (4): 51-61.

者存在着不同的法律效果。如果是行政授权，则县政府不能成为被告，而由实施机构作为被告。如果是行政委托，则县政府应当作为被告。《中华人民共和国行政诉讼法》第二十六条第五款规定："行政机关委托的组织所作的行政行为，委托的行政机关是被告。"

（二）确定审级

《中华人民共和国行政诉讼法》第十五条规定："中级人民法院管辖下列第一审行政案件：（一）对国务院部门或者县级地方人民政府所作的行政行为提起诉讼的案件；……"据此可知，县级以上地方政府作出行政行为的，应当由中级人民法院来审理。在燃气特许经营权项目中，县政府能否作为被告，将直接导致一审法院是基层人民法院还是中级人民法院。

（三）公正审理

程序正义是实体正义的保障。无论是被告错误，还是审级错误，都是严重的程序问题，都将对实体审理产生重大影响。就行政诉讼程序来说，人民法院审理的对象是一个具体行政行为，审查其合法性。如被告错误，则会导致被审查的行政行为不是案涉被告作出的，不适格的被告也将难以完成举证和答辩。人民法院所作审理也将是"张冠李戴"，错误百出。司法公正和司法权威也将难以体现。

三、行政授权与行政委托的司法现状

通过"中国裁判文书网"搜索来看，就燃气特许经营权相关纠纷来说，在大多数情况下，人民法院会认定为行政委托；在极少数情况下，人民法院会认定为行政授权。

（一）认定为行政委托

在南阳某燃气公司诉宛城区人民政府、宛城区住建局及第三人蓝天燃气公司、蓝天管道公司、南阳市住建委特许经营协议撤销一案中[1]，作为授权主体及委托主体的宛城区人民政府即作为被告，作为实施主体及受托主体的宛城区住建局亦作为被告。一审法院认为：本案被诉的行政行为均系南阳市宛城区住建局作出并实施，其当然属于适格被告。宛城区住建局并非法律、法规以及规章明确授权的实施被诉行政行为的机关，其职权来自宛城区人民政府书面授权。因此，南阳市宛城区人民政府的授权应视为委托，应当承担被授权人实施法律行为的后果，亦应成为本案适格被告。

（二）认定为行政授权

在湖北赛博燃气公司诉蕲春县住建局及第三人中油公司的特许经营协议撤销

---

[1] 河南省高级人民法院（2019）豫行终853号《行政判决书》.

一案中[1]，黄冈市中级人民法院认为：国务院《城镇燃气管理条例》第五条第二款规定："县级以上地方人民政府燃气管理部门负责本行政区域内的燃气管理工作"，住房和城乡建设部《燃气经营许可管理办法》第三条规定："住房和城乡建设部指导全国燃气经营许可管理工作。县级以上地方人民政府燃气管理部门负责本行政区域内的燃气经营许可管理工作"。《湖北省燃气管理条例》第四条第一款、第十六条第一款规定："省人民政府建设行政主管部门主管全省的燃气管理工作，市、州、县主管燃气管理的部门（以下简称燃气主管部门）负责本行政区域内的燃气管理工作。燃气主管部门可以依法委托燃气管理机构承担燃气管理的相关具体工作。""管道燃气实行特许经营制度。燃气主管部门依据同级人民政府的授权，负责本行政区域内管道燃气特许经营的具体实施。"蕲春住建局作为蕲春县人民政府燃气管理部门，负责其行政区域内燃气管理许可工作，是本案适格被告。

四、行政授权与行政委托的立法现状

（一）部门规章

《市政公用事业特许经营管理办法》第四条第三款规定："直辖市、市、县人民政府市政公用事业主管部门依据人民政府的授权（以下简称主管部门），负责本行政区域内的市政公用事业特许经营的具体实施。"《基础设施和公用事业特许经营管理办法》第十四条规定："县级以上人民政府应当授权有关部门或单位作为实施机构负责特许经营项目有关实施工作，并明确具体授权范围。"通过这两个条文可知：

首先，在燃气特许权授权主体上，《基础设施和公用事业特许经营管理办法》对《市政公用事业特许经营管理办法》进行了扩张，将"直辖市、市、县人民政府"扩大为"县级以上政府"。扩张后，市辖区的区人民政府也成为燃气特许经营权的授权主体。

其次，在行政机关内部分工上，依据部门规章的规定，县级以上人民政府应当"授权"市政公用等部门来作为实施机构。在实务中，多数是县人民政府授权住建局作为实施机构负责燃气特许经营权项目。那么，这两部规章中的"授权"应当理解为"行政委托"，而不能理解为"行政授权"。《中华人民共和国行政许可法》第二十四条第一款也规定："行政机关在其法定职权范围内，依照法律、法规、规章的规定，可以委托其他行政机关实施行政许可。委托机关应当将受委托行政机关和受委托实施行政许可的内容予以公告。"

最后，被授权的主体以自己的名义实施的具体行政行为不能否定行政委托关

---

[1] 黄冈市中级人民法院（2019）鄂11行终62号《行政判决书》.

系的存在。在行政授权的情况下,被授权的主体应当以自己的名义实施具体行政行为。在行政委托的情况下,被授权的主体应当以委托主体的名义实施具体行政行为。但是在燃气特许经营权授予项目中,住建局在得到县级以上人民政府授权后,多数情况下是以住建局自己的名义与中标企业签订燃气特许经营协议,并授予燃气特许经营权的。

在这种情况下,能否据此否定行政委托关系的存在,而认定住建局无法定职权,所作行政行为无效呢?对此,蔡小雪法官认为:"受委托的组织行使行政管理职权应当遵守下列三个规则:第一,必须以委托的行政机关的名义实施行政管理职权,如果以自己的名义实施行政管理职权,属于无效行为,所产生的法律后果不是由委托的行政机关承担,而是由其自己承担。"❶ 但是蔡小雪在其另外一部审定的著作中又作出了完全相反的评价:"委托关系是否成立应视委托机关的委托行为是否合法,而不受被委托机关行为的影响。上述案例中,若县政府的委托行为合法,即使被委托机关没有以县政府的名义行使职权,该委托关系仍然成立。"❷ 对此,我们认为,第二种观点更为可取,大量的司法判例也证明了该观点。

(二)地方规定

通过对省级地方规章及地方性法规分析来看,在县级以上人民政府授权住建等市政公用部门的行为性质上,多数地方并未作出明确的表述,仍使用"授权"表述。与此同时,也有一些地方明确规定燃气特许经营权的授权主体是县级以上人民政府。虽然如此,仍然有少部分地方使用"委托"作为表述。如,《江苏省管道燃气特许经营管理办法》第三条第二款规定:"城市人民政府授权委托的设区市、县(市)建设(市政公用)行政主管部门(以下统称建设行政主管部门)负责本行政区域内管道燃气特许经营权的实施和对特许经营企业的监管工作。"又如《浙江省燃气管理条例》第十四条规定:"管道燃气经营实行特许经营制度。从事管道燃气特许经营的企业,应当事先向市、县燃气主管部门提出申请,取得市、县人民政府授予的特许经营权,与市、县人民政府或者其委托的燃气主管部门签订特许经营协议,并领取管道燃气特许经营许可证。"

《河北省市政公用事业特许经营管理办法》虽然使用了"授权"的表述,但是其也进一步规定城市人民政府"承担相关责任"。据此也可以认定,其中的"授权"应当理解为"行政委托"。《河北省市政公用事业特许经营管理办法》第六条规定:"城市人民政府是市政公用事业特许经营权的授权主体。城市人民政府授权的城市市政公用事业主管部门(以下简称主管部门)负责本地区市政公用

---

❶ 蔡小雪. 行政行为的合法性审查[M]. 北京:中国民主法制出版社,2020.
❷ 殷清利. 最新行政审判实务问答[M]. 北京:法律出版社,2017.

事业特许经营的具体实施工作,行使授权方相关权利,承担相关责任。"

五、行政授权与行政委托的错乱成因

从上文分析可知,无论是从立法层面,还是从司法实务中法院立场来看,绝大多数情况下,县级以上政府对实施机构的授权应当视为行政委托,而非行政授权。那么,为什么在司法实务中仍然存在将行政委托错认为行政授权的现象呢?

(一)混淆两种许可

在燃气经营许可中,存在着两个完全不同的许可种类,分别是燃气特许经营许可及燃气经营许可。这两种许可虽然只有"特许"两字的差异,但实质差异很大。从许可目的的角度来说,燃气特许经营许可的目的主要在于准许燃气公司在一定期限及地域范围内独家从事管道燃气基础设施投资、建设、运营,而燃气经营许可的目的主要在于解决燃气经营资质的问题。从许可主体的角度来说,燃气特许经营许可的主体是县级以上人民政府,而燃气经营许可的主体应当是住建局。

(二)混淆法律规范

正是因为存在着两种不同的行政许可,所以,存在着不同的法律规范。以湖北赛博燃气公司诉蕲春县住建局及第三人中油公司的特许经营协议撤销一案来说,黄冈中级人民法院之所以将行政委托误认为行政授权,主要原因是错误理解了《城镇燃气管理条例》《燃气经营许可管理办法》中对住建局有关职权的规定。《城镇燃气管理条例》第五条第二款规定:"县级以上地方人民政府燃气管理部门负责本行政区域内的燃气管理工作"。住房和城乡建设部《燃气经营许可管理办法》第三条规定:"住房和城乡建设部指导全国燃气经营许可管理工作。县级以上地方人民政府燃气管理部门负责本行政区域内的燃气经营许可管理工作。"这些规章,只是规定住建局作为燃气行业主管部门在燃气经营许可管理中的职权,并未规定在燃气特许经营许可中的职权。

与此同时,《市政公用事业特许经营管理办法》及《基础设施和公用事业特许经营管理办法》对燃气特许经营许可的权利主体已经作出了明确规定,即由县级以上人民政府来行使。《基础设施和公用事业特许经营管理办法》第十四条规定:"县级以上人民政府应当授权有关部门或单位作为实施机构负责特许经营项目有关实施工作,并明确具体授权范围。"

所以,在处理燃气特许经营协议的案件中,应当优先适用《市政公用事业特许经营管理办法》及《基础设施和公用事业特许经营管理办法》,其次适用各个地方上的《城镇燃气管理条例》。在燃气特许经营许可主体中,地方上可能有本地的特别规定。

综上所述,在燃气特许经营权纠纷中,区分行政授权与行政委托具有重要意义,对被告及审级等方面能够产生重大影响。与此同时,对于行政授权与行政委托的识别来说，并不是一个多深的理论研究问题，而是一个简单的技术操作问题，需要能够准确识别燃气经营许可及燃气特许经营许可的区别。只有分清楚两种行政许可，才能准确适用法律规范，继而准确认定出行政授权与行政委托。

第十节　关于燃气特许经营市场整合的问题

近几年，在国内的燃气特许经营市场中，偶尔会出现地方政府干预本地燃气特许经营市场，整顿既有燃气公司，做大做强一家燃气公司或者重新引入另一家燃气公司的现象。在市场整合的过程中，由于市场整合会涉及企业的生死存亡，多会伴随着激烈的冲突与对抗。当然，也有做得比较妥当，未引发激烈的矛盾的情况。2022年3月10日，温州瑞安市人民政府在其门户网站刊发了《我市六家管道燃气企业签约整合》的新闻稿。据透露，为了实行统一规划、统一布局、统一监管、统一服务、全市"一城一网一主体"的监管目标，在瑞安市综合行政执法局牵头下，由本地一家燃气公司主导瑞安市管道燃气特许经营市场，原有的安阳管道燃气公司等5家燃气公司退出。本地这家燃气公司与另外5家燃气公司签订整合协议，并与政府签订燃气特许经营协议。

一、市场整合的主要原因

第一，既有燃气公司消极履约，投资建设不足。地方政府授予燃气特许经营权的目的在于加快燃气基础设施投资建设，提升天然气综合利用水平，促进地方经济发展，优化能源结构，增进社会公共利益。但是一些企业在获得燃气特许经营权之后，却"圈而不建"，导致本地燃气基础设施建设处于停滞的状态，用气企业与百姓怨声载道。燃气公司的"圈而不建"整体上可以分为"主观不能"和"客观不能"两种。所谓"主观不能"，是指燃气公司在主观上就不愿意进行投资建设，想的只是将来的"待价而沽"。燃气特许经营权作为一种稀缺性资源，具有明显的财产性，且这种价值会随着时间的推移变得越来越大。所以，有些燃气公司投资特许经营权，不是为建设发展燃气行业、服务一方百姓，根本目的在于短期内牟取暴利。牟取暴利的方式多采取两种方式：一是收取初装费。二是出让特许经营企业股权。应当说，这样的企业在国内并不少，亟需地方政府出手予以整治。否则，当地燃气基础设施建设要么处于停滞的状态，要么处于空白的状态，极大地影响当地企业用气和百姓生活。现实中，还会发生这样一种现象。即企业在获得燃气特许经营权之后，只进行最低限度的投资建设，勉强获得燃气经营许可证，供应屈指可数的燃气，供应价格却高得离谱。"客观不能"，是指燃气公司本身缺乏资金、技术、人力等多方面的储备，缺乏实施燃气特许经营项目的能力。燃气公司在获得特许经营权后，理应根据特许经营权协议的约定，逐步铺设城区内燃气管道设施，做好维护和检查工作，保障安全生产。同时要加强供气服务，为广大用户提供普遍燃气服务。燃气公司要做好这些工作，应当具备以下几个方面的能力：一是人力能力。燃气行业属于服务行业，需要大量的人员提供燃气服务，如一线员工就需要维修工、抢修工、抄表员、巡线员、安全员、客户员。这些人员还要被分成不同的班组，提供24小时的燃气服务。可以说，人员队伍庞大。二是资金能力。除了人员的配置需要资金来作为保障外，还有燃气基础设施的建设和燃气设备的购买都需要资金进行保障。在燃气基础设施的建设方面，需要建设气源场站和城区内中低压管网。在燃气设备方面，需要购置调压撬、计量撬等设备。在当前的形势之下，很多燃气公司都处于负债或低利润的状态，没有资金能力去进行投资建设。三是技术能力。燃气行业虽然不属于技术密集型行业，但是其对技术性要求也是颇高的。如果缺乏技术支持能力，不但无法提供正常的供气服务，还可能导致安全事故。当特许经营权人不具备上述条件之时，将难以提供充分的燃气服务。在这种情况之下，地方政府则会着手市场整顿，清理既有燃气公司，引入新的燃气公司。例如，普洱市住房和城乡建设局于2016年2月2日印发的《关于进一步加强城镇燃气建设项目及运营管理工作的通知》（普住建发〔2016〕38号）第二条第（四）项规定："尽快清理整顿本区域天然气建设运营企业，依法确定天然气建设运营主体，严格城市燃气资格认证制度，对没有建设运营资质、没有气源保障、未按规定开展燃气设施建设、运营的企业尽快予以清理整顿。要优先引进专业技术雄厚、管理经验丰富的燃气公司建设、运营城市（县城）天然气项目，按要求严格实行燃气特许经营。"

第二，既有燃气公司经营不善，安全隐患不断。燃气具有易燃易爆的特点，经营不善，容易产生安全隐患。一旦发生燃气爆炸，很容易发生群死群伤的现象，这对于任何一个地方政府来说，都是无法承受的。为了消除既有燃气公司带来的安全隐患，地方政府很可能会进行市场整合。例如，在2022年8月17日，云南省巧家县人民政府发布《关于举行解除〈巧家管道燃气建设和经营项目投资协议〉听证会的公告》。之所以如此，主要是因为国务院安委办在暗访中发现既有燃气公司存在门站及LNG储备站无规划审批、无经营许可、员工不懂操作规范及流程等问题。

第三，既有燃气公司互相牵制，影响整体发展。管道燃气市场区域都是地方政府划定的，各家燃气公司在各自的区域内经营，不得越线经营。否则，将存在跨区域经营的问题，从而会遭到行业主管部门的处罚。这样划定区域经营，虽然有优势，可以有效避免管道交叉的问题，但缺点同样明显。比如，无法形成互联互通的"一张网"，影响气源调度；无法形成统一的服务标准，影响人民群众的满意度；在相邻区域，尤其是界线划分不明确区域，容易产生冲突。

二、市场整合的优劣对比

从优势方面来说，正如温州瑞安市人民政府在其门户网站刊发的《我市六家管道燃气企业签约整合》一文所说的，管道燃气市场整合具有以下几个方面的优势：一是构建全市"一张网"，统一运营、统一建设、统一气源、统一调度、统一维护、统一服务；二是完善燃气安全保障机制，提高燃气安全生产效率；三是提高天然气综合利用水平；四是降低用气成本。

从劣势方面来说，市场整合的劣势同样突出，主要表现为以下几个方面。一是容易滋生腐败。燃气特许经营权具有浓厚的经济属性，经济价值明显。一个普通的县城，市场交易价格可能就要过亿元，少则也有几千万元。这么大的经济价值，如果缺乏足够的监督，腐败几乎一定会发生。二是容易激化矛盾。凡是需要进行市场整合的，当地一定存在两家以上的管道燃气公司。以瑞安市为例，一个县级市就存在着六家燃气公司。在正常情况下，燃气公司都会非常重视自己经营区域的完整性。丧失经营区域，即意味着丧失用户、丧失销气量、丧失利润。地方政府所推行的整合，一定会触及那些被整合的燃气公司根本利益。所以，一定会激化矛盾。定争止纷的突破口在于地方政府如何引导和解决这些矛盾。强制的行政干预，虽然能够达到立竿见影的效果，但同样也存在鱼死网破的可能。三是容易强买强卖。在燃气市场整合中，往往会伴随作价补偿的问题。即主导整合的燃气公司给予被整合的燃气公司一些合理补偿。对于该等补偿标准，由于缺乏法律法规的规定，主导整合的燃气公司多会利用自身的各种优势，借用地方政府的行政命令，强制压价，以尽可能低的价格完成资产收购。与之相反，被整合的燃气公司则希望以尽可能高的价格，至少不能低于当地平均市场交易价格获得补偿。在这一激烈的博弈中，主导整合的燃气公司更容易胜出。四是容易强化垄断。以瑞安市为例，其推行管道市场整合的最终目标是形成"一城一网一主体"的市场格局。原本是六家燃气公司，现在只有一家燃气公司。

三、市场整合的风险要点

第一，整合目的是否真为公共利益。公共利益犹如普罗米修斯的脸。不同的人，有着不同的解释，让人捉摸不透。地方政府推行管道燃气市场整合的根本目的应当在于实现社会公共利益，坚决反对以公共利益为幌子，却干着狼狈为奸的勾当，侵犯燃气公司的合法权益，牺牲人民群众的合法用气权益。

第二，整合过程是否符合法律法规。依法行政是治国原则。政府推行管道燃气市场整合也应当严格遵守法律法规的规定。管道燃气市场整合中，应当严格遵守《优化营商环境条例》第三十一条、第六十四条等有关法律规范的规定。第六十四条规定:"没有法律、法规或者国务院决定和命令依据的,行政规范性文件不得减损市场主体合法权益或者增加其义务,不得设置市场准入和退出条件,不得干预市场主体正常生产经营活动。涉及市场主体权利义务的行政规范性文件应当按照法定要求和程序予以公布,未经公布的不得作为行政管理依据。"第三十一条规定:"地方各级人民政府及其有关部门应当履行向市场主体依法作出的政策承诺以及依法订立的各类合同,不得以行政区划调整、政府换届、机构或者职能调整以及相关责任人更替等为由违约毁约。因国家利益、社会公共利益需要改变政策承诺、合同约定的,应当依照法定权限和程序进行,并依法对市场主体因此受到的损失予以补偿。"

第三,整合手段是否体现合理必要。地方政府推行市场整合应当体现合理必要原则,即只有采取整合的手段,才能消除现有管道燃气市场的种种弊端,才能提高本地管道燃气综合利用水平。例如,在笔者代理的一起案件中,当地已有一家燃气公司,经营已有十多年。在2020年,县政府以会议纪要的方式允许另外一家燃气公司实施"直供",向新建立的工业园区进行供气。当然,县政府给出的理由也简单,一方面是为了降低企业用气成本,给企业减负;另一方面是国家发展改革委颁布的政策支持直供。实际上,这家引入的直供企业,其上游也是中石油这样的资源方,与既有的燃气公司气源并无不同。此外,当地也颁布了大工业直供政策,且规定只有中石油这样的资源方才可以向单一的工业用户进行供气,而不是向整个工业园区进行供气。县政府对于当地的天然气气源及直供政策应当是知道的,却仍然打着"直供"的旗帜,引入另外一家企业。通过这一案例可知,县政府的行为即缺乏合理性。

第四,整合结果是否体现公平公正。公平公正是基本原则,应当贯穿于市场整合的全过程之中。一个公平公正的市场整合,各方利益都能够得到兼顾,整合的难度就会降低,整合的纷争就会减少。相反,如不能体现公平公正,相互掣肘,整合就难以开展下去,甚至可能引发诉讼,乃至引起社会群体性事件。这样,地方政府形象必受影响,地方营商环境也必受影响。

四、市场整合的合法路径

依法行政是基本原则。地方政府推动市场整合,也应当在法律的框架内进行。否则,将会因违法而被确认无效或撤销,乃至承担相关责任。

第一,吸收合并既有燃气公司。在这种方式下,是以收购既有燃气公司股权的方式来完成。当然,股权收购应当建立在自愿的基础之上,而不应当以行政干预为强制手段。在笔者的从业经历中,多次遇到地方政府强行要求既有燃气公司出让股权给另外一家燃气公司。当然,由于缺乏充分的法律依据,地方政府最终也会放弃该方式。

第二，合资组建新的燃气公司。在这种方式下，多是要求既有的几家燃气公司重新合资组建一家新的燃气公司。在这一过程中，往往具有地方政府背景的企业会参与到新设燃气公司的设立中，并成为一方股东，甚至成为具有控股权的股东。按该种模式进行操作，一方面需要既有燃气公司是自愿的，另一方面也需要先行终止或变更既有燃气公司的燃气特许经营协议。

第三，重新引入一家燃气公司。在这种方式下，应当先行解除或变更既有燃气公司的燃气特许经营协议。否则，将存在重复授予的问题，很容易引发纠纷。此在全国范围内已不鲜见。对于新引入的燃气公司，应当通过招标投标等法定方式予以进行。否则，也将存在因授予程序不合法而被撤销的可能。

五、市场整合的不当做法

在推行市场整合的过程中，地方政府通常会遭遇到既有燃气公司的对抗，尤其是在地方政府没有充分法律依据的情况下，对抗程度还会进一步加剧。为了能够让既有燃气公司配合地方政府完成市场整合，地方政府往往会采取拖延、不给办等多种方式来达成目的。

第一，不给换发燃气经营许可证。根据《燃气经营许可管理办法》的规定可知，燃气公司从事燃气经营活动必须取得燃气经营许可证，而燃气经营许可证通常有一个4年左右的期限限制。期限届满前，应当续办。在正常情况下，换证续办只是一个例行性的程序，简单方便。但是在市场整合的背景之下，换证续办将会成为地方政府惩治既有燃气公司的常见手段。应当说，市场整合涉及的是燃气特许经营权，而换证续办涉及的是燃气经营权，两者属于完全不同的许可，依据不同的法律规范。既有燃气公司在没有违反《燃气经营许可管理办法》的情况下，地方政府不应当采取不换证的手段。

第二，制定针对性的规范性文件。《营商环境条例》第六十四条第一款规定："没有法律、法规或者国务院决定和命令依据的，行政规范性文件不得减损市场主体合法权益或者增加其义务，不得设置市场准入和退出条件，不得干预市场主体正常生产经营活动。"虽然如此，一些地方政府为了推行市场整合，专门制定具有针对性的规范性文件限制既有燃气公司的经营行为，该做法值得商榷。例如，《眉山天府新区燃气管理办法》第八条规定："新建管道燃气经营需取得眉山天府新区管道燃气特许经营权。区域内既有燃气经营企业，不再批准其新建燃气设施、燃气管线及扩大燃气用户行为。"

综上所述，市场整合应当坚持公共利益优先原则，并在现行法律的框架内有序推行。适当的市场整合，能够振兴一方市场，造福一方百姓。错乱的市场整合，能够引发一场灾难，恶化营商环境，损害社会公共利益。在市场整合的道路上，地方政府与燃气公司都应当且行且珍惜。

第十一节 关于燃气特许经营与工业直供的问题

一、工业直供的概念

对于什么是工业直供,包括法律、规章、规范性文件在内并未给予一个明确的定义,该名词出现于一个规范性文件中,更多地只是表现为一个行业术语而已,这为我们探讨工业直供的定义带来了一定的困难。虽然如此,我们依然可以从国家出台的一些规范性文件中找出其大致的内涵和外延。

《国家发展改革委关于理顺非居民用天然气价格的通知》(发改价格〔2015〕351号)认为,直供用户是指直接向上游天然气供应商购买天然气,用于生产或消费、不再对外转售的用户。国家能源局等13部委《关于印发〈加快推进天然气利用的意见〉的通知》(发改能源〔2017〕1217号)在重点任务中规定:"鼓励玻璃、陶瓷、建材、机电、轻纺等重点工业领域天然气替代和利用。在工业热负荷相对集中的开发区、工业聚集区、产业园区等,鼓励新建和改建天然气集中供热设施。支持用户对管道气、CNG、LNG气源作市场化选择,相关设施的规划、建设和运营应符合法律法规和技术规范要求。"在政策保障中规定:"建立用户自主选择资源和供气路径的机制。用户可自主选择资源方和供气路径,减少供气层级,降低用气成本。用户自主选择资源方和供气路径的,应当符合当地城乡发展规划、天然气和燃气发展等专项规划,地方人民政府应加强统筹协调给予支持。企业应按照《城镇燃气管理条例》的规定,申请取得燃气经营许可证后方可经营供气。"据此可知,工业直供,是指上游资源方直接向终端工业大用户供应天然气的方式,以降低工业气价。

我们认为,正确理解工业直供仍然需要注意以下几点:一是供气企业应当是上游资源方。此处上游资源方应当是直接掌握像"西气东输""川气东送"等长输管线的经营企业,比如中石油、中石化、中海油,但不包括关联企业。二是供应量应当达到一定的标准。对于应当达到多大的标准,此需要结合各个地方的实际情况予以确定,但不宜低于3000万m^3/年的供应量。三是用户应当是单一的工业企业。之所以设定这样三个条件,是因为工业直供存在的本身即是对燃气特许经营权的冲击。在国家法律尚未废除或限制燃气特许经营权制度之前,应当尽可能压缩工业直供的存在范围。上游如不限定为直接拥有长输管线的企业,则这些大型企业的关联公司太多且很多关联公司都从事燃气特许经营权经营。如果放开,这些关联公司很可能会利用优势资源,抢占他人合法拥有的燃气特许经营权,扰乱地方燃气特许经营市场,影响民生用气。供气量如不限定,则在资本和利益的驱动下,燃气特许经营制度会有被完全动摇的危险。下游如不限定为单一的工业用户,可能会发生将整个工业园区或几个企业打包扩大直供的情况。

二、工业直供的规定

(一)国家层面的规定

第一,《国家发展改革委关于调整天然气价格的通知》(发改价格〔2013〕1246号)规定:对燃气发电等大型用户,要尽可能减少供气环节,降低企业用气成本。

第二,《国家发展改革委关于理顺非居民用天然气价格的通知》(发改价格〔2015〕351号)规定:放开天然气直供用户(化肥企业除外)用气门站价格,由供需双方协商定价,进行市场化改革试点。

第三,《国家发展改革委关于加强地方天然气输配价格监管降低企业用气成本的通知》(发改价格〔2016〕1859号)规定:天然气主干管网可以实现供气区域,不得以统购统销等名义,增设供气环节,提高供气成本。

第四,《关于印发〈加快推进天然气利用的意见〉的通知》(发改能源〔2017〕1217号)规定:用户可自主选择资源方和供气路径,减少供气层级,降低用气成本。用户自主选择资源方和供气路径的,应当符合当地城乡发展规划、天然气和燃气发展等专项规划,地方人民政府应加强统筹协调给予支持。企业应按照《城镇燃气管理条例》的规定,申请取得燃气经营许可证后方可经营供气。

第五,《国务院关于促进天然气协调稳定发展的若干意见》(国发〔2018〕31号)规定:鼓励用户自主选择资源方、供气路径及形式,大力发展区域及用户双气源、多气源供应。鼓励发展可中断大工业用户和可替代能源用户,积极引导用户主动参与调峰,充分发挥终端用户调峰能力。

(二)地方层面的规定

第一,《山东省住建厅、发改委关于支持和规范对企业天然气用户实行直供服务的实施意见》(鲁建城建字〔2019〕33号)主要规定:一是年用气量超过5000万 m^3 的大用户可直接向"三桶油"直接购买天然气;二是支持上游企业、燃气公司与大用户合资建设直供管道,供气路径应符合燃气规划;三是鼓励燃气公司开放已建管道并提供代输服务,代输价格按价格主管部门规定执行;四是天然气直供项目的经营主体需依法办理《燃气经营许可证》后方可从事天然气直供经营活动;五是新建天然气直供管道不应违背既定燃气经营区域划分(政府特许经营协议);六是供用气合同和可研报告中的用气规模应与燃气规划保持一致,避免交叉、重复建设;七是天然气生产销售企业不得因为增加直供用户供气量而减少对城燃的供气量或抬高价格供气;八是直供用户也要同步执行"压非保民"政策,直供用户不得从事专供经营服务。

第二,《安徽省物价局 能源局关于推行天然气大用户直供气试点进一步降低企业用气成本的通知》(皖价服〔2016〕127号)主要规定:一是鼓励大用户直接向上游供气企业直接购买天然气,省内天然气管网经营企业应提供代输服务,短输价格按省物价局核定的省内同类价区短输价格收取;二是对新增大用户,鼓励气源企业、省管网经营企业、燃气公司及大用户合资建设直供管道供气,销售价格由建设经营者和用气企业协商确定,可不再分摊城市管网建设运营成本;三是对城市配气管网范围内的已有用气大户向上游企业争取到的自有气源,燃气公司应提供输送服务,当地价格部门在核定气价时,在保证"转供"改"直供"企业的用气价格明显下降前提下,可以适当分摊当地城市管网运营成本。

第三,《广东省人民政府关于印发广东省促进天然气利用实施方案的通知》(粤府〔2018〕119号)主要规定:一是省主干管网尚未通达但国家主干管网已通达的区域,经省能源主管部门同意,可由国家主干管网就近向大用户供气,原则上直供专线不再额外收取管输费用;二是省主干管网已通达的城镇区域,可由省主干管网就近向大用户供气;三是省天然气主干管网可以实现供气的大用户,城镇燃气公司不得以统购统销和代输等名义增设供气环节。

第四,《四川省人民政府办公厅关于加强资源要素价格管理稳定工业经济增长的通知》(川办发〔2015〕30号)第七条规定:进一步扩大天然气直供范围。将中石油、中石化在川"无管线、无计量、无配气设施、无人员"的全资天然气经营公司专供的非居民用户,全部纳入中石油西南油气田分公司、中石化西南油气分公司直供;对日用气量3万m^3及以上的园区或新增用户,要创造管网供气条件,尽可能由中石油西南油气分公司、中石化西南油气分公司直接供应,以减少中间环节、降低用气价格。

第五,《重庆市发改委关于印发加快推进天然气利用的实施意见的通知》(渝发改油气〔2018〕772号)规定:在符合天然气发展规划下,支持工业天然气用户对管道气、CNG、LNG气源进行市场化选择。2020年9月10日实施的《重庆市管道天然气特许经营管理办法》第五条规定:"天然气特许经营项目实施方案应遵循本行政区域的天然气发展规划,在明确特许经营区域时应充分考虑天然气直供情形,避免管网重复建设和经营纠纷。"

第六,《济南市城建委、发改委、经信委、规划局关于规范天然气生产集输企业向我市工业集中区等用户提供管道天然气直供服务的实施意见》(济建发〔2018〕55号)规定:一是年用气量超过5000万m^3的大用户可直接向"三桶油"直接购买天然气;二是支持上游企业、燃气公司与大用户合资建设直供管道,供气路径应符合燃气规划;三是鼓励燃气公司开放已建管道并提供代输服务,代输价格按价格主管部门规定执行;四是天然气直供项目的经营主体需依法办理《燃气经营许可证》后方可从事天然气直供经营活动。

三、工业直供的形式

在实务中,工业直供主要有两种表现形式,具体如下:

第一种,"直购+代输"模式,即工业用户与上游资源方签订天然气购销协议,采购的气量通过地方燃气公司建设的管网代输供气。

第二种,"直购+自建"模式,即工业用户与上游资源方单独签订天然气购销协议,并通过自建或多个投资主体合资合作形式建设输气管道设施。

从燃气公司的角度来说,在"直购+代输"模式下,燃气公司并未被完全抛开,其部分权益得以实现,能够通过代输等方式获得管输费作为利润。当然,也有一些燃气公司并不能获得利润。相反,在"直购+自建"模式下,燃气公司被完全抛开,其所有权益都未能得到尊重和保障。与此同时,资源方自建管道沿线部分的市场存在进一步被丢失的风险。一个企业用上了直供气,气量有保障,气价又低,其他企业很容易效仿,以争取更大的利益。这对燃气公司来说,无疑是雪上加霜,容易形成冲击。

例如,2012年初的南京化工园区天然气经营权纠纷案,曾经在燃气行业市场引发了不小的争议。据报道,于2005年获得南京江北地区排他性特许经营权的南京某城燃企业,在毫无防备的情况下遭遇了竞争对手——另一家燃气经营企业南京星桐公司悄然注册成立,且南京星桐公司已经与化工园区的两家用气大户"蓝星安迪"和"江苏金桐化工"达成了供气协议,气站界桩已定,建站手续也在办理中。对于这两家用气大户,南京星桐公司志在必得。两家企业有关经营权拉锯战也就此展开。

四、工业直供的悖论

在现行法律框架内,工业直供与燃气特许经营权是相互冲突的。工业直供存在的前提条件是打破垄断,推行市场化,让工业用户能够自主选择气源,以减少中间环节,降低用气成本。燃气特许经营权存在的前提条件是垄断,即在政府划定的区域及期限内,只能允许一家燃气公司向区域内的用户供应天然气。《基础设施和公用事业特许经营管理办法》第三条规定:"本办法所称基础设施和公用事业特许经营,是指政府采用竞争方式依法授权中华人民共和国境内外的法人或者其他组织,通过协议明确权利义务和风险分担,约定其在一定期限和范围内投资建设运营基础设施和公用事业并获得收益,提供公共产品或者公共服务。"

从效力等级上来说,工业直供一般由各个地方政府出台的规范性文件予以规定,即便是国家层面的出台文件,其也只能称之为规范性文件,而不能称之为法律规范。所以,其效力等级较低,并不具有强制执行性。相反,燃气特许经营权直接规定于《市政公用事业特许经营管理办法》及《基础设施和公用事业特许经营管理办法》，这两部管理办法，都属于部门规章，其效力等级是规范性文件所不能相比的。与此同时，如将燃气特许经营权视为行政许可，那么其将适用《中华人民共和国行政许可法》，其法律效力等级将一步提高至法律。基于此，单纯从效力等级上来说，燃气特许经营权要优于工业直供。

那么，工业直供侵犯了燃气公司的燃气特许经营权，是否一定成立侵权呢？对此，我们认为：不一定，需要结合具体案件中的具体情况。实施工业直供的企业如取得了政府的相关批文，则不易认定为构成侵权。因为直供企业如取得政府批文，则意味着其在主观上不存在着过错。既然不存在过错，则侵权责任也将难以成立。

五、工业直供的应对

第一，工业直供与燃气特许经营权的确存在着冲突，但是这种冲突需要放到具体的地方来探讨。如地方上已经出台了支持工业直供的政策文件，那么这种冲突将被弱化，而这种弱化是工业直供企业所喜闻乐见的，却是燃气公司不愿意见到的。

第二，工业直供的合法性虽然难以完全成立，但工业直供的合规性很可能会被不断的强化起来。对于燃气公司来说，应当加强防范，争取在直供项目发生前期处理好。工业直供企业则当反其道而行之。

第三，工业直供往往有着严格的标准，但在实务中容易被扩大解释。从全国各地已发布的工业直供政策来看，工业直供在终端用气规模、资源方、供气路径等方面均有严格的衡量标准，这些标准的设定目的在于减少对燃气特许经营权的冲击，也是燃气公司所必须关注的要点。

第四，工业直供一旦获得政府批文，那么燃气公司的侵权之诉往往解决不了问题，关键在于其必须先行通过行政诉讼来撤销政府批文。在民事侵权诉讼之中，司法权不可能代替行政权作出或者撤销行政行为。

第五，地方如支持工业直供，则应当充分考虑燃气公司的信赖利益，给予适当的补助，尽量使用燃气公司燃气管道，严格工业直供的范围。《优化营商环境条例》第三十一条规定："地方各级人民政府及其有关部门应当履行向市场主体依法作出的政策承诺以及依法订立的各类合同，不得以行政区划调整、政府换届、机构或者职能调整以及相关责任人更替等为由违约毁约。因国家利益、社会公共利益需要改变政策承诺、合同约定的，应当依照法定权限和程序进行，并依法对市场主体因此受到的损失予以补偿。"

第十二节 关于燃气特许经营与工业点供的问题

工业点供并非法律术语或行业术语，更多出现于燃气行业内及地方上的规范性文件之中，存在"自备燃气供应站""自备站""供气站"等多种称谓。因气源使用不同，可分为 LNG 点供、CNG 点供、LPG 点供三种类型。当前，最为常见的是 LNG 点供。

一、点供合法与否各不同

相比于铺设管道的方式，点供具有投资少、建设快及灵活的特点。建设一座天然气气站并通过槽车运输气源即可。实务中，天然气气站主要是 LNG 气化站和 CNG 释放站。对于点供行为是否属于侵权行为，法律规范也未作出规定，各地做法也不尽一致。在江浙地区属于合法行为，在河北任丘就会变成违法行为。2016 年 8 月 6 日，任丘市人民政府印发《任丘市清理取缔违建撬装气化站专项行动实施方案》，要求："在天然气管道覆盖范围内的撬装气化站、瓶组站必须取缔，使用管道燃气；管道燃气覆盖范围外区域可建设临时的撬装气化站，但必须办理相关审批手续及备案。燃气管线铺设到该区域时临时建设的撬装气化站须立即撤出。"我们认为，对于特许经营权区域范围内的点供项目，地方政府可予以支持和规范，因为点供项目不但能够弥补管道燃气的不足、降低用气成本，还能够引入竞争机制，有利于促进特许经营权企业更好地做好燃气服务工作。

当前现状是法律规范对于点供没有作出规定，国家也没有出台建设标准及规范，给实务工作者带来了很多争议。以安徽为例，《安徽省城镇燃气管理条例》第十一条第二款规定："在管道燃气供气规划区域内，新区和旧城区以及其他需要使用燃料的建设项目，应当配套建设管道燃气设施，不得新建瓶组站、小区气化站；旧城区已建成的瓶组站、小区气化站，燃气经营许可期满后，应当停止使用。"对于本条是否将 LNG 点供归入禁止建设项目，存在着一些争议。安徽省城镇燃气管理条例并未禁止 LNG 点供。主要理由在于"瓶组站"及"小区气化站"不包括点供站。根据《城镇燃气设计规范》GB 50028—2006（2020 年版）第 2 条有关"术语"可知，瓶组站可分为"压缩天然气瓶组供应站"及"瓶组气化站"两类。《城镇燃气设计规范》GB 50028—2006（2020 年版）第 2.0.33 条对"压缩天然气瓶组供应站"的定义是"采用压缩天然气气瓶组作为储气设施，具有将压缩天然气卸气、调压、计量和加臭，并送入城镇燃气输配管道功能的设施。"而 LNG 点供的原料是液化天然气，并不是压缩天然气。不但如此，LNG 点供的燃料不可能进入城镇燃气输配管道设施，只是满足企业自用而已。所以，LNG 点供不属于压缩天然气瓶组供应站。《城镇燃气设计规范》GB 50028—2006（2020 年版）第 2.0.44 条对"瓶组气化站"的定义是"配置 2 个以上 15kg、2 个或 2 个以上 50kg 气瓶，采用自然或强制气化方式将液化石油气转换为气态液化石油气后，向用户供气的生产设施。"也就是说，瓶组气化站是液化石油气（LPG）的气化瓶组组合设施。

此外，还有一些地方明确支持 LNG 点供。2016 年 12 月 12 日，《浙江省人民政府办公厅关于印发浙江省供给侧结构性改革降成本行动方案的通知》(浙政办发〔2016〕163号),规定:"制定出台液化天然气(LNG)点供相关标准和规范,将LNG点供纳入天然气供应规范化管理,推动管道气供应企业进一步提高运营效率。"2019年9月10日,《萍乡市人民政府办公室关于印发萍乡市优化提升营商环境十大行动方案的通知》(萍府办字〔2019〕42号)规定:"支持临时供气措施,确保临时用气需求。一是支持供气企业对短期内无法具备供气条件的用户,采取压缩天然气(CNG)或液化天然气(LNG)点供等临时供气措施,满足用户用气需求,待具备管道供气条件后,及时调整供气方式。二是做好同县(区)政府、规划、安监、质检等部门联系对接,建立联合审批工作机制,完善临时供气措施审理流程及相关设计、建设标准。"2020年2月28日,《云南省人民政府关于进一步促进天然气协调稳定发展的实施意见》(云政发〔2020〕7号)规定:"加快推进燃气下乡,统筹布局乡镇液化天然气(LNG)、压缩天然气(CNG)、液化石油气(LPG)储配站,宜管则管、宜罐则罐。编制《云南省乡镇村庄燃气利用工程专项规划》,对不具备通管道气的地区,按照'先试点、再推广、层层推进、连片实施'的模式,以县级为单位,做好乡镇村庄液化石油气(LPG)微管网整体规划,因地制宜推进多样化液化石油气(LPG)微管网燃气项目建设;在有条件的地区大力发展生物天然气(沼气);推进西双版纳州、普洱市、临沧市茶叶炒制等'以气代柴'试点,带动全省农村推广普及,有效保护森林资源,促进生态文明建设。"

二、点供经营资质各不同

在LNG点供的经营资质管理上,国家层面上至今未出台统一的政策,政策相对模糊,全国各地的做法不尽相同。所以,判断一家LNG点供是否违反法律规定,仍然需要结合各个地方的具体规定。通过大范围调查来看,在LNG点供的经营资质管理上,有着两种不同的模式:

第一类,必须取得危险化学品经营许可证,即向LNG点供工业用户提供液化天然气必须取得危险化学品经营许可证。早年,浙江省通过规范性文件的形式确定LNG点供不属于城镇燃气,主管单位不是住建部门,而归属于应急部门,那么也即意味着必须取得危险化学品经营许可证。具体参见《浙江省安全生产委员会办公室关于印发省级有关部门推进城市安全发展重点任务分工细化方案的通知》(浙安委办〔2019〕26号)。2022年7月14日,中共浙江省委机构编制委员会办公室印发《关于明确液化天然气点对点供应相关部门职责分工的通知》(浙编办发〔2022〕24号)。根据该通知精神,浙江省将LNG点供分为两种情形并分别适用不同的管理办法。第一种为企业自建站或由危险化品经营单位建设运营的LNG点供站,由应急部门负责管理,从业者须取得危险化学品经营许可证。

第二种为燃气特许经营企业建设运营的LNG点供站，由住建部门管理，从业者须取得燃气经营许可证。

第二类，必须取得燃气经营许可证，即向LNG点供工业用户提供液化天然气需要取得燃气经营许可证。2020年8月7日，湖南省应急管理厅对湘西自治州安全生产委员会办公室的《关于工贸行业企业自建液化天然气站安全监管工作的复函》明确表示，LNG点供属于城镇燃气，必须取得燃气经营许可证。2017年11月2日，北京市城市管理委员会发布的《关于进一步规范液化天然气（LNG）点供站建设和运行管理的意见》指出，LNG点供应当按照《基础设施和公用事业特许经营管理办法》及《北京市城市基础设施和特许经营条例》选定经营者，实施LNG点供的企业依法应当取得燃气经营许可证。

三、燃气公司的应对建议

该类燃气公司负有维护燃气特许经营权的重任，需要采取必要措施来防止第三方的扩张行为。基于此，主要可以采取以下几种措施：

第一，降低终端销售价格。工业大用户之所以会选择第三方供气，主要原因还是在于管道气价格相对较高。所以，降低终端销售价格将是最为重要的措施。

第二，减免管道接驳费。接驳费是燃气公司的一个重要盈利点，但同时也是工业大用户的重要成本支出。所以，燃气公司需要减少或免除管道接驳费，以吸引工业大用户开口取气。

第三，在本企业所属的特许经营权地域范围内开展LNG点供。这是燃气公司的一种防御性措施，目的在于防止工业大用户被第三方通过LNG点供的方式抢走。在一些地区，管道燃气可能在较长时间之内都无法到达，而工业大用户又存在迫切的用气愿望，并希望能够尽可能地降低购气成本。此时，该地的燃气公司即可采取LNG点供的方式过渡供气。

第四，灵活运用法律规范和国家政策。例如，虽然《加快推进天然气利用的意见》倡导工业大用户自主选择气源和供气路径，有意突破特许经营权的制度规范，但是包括《基础设施和公用事业特许经营管理办法》和《城镇燃气管理条例》在内的众多法律规范都对燃气特许经营权的垄断权利予以保护，禁止在同一地域出现第二家管道燃气经营企业。需要理解的是，《加快推进天然气利用的意见》作为倡导性的产业发展政策，本身并无强制执行力，更不能对抗现行的法律规范。

四、点供企业的应对建议

为了减少在LNG点供过程中来自各方面的阻力，燃气公司可采取以下几个方面的措施：

第一，尽量获得燃气经营许可证。对于LNG点供经营资质，各地要求各有不同。对于要求取得燃气经营许可证的,自然必须取得燃气经营许可证。否则,轻者行政处罚;重则,涉嫌非法经营。对于未要求燃气经营许可证的,能够取得尽量取得,政府政策存在变化的可能性。

第二,获得政府审批手续。无论是用户自建,还是燃气公司建设,LNG 点供都应当有相关的报批手续,但令人遗憾的是 LNG 点供在我国似乎缺乏充足的法律和规范依据,这给实务活动带来了很多的不便,但燃气公司应当尽量争取到规划、住建、消防、安监、质检等部门的同意。在安全技术方面,国内虽无 LNG 点供方面的专门设计规范,但参照城镇燃气设计规范或 LNG 加注站进行设计,是能够满足安全技术要求的,且部分地区制定了地方标准或指南。LNG 点供业务的健康发展亟须法律规范和设计规范。

第三,争取用户支持。燃气公司如果得不到用户支持,一切都是枉然。用户的支持主要可以分为两种模式:一种是用户自建 LNG 气化站,委托燃气公司运营管理,并向该燃气公司采购气源。这种方式是最具优势的方式:从用户的角度来说,其能够牢牢掌握 LNG 点供设备的产权,能够享有更大的议价能力。从燃气公司的角度来说,当其遭遇到其他阻碍势力时,完全可以说这属于用户自主行为,与其并无关系。另一种是燃气公司提供"保姆式"服务,燃气公司负责建设、运营、管理 LNG 气化站,用户只需要根据计量表结算气款即可。这种优点和缺点都非常明显。在优点方面,用户完全不用管气的问题,只需要按约支付货款即可;燃气公司享有清晰的产权,不会因产权问题而发生争议。在缺点方面,燃气公司可能会遭遇到来自第三方的强大压力,这种压力直接或间接来源于政府部门。例如,虽然 LNG 点供不受燃气特许经营权限制,但是一些地方政府对此并不十分熟知,容易出现误判。又例如,一些地方政府出于对安全的考虑,反对 LNG 点供,甚至在报批报建时就会遇到阻力。

第四,获得 LNG 资源。LNG 点供之所以能够成为撬动燃气特许经营权的杠杆,根本原因在于 LNG 的销售价格比管道天然气便宜。所以,对于燃气公司来说,获得物美价廉的 LNG 资源是关键所在。当前,LNG 资源相当充足,内地拥有众多液化气厂,能够生产各种品质的 LNG;沿海地区也拥有 LNG 接收站,能够把国外的 LNG 引进来。

第五,熟悉运用法律规范和地方政策。燃气公司在开展 LNG 点供业务时,多数情况下会遭遇到来自各方面的阻力。面对这些阻力,燃气公司应当能够熟练运用法律武器来捍卫自身的权益。例如,根据《城镇燃气管理条例》的规定,LNG 点供业务并不在燃气特许经营权的范围内,本地享有燃气特许经营权的企业无权加以阻止。

第六,处理好与当地燃气公司的关系。LNG 点供是一对一的、短期的、临时的供气措施,要与当地燃气公司处理好关系,可为城镇燃气做好补充气源,提供应急服务。若挖了燃气公司的墙角，抢了燃气公司的大客户，势必没有好的结果。关键时候，政府还是支持当地合法的燃气公司。

第七，不要价格战，不要无底线。LNG气价是市场化波动的，短期的低价并不代表永远的低价。企业自备LNG储气设施大多都是LNG供应商投资的，将几十万元、几百万元的固定资产建在别人的地盘上，合作年限又短，合同约束力不强，无疑是"烧钱"。一旦供气，燃气公司要决心打跑你，LNG供应商是难以承受的。

第十三节　关于民事侵权诉讼维权效果的问题

对于一个燃气公司来说，燃气特许经营权就是安身立命之本。一旦遭遇侵权，多数燃气公司都会果断维权。在诉讼维权的方式方法中，主要有两种。一种是行政诉讼，状告当地政府或主管部门；一种是民事诉讼，状告实施侵权行为的燃气公司。在这两种方式中，很多燃气公司顾虑地方政府的感受，不愿意也不敢直接起诉地方政府或主管部门，而是提起民事侵权诉讼，起诉实施侵权行为的燃气公司。通过大量的案例来看，燃气公司通过民事侵权诉讼的途径来解决燃气特许经营权纠纷是非常困难的。在绝大多数情况下，人民法院会以以下几种理由判决驳回起诉或认定不构成侵权：一是燃气特许经营协议履行问题，不属于民事诉讼范围；二是燃气特许经营权区域的划分属于政府职权，不属于民事诉讼范围；三是违反燃气经营的应由政府相关部门查处，不属于民事诉讼范围；四是被告已取得政府授权或批文，不属于民事诉讼范围；五是被告已取得政府授权或批文，被告不存在侵权行为。

一、燃气特许经营协议履行问题，不属于民事诉讼范围

在这种情况下，取得燃气特许经营权的燃气公司起诉对方燃气公司，主张对方侵犯其燃气特许经营权，在诉讼过程中，人民法院关注的重点不是对方燃气公司是否存在侵权，而是作为起诉方的燃气公司特许经营协议的履行问题。人民法院会以起诉方的诉请涉及本方燃气特许经营协议履行问题为由，认为属于行政机关职权范围，不属于民事诉讼范围。以这种理由驳回起诉的案例，是极为少见的，不过也确实能够为案件的处理带来新思路。我们认为，人民法院以起诉方的燃气特许经营协议履行问题为由驳回起诉具有一定的正当性。因为在燃气特许经营协议中，作为授予方的行政机关负有保护燃气特许经营权完整性的义务。既然燃气特许经营权的完整性被侵犯，也就说明行政机关在此方面的义务未能履行到位，行政机关就应当依据法律规定及燃气特许经营协议的约定来履行职责，采取救济措施。从这个角度来说，人民法院的裁判思路是没有问题的。但是，我们也可以看出，人民法院的此种裁判思路也存在值得商榷之处。起诉一方的燃气公司

提起的是民事侵权诉讼，起诉基础是本方的燃气特许经营协议，针对的是对方侵权行为。人民法院审查的重点应当是对方是否存在侵权行为。起诉方的燃气特许经营协议在未经法定程序予以撤销或变更之前，就应当具有效力，起诉方应具有相应的诉权。

案例：在广州某燃气集团及广州东部燃气公司诉丰翊燃气公司一案中，一审广州市增城区人民法院作出的（2020）0118民初9016号《民事裁定书》认为：本院经审查认为，本案起诉人（广州某燃气集团及广州东部燃气公司）提起的涉案诉讼涉及政府特许经营协议，该协议是行政机关为了实现公共服务目标与起诉人订立的具有行政法权利义务内容的协议，属于《中华人民共和国行政诉讼法》第十二条第一款第十一项规定的行政协议。《中华人民共和国民事诉讼法》第一百一十九规定："起诉必须符合下列条件：（一）原告是与本案有直接利害关系的公民、法人和其他组织；（二）有明确的被告；（三）有具体的诉讼请求和事实、理由；（四）属于人民法院受理民事诉讼的范围和受诉人民法院管辖。"起诉人提起的本案诉讼，并符合《中华人民共和国民事诉讼法》第一百一十九条第（四）项规定，并非民事案件的受案范围，本院对本案依法不予受理。二审广州市中级人民法院作出的（2021）粤民终4145号《民事裁定书》认为：经审查，上诉人（广州某燃气集团及广州东部燃气公司）根据原增城市人民政府及增城经济技术开发区管委会授权取得在增城区独家建设、投资、收购、经营燃气管网设施的权利，案涉协议属于行政机关为实现公共服务目标而订立的行政协议。上诉人在本案中的诉请，实质上涉及案涉协议的履行，故不属于人民法院民事案件审理范围，其本案诉请的相关事项法院不予审查。

二、燃气特许经营区域的划分属政府职权，不属于民事诉讼范围

在这种情况下，两家燃气公司都取得了燃气特许经营权，经营区域存在相邻的现象。由于两家燃气公司的特许经营协议在经营区域表述上不严谨，导致两家燃气公司对具体的经营区域存在不同的理解。需要特别注意的是，因为在商丘某燃气公司诉天目某燃气公司的侵权纠纷一案中，最高人民法院作出了燃气特许经营权区域划分属于政府职权，不属于人民法院审理范围的裁定，且作为指导案例予以公布。所以，后来在山东、陕西、四川等地发生的相似案件，都作出了与最高人民法院相似的裁定。

案例一：在商丘某燃气公司诉天目某公司侵权纠纷一案中，最高人民法院作出的（2015）民申字第256号《民事裁定书》认为：本案争议焦点为城市规划区域范围的确定是否属于人民法院民事案件裁判范畴。商丘某燃气公司依据案涉《特许经营协议》关于其特许经营权区域范围为"商丘市城市规划区域内"新的约定，主张天目某公司在商丘市睢阳区进行的相关燃气管道建设等行为对商丘某

燃气公司构成侵权。天目某公司则认为商丘市睢阳区不属于上述协议约定的商丘市城市规划区域范围。故双方就天目某公司相关行为是否构成侵权的争议，源于对商丘市城市规划区域的不同认识。该争议的解决，不能回避商丘市城市区域范围的认定问题。而城市规划区域应由行政机关依法确定。但本案中，商丘市相关部门对该市城市规划区域范围的意见并不一致。商丘市人民政府或其他有权机关亦未就商丘市城市规划区区域的范围作出明确的认定。根据《最高人民法院关于适用〈中华人民共和国行政诉讼法〉若干问题的解释》（法释〔2015〕9号）第十一条的规定，政府特许经营协议属行政机关为实现公共利益或者行政管理目标，在法定职责范围内，与公民、法人或者其他组织协商订立的具有行政法上权利义务内容的协议。如前所述，在行政机关未明确本案《特许经营协议》所涉商丘市城市规划区域范围的情况下，直接认定商丘某燃气公司依该协议所享有特许经营权的区域范围，超出人民法院民事裁判的范畴。

案例二：在陕西北方实业公司诉延安建峰新能源公司及洛川宏达公司侵权纠纷一案中，洛川县人民法院作出的（2021）陕0629民初1074号《民事裁定书》认为：虽原告诉二被告侵权，但原告的特许经营范围不明确，本案实际涉及行政管理部门上、下级职权划分及县政府相关职能部门工作职责协调管理（政府管理燃气的部门先后从住建局、燃气办、环保局、调整为城管局）上，存在对双方当事人特许经营范围划分不清的事实，人民法院对此范围不能划分及解释。本案不属于人民法院受理民事诉讼的范围。

案例三：在济宁联油天然气公司诉济宁九州某燃气公司侵权纠纷一案中，济宁市任城区人民法院作出的（2017）鲁0811民初10178号《民事裁定书》认为：根据原、被告诉辩意见及本院对双方提供的证据质证，本案的争议源于原告联油公司的燃气特许经营权与被告九州某公司的燃气特许经营权在经营区域上产生了争议。……原告认为其特许经营权区域包含任城区长沟镇和喻屯镇，被告的不包含上述两镇，被告认为其特许经营区域包含任城区长沟镇和喻屯镇，原告的特许经营权协议是无效的。从原、被告提供的特许经营权协议及其他证据能够证明在特许经营权地域范围是有重叠的。双方的特许经营权是政府或授权的市政公用事业主管部门依照人民政府的授权来约定的，现出现冲突需要界定，属于政府行政职权范围，因此本案不属于人民法院受理民事诉讼的范围。

案例四：在华兴燃气公司诉天全县燃气公司侵权纠纷一案中，四川省雅安市中级人民法院作出的（2019）川18民终1022号《民事裁定书》认为：本案的争议焦点在于对华兴燃气公司与天全县住建局签订的《协议书》中"已经存在的保持原状"的理解，该《协议书》在政府相关部门的主持下与华兴燃气公司签订，内容涉及天全县燃气公司已经实施的行为是否侵权，由于双方对协议内容产生争议，对此法院无权作出解释，华兴燃气公司应先向许可其特许经营的政府部门申请明确协议中存在争议条款内容的具体含义，而非直接提起民事诉讼。

三、违反燃气经营的由政府查处，不属于民事诉讼范围

在这种情况下，需要注意到一个细节，即燃气经营权与燃气特许经营权的区别问题。对于起诉一方的燃气公司来说，如果是以燃气特许经营权侵权来起诉的，那么就应当牢牢的抓住这一主线，而不能漂移到燃气经营权上。之所以作出如此的一个认定，主要是因为相对于燃气经营权，燃气特许经营权及其经营区域应当是明确的，此可作为胜诉的一个基础要件。相反，如果起诉的是燃气特许经营权，却慢慢被引导到燃气经营权上，那么等于在主张另外一项权利，而这种权利即燃气经营权又是地方政府燃气主管部门的另外一项职权。此外，在法律适用上，燃气经营权主要的法律依据是《城镇燃气管理条例》及《燃气经营许可管理办法》；燃气特许经营权主要的法律依据是《市政公用事业特许经营管理办法》及《基础设施和公用事业特许经营管理办法》。据此可知，燃气经营权与燃气特许经营权的主要依据是不相同的。如果将原本的燃气特许经营权侵权诉讼打成了燃气经营权诉讼，那么在法律适用上就不准确，无疑会增加诉讼维权的难度。《中华人民共和国行政许可法》是燃气经营权和燃气特许经营权的共同上位法。

案例一： 在兰陵众德公司诉临沂鸿奥公司侵权纠纷一案中，山东省高级人民法院作出的（2020）鲁民终59号《民事裁定书》认为：本案双方当事人均主张其对诉争区域存在燃气特许经营权。根据《城镇燃气管理条例》《山东省燃气管理条例》、住房城乡建设部关于印发《燃气经营许可管理办法》的规定，国家对燃气经营实行许可证制度，违反规定从事燃气经营的，由县级以上人民政府燃气主管部门进行处理和处罚。据此，双方当事人围绕管道燃气供气区域所发生的争议，属于法定主管部门的行政职权范围。所以，一审法院认定兰陵众德公司的诉讼请求不属于人民法院民事案件受案范围，本院认为并无不当。

案例二： 在临沂九州某燃气公司诉奥德公司侵权纠纷一案中，山东省高级人民法院作出的（2020）鲁民申6636号《民事裁定书》认为："其次，《城镇燃气管理条例》《山东省燃气管理条例》《燃气经营许可管理办法》规定，国家对燃气经营实行许可证制度，违反规定从事燃气经营的，由县级以上人民政府燃气主管部门进行处理和处罚。奥德公司行为性质的认定以及对其行为应当如何处理，属于法定主管部门的行政职权范围。九州某燃气公司的诉讼请求不属于人民法院民事案件受案范围。"

案例三： 在富新燃气公司诉鹿泉区某燃气公司、石家庄市某燃气公司、河北万宸房地产公司（第三人）侵权纠纷一案中，石家庄市中级人民法院作出的（2019）冀01民终1392号《民事判决书》认为：《河北省燃气管理办法》第四十六条规定，公民、法人或者其他组织未经许可，擅自从事燃气经营活动的，燃气管理、工商行政部门、公安机关应当责令停止违法行为，依法予以取缔。上诉人

（富新燃气公司）主张被上诉人停止侵害特许经营权，依法应由行政机关处理，不属于人民法院民事诉讼管辖范围。

四、被告已取得政府授权或批文，不属于民事诉讼范围

在这种情况下，实施侵权的一方企业获得了地方政府或相关部门的同意，有权进入争议地区铺设燃气管道，开展燃气经营活动。地方政府或相关部门的同意，可以多种形式表现出来，如协议、会议纪要、批复、选址意见、施工许可证等。通过裁判文书来看，面对这一情况，人民法院有两种处理方式：一是认定由原告方先行向地方政府或相关部门申请处理，根据处理情况再决定是否通过民事诉讼来解决纠纷；二是认定被告因获得了政府或相关部门的授权，所以不构成侵权。

在清远港京公司诉九丰公司侵权纠纷一案中，作为被告方的大丰公司是在与管委会签订了项目投资合作开发协议之后方才进入争议区域的。在本案中，项目投资合作开发协议并未被认定为燃气特许经营协议，或许其本身就不是一个燃气特许经营协议。该协议的效力也未经人民法院认定，但是该协议却被人民法院作为认定大丰公司进入争议区域的一个正当理由。对此，需要注意的是，在实务中，诸如管委会、乡镇人民政府都有可能与燃气公司签订诸如天然气项目开发投资类的协议，且协议未约定燃气特许经营权的内容。这些燃气公司会依据协议进入本地市场，人为制造争议区域。此时，感觉遭受侵权的一方燃气公司如果提起民事诉讼，那么这些协议很可能会成为维权路上的障碍。基于此，感觉遭受侵权的一方燃气公司可以另行提起行政诉讼，请求撤销该协议、停止侵权。

案例一：在兆薪公司诉天地某公司侵权纠纷一案中，最高人民法院作出的(2013)民申字第314号《民事裁定书》认为："兆薪公司与天地某公司均是在滦县人民政府的授权与许可范围内从事燃气供应、天然气管道建设等特许经营行为。兆薪公司认为天地某公司的经营范围与其存在冲突，侵犯了其独家经营区域内的合法权益，并造成了巨额经济损失。对于双方的经营范围是否存在冲突，二审法院向滦县发展改革局等单位进行了调查，滦县发展改革局在《关于滦县天地某清洁能源有限公司有关情况的函》中称：天地某公司与兆薪公司的经营范围、内容界定明确，没有冲突。天地某公司与兆薪公司均是在滦县人民政府的授权及许可范围内经营燃气管道建设及供应，经营范围及区域的具体确认，应由授权单位即滦县人民政府自己作出解释。即使上述两份协议在经营范围上存在冲突，也是滦县人民政府根据本地区的发展与规划依行政职权作出的决策，法院在本案用益物权纠纷中无权替滦县人民政府作出解释，并对双方的经营范围进行具体划分。而且，兆薪公司在一审中明确表示，不要求追加滦县人民政府为当事人。因此，二审法院认为兆薪公司与天地某公司经营区域如何划分、经营权是否存在冲突等问题，不属于本案审理范围，并无不当。"

案例二：在清远港京公司诉九丰公司侵权纠纷一案中，清远市清城区人民法院作出的（2017）粤1802民初1458-1号《民事裁定书》认为：原告清远港京燃气有限公司与广东省清远市城市综合管理局于2012年9月25日签订的《清城区某管道燃气特许经营协议》、广东大丰燃气科技股份有限公司与广州（清远）产业转移工业园管理委员会于2014年12月9日签订的《广州（清远）产业转移工业园项目投资合作协议》均系行政机关为了燃气能源开发利用的建设与行政相对方协商投资参与、确定双方权利义务而签订的行政合同，范围涉及石角镇广清产业园。原、被告双方各自依照上述协议所投入的相关基础设施建设等，属于行政相对方履行其与相应行政机关签订的行政合同的行为，由此产生的争议，当事人应通过行政机关寻求解决，故本案不属于人民法院受理民事诉讼的范围。

案例三：在广饶某燃气公司诉金捷天然气公司侵权纠纷一案中，山东省东营市中级人民法院作出的（2021）鲁05民终84号《民事裁定书》认为：广饶某燃气公司本案前两个诉讼请求实质为要求金捷天然气公司停止违法经营燃气的行为并拆除已安装的燃气管道。根据《城镇燃气管理条例》《山东省燃气管理条例》相关规定，国家对燃气经营实行许可证制度，由县级以上地方人民政府燃气管理部门核发燃气经营许可证，未取得燃气经营许可证从事燃气经营活动的，由燃气主管部门责令停止违法行为，有违法所得的，没收违法所得。依据上述相关规定，违反燃气经营行政管理规定的行为应由燃气行业主管部门处理。对于本案中金捷天然气公司未经许可为广饶境内部分用户安装燃气管道进行经营的行为性质及后果，燃气行业主管部门有权予以认定处理，通过燃气行业主管部门依照法定职权进行处理，广饶某燃气公司的前两个诉讼请求能够得到解决。《中华人民共和国民事诉讼法》第一百二十四条第三项规定："依照法律规定，应当由其他机关处理的争议，告知原告向有关机关申请解决。"故金捷天然气公司行为性质的认定以及对其行为应当如何处理，属于法定主管部门的行政职权范围，广饶某燃气公司可以向法定主管部门反映解决问题。广饶某燃气公司本案提出诉讼请求不属于人民法院民事案件受案范围，一审裁定驳回其起诉符合法律规定，本院予以维持。至于金捷天然气公司的违法经营行为是否构成民事侵权，广饶某燃气公司是否因此遭受损失，广饶某燃气公司可待金捷天然气公司的前述行为被燃气行业行政主管部门认定和处理后另行向人民法院提起侵权诉讼。

五、被告已取得政府授权或批文，不存在侵权行为

在此种情况下，又可以再细分为两种情形：一种是作为被告方的燃气公司也取得了燃气特许经营协议；另一种是作为被告方的燃气公司虽未取得燃气特许经营协议，但是取得了项目建设及经营相关的批文或许可。通过这个划分可以看出，一家燃气公司即便未取得燃气特许经营权，但是取得了政府或相关部门的授

权,那么在民事诉讼中也很有可能会被认定为进入争议区域的正当理由。

案例一:在智荣公司诉康城能源公司、金堂石化公司侵权纠纷一案中,康定市人民法院作出的(2018)川3301民初314号《民事判决书》认为:原告智荣公司主张其取得的城市管道燃气特许经营区域康定新城市政府授权区域覆盖了整个康定城区,康城公司在康定城区的经营行为侵害了其城市燃气特许经营权,其关于康定新城的定义及政府授权区域的范围没有事实和法律上的依据。被告康城公司取得了康定市人民政府城镇管道燃气特许经营区域,该公司在其区域内进行经营不构成侵权。

案例二:在康定华运公司诉康城能源公司侵权纠纷一案中,四川省甘孜藏族自治州中级人民法院作出的(2018)川33民终217号《民事判决书》认为:……二、关于康城公司是否侵犯华运公司天然气独家经营权的问题。康定华运公司认为,其与康定市人民政府之间的《投资开发天然气装供项目协议书》仍然合法有效,取得的燃气特许经营权理应得到法律保护,康城能源公司在康定城区供气的行为侵犯了康定华运公司的燃气特许经营权,故应停止侵害并赔偿损失。本院认为,依照《中华人民共和国侵权责任法》第六条'行为人因过错侵害他人民事权益,应当承担侵权责任'的规定,侵权责任的认定必须具备四个要件,一是要有侵犯他人合法权益的违法行为;二是有损害事实的发生;三是违法行为与损害事实之间有因果关系;四是行为人主观有过错。该四个要件必须同时成立,缺一不可。本案中,康城能源公司2017年7月后的供气行为取得了康定市人民政府的同意,且于2018年8月8日与康定市人民政府签订协议,取得了康定市协议区域内的燃气特许经营权,其在特许经营权范围内的经营行为合法。另外,康定华运公司在康定市已实际停止了天然气经营项目,在一、二审审理过程中,康定华运公司也未提供任何证据证明其有损害事实的发生,康定华运公司对此应承担举证不能的法律责任,故康城能源公司的经营行为不构成侵权,康定华运公司的该项上诉理由不能成立,依法不予支持。

案例三:在陕西城燃公司诉澄城华能公司侵权纠纷一案中,陕西省渭南市中级人民法院作出的(2018)陕05民终18号《民事裁定书》认为:因上诉人陕西城燃公司与被上诉人澄城华能公司均取得了相应的燃气供应许可,提供了有效的政府文件,在双方提供的文件未经有关部门撤销前上诉人陕西城燃公司无法证明被上诉人澄城华能公司构成侵权。

案例四:在民生燃气公司诉嵩明某燃气公司侵权纠纷一案中,云南省昆明市中级人民法院作出的(2017)云01民终451号《民事判决书》认为:关于嵩明某燃气公司是否侵害了民生燃气公司的权益及应否承担侵权责任的问题,本院认为,民生燃气公司在本案中提起的是侵权责任纠纷,即是指民事主体因实施侵权行为而应承担的民事法律后果,侵权责任的构成要件包括:违法行为、损害事实、因果关系及过错。本案中，嵩明某燃气公司在嵩明杨林工业园区内进行相关的管道燃气经营亦是取得了合法授权，并办理了相关审批手续，因此，其行为不存在违法。

案例五：在中天洋公司诉蒲城民东公司、百事通公司、陕西通源公司侵权纠纷一案中，陕西省渭南市中级人民法院作出的（2018）陕05民初66号《民事判决书》认为：原告提出停止侵害和赔偿损失的诉讼请求，因无证据证明其合法权益遭受损害，且被告蒲城民东公司在蒲城县高新技术产业开发区西区区域范围内从事管道燃气经营的行为已按照相关法律规定办理了审批手续，其在协议区域范围内实施经营的行为本身并无过错……。"

综上所述，燃气特许经营权纠纷之所以会发生，很多时候与当地政府或政府相关部门有关。对于那些遭受侵权的燃气公司来说，想要避开地方政府或相关部门，直接起诉实施侵权的燃气公司，那么很可能效果欠佳。解铃还得系铃人，燃气特许经营权纠纷的有效处理离不开政府或相关部门。

六、人民法院认为侵权行为成立的情形

在特许经营权侵权诉讼中，多数会被人民法院以不属于民事诉讼范围为由驳回起诉。由此可以看出民事侵权诉讼维权道路的艰难，尤其在重庆玉祥公司、玉平玉祥公司与咸阳天然气公司相互之间的侵权诉讼中，侵权维权之路的艰难更是被演绎得淋漓尽致。虽然如此，通过司法判例来看，在极少数情况下，人民法院也有认为侵权成立的。为此，笔者搜集到两例有关特许经营权侵权成立的案例。

从这两个案例来看，人民法院据以认定侵权成立的理由主要集中在以下几个方面：一是燃气特许经营权属于新型物权，属于民事诉讼调整范围。关于燃气特许经营权的物权属性，最高人民法院在审理兆薪公司与天地某公司特许经营权侵权纠纷中，即认为燃气特许经营权属于用益物权。二是被侵权的燃气公司与地方政府签订了诸如燃气特许经营协议之类的协议，拥有明确的燃气特许经营权。三是实施侵权的燃气公司存在超经营区域经营的事实。这些事实，可以通过燃气特许经营协议或燃气经营许可证载明的经营区域予以佐证。此外，燃气行业主管部门作出过的行政处罚、责令停止施工等文书也能够加以佐证。四是两家燃气公司的各自经营区域应当是明确的，不存在交叉、重叠、模糊不清的问题。

此外，通过此类案例来看，有以下几个方面的问题仍值得进一步推敲：一是争议区域内燃气管道建设的问题。除这两个案例以外，其他类似案例中，都会要求侵权企业在争议区域范围内停止建设燃气管道，但是未能区分是建筑区划红线范围内燃气管道还是建筑区划红线范围外的燃气管道。根据《国家计委、财政部关于全面整顿住房建设收费取消部分收费项目的通知》（计价格〔2001〕585号）、国家发展改革委等三部门联合印发的《关于规范城镇燃气工程安装收费的

指导意见》(发改价格〔2019〕1131号)、《国务院办公厅转发国家发展改革委等部门关于清理规范城镇供水供电供气供暖行业收费促进行业高质量发展的意见的通知》(国办函〔2020〕129号)等政策文件可知,建筑区红线范围内的燃气管道及户内配套设施的建设安装权早已放开,不属于燃气特许经营企业的垄断范围。既然如此,作为起诉一方的燃气公司就不应当将停止建设建筑区划红线范围内的燃气管道作为诉讼请求。即便为了诉讼请求,人民法院应当就此部分予以驳回。否则,人民法院所作判决将与国家现行的政策相悖。二是争议区域内已建燃气管道拆除的问题。在民事侵权诉讼中,很多燃气公司都会将拆除已建燃气管道作为单独的一项诉请。但是通过已发生的案例来看,人民法院不大会支持该项请求。从社会公共利益的角度来说,拆除已建燃气管道不利于公共利益,是对社会资源的一大浪费,人民法院不支持拆除已建燃气管道的做法是值得肯定的。当已建燃气管道被判定为侵权产物,那么双方可以考虑作价补偿,这样可以使得社会资源被最大化地利用。

案例一:在鑫能公司与诺舟公司燃气特许经营权纠纷一案中,四川夹江县人民法院作出的(2018)川1126民初1186号《民事判决书》认为:《四川省燃气管理条例》第十九条第一款规定:'新建管道燃气经营应当按照国家有关规定实行特许经营制度。'本案系平等民事主体间因燃气特许经营权权属争议而产生的纠纷,根据国家相关行政法规的规定,该燃气特许经营权的取得取决于政府的授权,属新型的财产权和准物权,具有独占性和排他性,该权利受法律保护。诺舟公司在未取得夹江县永青乡境内燃气特许经营权的情况下,从事管道铺设,侵犯了鑫能公司特许经营权,应承担侵权责任。对鑫能公司要求诺舟公司立即停止在夹江县永青乡行政区域内铺设管道及入户安装行为的诉讼请求,本院予以支持。

法院还查明:夹江县永青乡光荣村3组与眉山市东坡区崇仁镇张场村相邻,分别属于乐山市、眉山市行政区域管辖范围。2017年11月,被告诺舟公司未经有关部门批准,以眉山市东坡区崇仁镇张场村7组天然气管道未接入口,往夹江县永青乡光荣村3组铺设天然气管道,为该组24户村民入户安装天然气设施,并收取每户村民管网建设费2000元,共计4.8万元。同年12月22日,原告鑫能公司向夹江县住房和城乡规划建设局书面报告,请求夹江住建局对诺舟公司进行查处。当日,夹江住建局分管副局长、城建股相关人员到达现场查看,并电话告知诺舟公司负责人,要求停止越界进行燃气管道建设和发展燃气用户。2017年12月14日,夹江住建局向夹江县永青乡人民政府发出《关于做好永青乡管道燃气建设及用户宣传工作的函》,请永青乡人民政府加强永青乡燃气供气区域的燃气经营建设,依法督促诺舟公司退出该区域的燃气经营建设,并积极做好村社群众的宣传和解释工作。时至今日,诺舟公司仍然向12户村民供气。

案例二:在鸿奥公司诉宏远公司及其甄城分公司燃气特许经营权侵权纠纷一

案中，山东省高级人民法院作出的（2017）鲁民终 296 号《民事判决书》认为：对焦点一（宏远公司及其甄城分公司是否侵犯了鸿奥公司在甄城县行政管辖区域内的燃气特许经营权，是否应当赔偿鸿奥损失），本院认为，本案系平等民事主体间因燃气特许经营权权属争议而产生的纠纷，根据国家相关行政法规的规定，该燃气特许经营权的取得取决于政府的授予。鄄城县人民政府于 2011 年 12 月 17 日与鸿奥公司签订《鄄城县燃气特许经营协议书》，该协议书第九条第 1 款明确约定，鸿奥公司拥有该区域的城镇管道燃气建设、工业、商业、民用、车用天然气项目建设及运营管理的惟一排他性特许经营权。菏泽市中级人民法院作出的（2016）鲁 17 行终 24 号生效的《行政判决书》对上述协议书予以确认，应当作为本案的定案依据。同时，鄄城县住房和城乡建设局下发的《关于鄄城鸿奥燃气有限公司经营范围的通知》（鄄建字〔2013〕1 号），明确鸿奥公司经营地域范围为鄄城县现行行政管辖区域内，《关于鄄城县燃气安装与使用管理的通知》（鄄建字〔2013〕4 号），向社会公众告知鸿奥公司为鄄城县惟一一家管道燃气合法经营单位。鸿奥公司也已取得鄄城县相关路段天然气管道铺设工程规划许可证。宏远公司、宏远公司鄄城分公司主张其亦享有鄄城县行政管辖区域内的燃气特许经营权，依据是案外人中石油某天然气利用有限公司与菏泽市人民政府签订的《山东省菏泽市城市天然气特许经营协议》，该协议约定将菏泽市广州路以东区域以及菏泽市所辖县区（燃气特许经营权已授出的除外）的城市燃气业务等特许经营权授予该公司。菏泽市人民政府《关于城市天然气特许经营许可的批复》及菏泽市发展改革委员会《关于我市天然气利用项目建设有关问题的通知》对上述约定予以了确认。现菏泽市中级人民法院作出的（2016）鲁 17 行终 24 号《行政判决书》认定，鄄城县燃气特许经营权的授予属于菏泽市人民政府和菏泽市发展改革委员会两份文件规定的'除外情形'，故宏远公司、宏远公司鄄城分公司以现有证据主张其享有鄄城县行政管辖区域内燃气特许经营权，依据不足。对鸿奥公司关于宏远公司、宏远公司鄄城分公司立即停止在鄄城县行政管辖区域内进行管道燃气基础设施施工及用户安装行为的诉讼请求，应予支持。

第十四节　关于"行政法准用民法"适用的问题

燃气特许经营协议是行政协议的具体表现形式，在实务中已被广泛运用，并被《中华人民共和国行政诉讼法》及其司法解释予以明确。2020 年 1 月 1 日实施的《最高人民法院关于审理行政协议案件若干问题的规定》更是对行政协议审理中的相关问题作出进一步的解释，正式确立了"行政法准用民法"的审判规则。

一、"行政法准用民法"的适用原因

"行政法准用民法",是指在燃气特许经营协议纠纷的诉讼程序之中,行政法有规定的,优先适用行政法的有关规定;行政法没有规定的,应适用《中华人民共和国民法典》的有关规定。之所以在燃气特许经营协议审判实务中采取"行政法准用民法模式",主要基于以下几点原因:

第一,燃气特许经营协议属于行政协议,行政协议具有行政性和契约性的双重属性。在这种双重属性中,行政性应优先于契约性,合法性应优先于合意性。所以,在燃气特许经营协议纠纷中,当然可以适用行政法及《中华人民共和国民法典》的有关规定,这是采用"行政法准用民法模式"的理论基础。

第二,我国当前没有独立的行政协议法律规范体系,相关的法律规范主要分布于行政法、《中华人民共和国民法典》等法律规范中。单独的适用行政法,或者单独适用《中华人民共和国民法典》都难以完全的解决纠纷。这是采用"行政法准用民法模式"的现实基础。

二、"行政法准用民法"的适用条件

概括起来说,"行政法准用民法模式"的适用主要具备以下几个方面的条件:

第一,弥补行政协议上的法律规定不足。在审判燃气特许经营协议纠纷时,如果《中华人民共和国行政许可法》《中华人民共和国行政强制法》《中华人民共和国行政处罚法》《中华人民共和国国家赔偿法》等一系列行政法没有相关规定,那么此时可以适用《中华人民共和国民法典》规定。

第二,《中华人民共和国民法典》对此有相应的规则可以适用。只有《中华人民共和国民法典》作出了相关规定,才可以加以适用。反之,则相反。

第三,民法规则的适用不违反行政原则。行政法与《中华人民共和国民法典》分属于不同的部门法,有着不同的法律原则。行政法主要是调整行政主体与行政相对人及行政主体内部的法律关系,依法行政是其第一原则。《中华人民共和国民法典》是调整平等民事主体之间的法律关系,意思自治是其第一原则。不但如此,行政法所独有的合理性原则、程序正当原则、高效便民原则是民法所不具备的。正是基于此,在燃气特许经营协议纠纷审判实务之中,对民法规则的适用也应当充分考虑与行政法原则相一致的问题。

三、"行政法准用民法"的疑难点

在"行政法准用民法"的规则上,有以下几种常见情形容易使人产生认知错误,从而适用错误的法律规范。其中,有些情形已经能够依据现行法律规范而确定,而有些情形却依然处于争议的状态。对此,需要引起注意。

(一) 直接签订协议的问题

对于未经法定程序，而直接签订燃气特许经营协议的效力问题，依据不同的法律规范可以得出不同的效力认定。如依据《中华人民共和国行政许可法》中的规定，此属于违反法定程序的情形，则燃气特许经营协议的效力属于可撤销情形。如依据《中华人民共和国民法典》中的规定，此属于违反强制性法律规定，则燃气特许经营协议的效力属于无效情形。根据"行政法准用民法"的规则，因行政法上已经作出了规定，那么应当优先适用行政法上的规定，继而认定该类燃气特许经营协议属于可撤销的。

(二) 单方解除协议的问题

对于政府单方解除燃气特许经营协议的程序问题，行政法与《中华人民共和国民法典》也存在着不同的规定。依据行政法上的规定，需要履行"通知＋听证"的程序，方才达到解除协议的效果。而依据《中华人民共和国民法典》上的规定，"通知"到达对方，即达到解除协议的效果。对于这一问题，实务中存在着两种不同的认定方式。对此，包括最高人民法院在内的多数裁判文书均认为，应当履行"通知＋听证"程序。在中威公司诉县住建局单方解除燃气特许经营协议一案中，广西壮族自治区高级人民法院认为："住建局在解除燃气特许经营协议之时，没有给予中威公司陈述、申辩的权利，违反了正当法律程序原则，应当认定程序违法。"[1] 但是在兴源公司、天瑞公司诉和田市政府单方解除燃气特许经营协议一案中，最高人民法院认为："解除特许经营协议、取消其特许经营权，属于对相对人的权益产生重大影响的行政处罚事项。和田市政府在作出《合同解除通知函》之前，应当依法告知兴源公司与天瑞公司违法的事实、适用的法律以及拟作出的行政处罚，听取兴源公司与天瑞公司的陈述、申辩，并告知其有要求举行听证的权利，兴源公司与天瑞公司要求听证的，应当组织听证。和田市政府未履行告知义务，剥夺了相对人的申辩、陈述和举行听证的权利，其行为违反法定程序，构成违法。"[2]

(三) 违约赔偿标准的问题

地方政府在违反燃气特许经营协议的情况下，依约应当向燃气公司承担违约赔偿责任。对于赔偿责任的标准，则存在着争议。有的认为，应当依据协议约定的标准予以赔偿。赞成此观点的理由在于，行政协议具有"行政性"和"契约性"的双重属性。契约性，允许协议双方对于违约责任作出约定。反对此观点的人则认为，在协议约定违约责任有效的情况下，如违约金约定过高，则会导致公共利益受损。还有的认为，应当依据《中华人民共和国国家赔偿法》的标准予以

---

[1] 广西壮族自治区高级人民法院（2015）桂行终字第133号《行政判决书》。
[2] 最高人民法院（2016）最高法行申4236号《行政裁定书》。

赔偿。赞成此观点的理由在于，行政协议赔偿是国家赔偿的一种具体形式，理应适用《中华人民共和国国家赔偿法》的规定，同时能够有效防止因违约金过重而导致公共利益受损的风险。反对此观点的人则认为：一方面，《中华人民共和国国家赔偿法》属于侵权责任法，其所称的赔偿是建立在侵权的基础之上，而违约赔偿却是建立在协议的基础之上，两者内在逻辑完全不同；另一方面，《中华人民共和国国家赔偿法》较低的赔偿标准和范围，很可能会诱导行政机关不依法或不依约履行行政协议。

对于这一争议，最高人民法院显然赞同约定有效说。《最高人民法院关于审理行政协议案件若干问题的规定》第十九条第二款规定："原告要求按照约定的违约金条款或者定金条款予以赔偿的，人民法院应予支持。"当然，在实务中，的确存在违约标准过高的问题。在此情形之下，行政机关完全可以请求人民法院减少违约金。《中华人民共和国民法典》第五百八十五条第二款规定："约定的违约金低于造成的损失的，人民法院或者仲裁机构可以根据当事人的请求予以增加；约定的违约金过分高于造成的损失的，人民法院或者仲裁机构可以根据当事人的请求予以适当减少。"

（四）违约赔偿程序的问题

地方政府在违反燃气特许经营协议之后，燃气公司应当适用什么样的程序进行索赔？这在司法实务中存在着争议。

有的认为，应当按照《中华人民共和国国家赔偿法》的规定，先行提起赔偿请求或者确认行政行为违法。或者在行政诉讼中，一并提起确认违法和赔偿之诉。例如，在甘肃荣成房地产公司诉荣成市自然资源局行政赔偿案件中，山东省威海市中级人民法院认为："《中华人民共和国国家赔偿法》系侵权责任法，而本案系行政协议纠纷，故本案不适用《中华人民共和国国家赔偿法》的相关规定。但行政协议兼具行政性和契约性，上诉人起诉要求被上诉人赔偿损失，亦属于要求行政机关履行在先行为引起的法定义务，根据行政机关先行处理原则，上诉人要求被上诉人荣成市自然资源局承担赔偿责任，应当先由被上诉人先行处理，……"❶

有的认为，可以单独提起赔偿请求，而无须请求确认行政行为违法。例如，在鑫鑫房地产公司诉国土资源局行政协议赔偿案中，鑫鑫房地产公司在提起的诉讼请求中未请求确认行政行为违法，而是直接要求国土资源局进行违约赔偿。对此，安庆市中级人民法院认为："……作为土地出让方的宿松国土局，系当地负责土地开发建设与管理的政府职能部门，理应了解并严格地遵守相关政策和法律要求，以及《国有建设用地使用权出让合同》第六条第（二）项规定的现状土地

---

❶ 山东省威海市中级人民法院（2019）鲁10行终78号《行政裁定书》。

条件约定,应当清楚将尚不符合'净地'条件的土地进行出让,既违反相关政策和法律,也将会对出让合同相对方构成违约。而交付出让宗地是否属于无障碍瑕疵的'净地',涉及受让人签订出让合同的目的能否顺利实现,是土地使用权出让合同关系中的重要内容,严格按照出让合同约定的条件向受让人交付土地是出让人的一项主要的出让合同义务。……判决国土资源局向鑫鑫公司支付4870800元迟延交地违约金。"❶

笔者认为:区别于传统的单方行政行为,燃气特许经营协议具有鲜明的"行政性"和"契约性"的双重属性。燃气特许经营协议的审理应当坚持"行政法准用民法"的规则,应分别考虑"行政机关不依法履行、未按照约定履行行政协议""行政机关违法变更、解除行政协议""相对人请求确认行政协议无效"等多种情形,应分别适用"行政赔偿"及"违约赔偿"的相关规定,而不应单纯的适用《中华人民共和国国家赔偿法》。相反,假如燃气公司需要确认行政行为违法,再请求赔偿,则在逻辑上存在冲突。因为确认行政行为违法,依据于《中华人民共和国国家赔偿法》,是侵权责任的归责方式,而燃气特许经营协议的赔偿,依据于双方的协议,属于违约赔偿的归责方式。侵权赔偿与违约赔偿有本质区别,内在逻辑完全不同,适用的法律规范及规定亦应不同。

(五)协议约定仲裁的问题

在《最高人民法院关于审理行政协议案件若干问题的规定》实施之前,有关燃气特许经营性协议约定仲裁效力的问题,一直存在争议。主要可分为"约定有效说"及"约定无效说"两种。

持有"约定有效说"的理由主要如下:一是法律及司法解释未禁止燃气特许经营协议纠纷申请仲裁。根据《中华人民共和国行政诉讼法》及司法解释相关条款,行政机关不依法履行、未按照约定履行或者违法变更、解除政府特许经营协议、土地房屋征收补偿协议等协议,公民、法人或者其他组织提起诉讼的,属于人民法院行政诉讼的受理范围。但是该条款未限定涉及行政协议的案件只能由法院主管,而是要求如果法院受理案件,该类案件则应适用行政诉讼程序。换句话说,法律和司法解释没有禁止当事人采用仲裁方式解决燃气特许经营协议的纠纷。二是燃气特许经营协议纠纷未超出仲裁范围。《中华人民共和国仲裁法》第二条规定:"平等主体的公民、法人和其他组织之间发生的合同纠纷和其他财产权益纠纷,可以仲裁。"第三条规定:"下列纠纷不能仲裁:(一)婚姻、收养、监护、抚养、继承纠纷;(二)依法应当由行政机关处理的行政争议。"三是符合示范文本的要求。建设部2004年发布的《城市管道燃气特许经营协议》(示范文

---

❶ 安庆市中级人民法院(2017)皖08行终17号《行政判决书》,相似案例还有福建省高级人民法院(2018)闽行终1006号《行政判决书》。

本)第12.2条规定:"若甲乙双方不能根据第12.1条规定解决争议,可依照适用法律通过仲裁途径解决;或者将该争议按照适用法律的规定,向有管辖权的人民法院提起诉讼。适用法律对此类争议的解决方式作出明确结论时,依其结论处理。"

持有"约定无效说"的理由主要如下:约定仲裁违反了《中华人民共和国行政诉讼法》及司法解释的相关规定。《中华人民共和国行政诉讼法》第十二条第一款规定:"人民法院受理公民、法人或者其他组织提起的下列诉讼:……(十一)认为行政机关不依法履行、未按照约定履行或者违法变更、解除政府特许经营协议、土地房屋征收补偿协议等协议的。"《最高人民法院关于适用〈中华人民共和国行政诉讼法〉若干问题的解释》(法释〔2015〕9号)(已废止)第十一条规定:"行政机关为实现公共利益或者行政管理目标,在法定职责范围内,与公民、法人或者其他组织协商订立的具有行政法上权利义务内容的协议,属于《中华人民共和国行政诉讼法》第十二条第一款第十一项规定的行政协议。"《最高人民法院关于适用〈中华人民共和国行政诉讼法〉的解释》(法释〔2018〕1号)第六十八条规定:"行政诉讼法第四十九条第三项规定的'有具体的诉讼请求'是指:……(六)请求解决行政协议争议……"

在《最高人民法院关于审理行政协议案件若干问题的规定》实施后,燃气特许经营协议约定仲裁是否有效,已不再是个有争议的问题。第二十六条规定:"行政协议约定仲裁条款的,人民法院应当确认该条款无效,但法律、行政法规或者我国缔结、参加的国际条约另有约定的除外。"第二十八条规定:"2015年5月1日后订立的行政协议发生纠纷的,适用《中华人民共和国行政诉讼法》及本规定。2015年5月1日前订立的行政协议发生纠纷的,适用当时的法律、行政法规及司法解释。"据此可知,对于燃气特许经营协议中仲裁条款的效力问题,应当以2015年5月1日为分界点,结合分界点前后适用的法律规范来作出认定。在2015年5月1日之前签订的燃气特许经营协议,因为存在着对法律条文的不同理解,所以有关其仲裁条款的效力也可能会存在着不同的理解。在2015年5月1日之后签订的燃气特许经营协议,《最高人民法院关于审理行政协议案件若干问题的规定》第二十六条已明确仲裁条款无效。

对于很多燃气公司来说,其之所以关心仲裁条款的效力,主要是因为担心地方保护的问题,寄希望通过约定仲裁的方式,将争议解决程序约定到地方政府属地以外的地方。虽然,约定仲裁当前属于无效条款,但燃气公司依然可以通过约定管辖的方式来规避地方保护主义。《最高人民法院关于审理行政协议案件若干问题的规定》第七条规定:"当事人书面协议约定选择被告所在地、原告所在地、协议履行地、协议订立地、标的物所在地等与争议有实际联系地点的人民法院管辖的,人民法院从其约定,但违反级别管辖和专属管辖的除外。"

(六) 被告能否反诉的问题

在燃气特许经营协议纠纷中,燃气公司作为原告提起诉讼之后,作为被告的行政机关能否提起反诉?在《最高人民法院关于审理行政协议案件若干问题的规定》实施之前,一直存在着争议,主要存在"赞成说"和"否定说"两类。持有"赞成说"的主要理由如下:一是允许反诉,更有利于行政机关维护自身的权益;二是燃气特许经营协议是平等主体之间的协议;三是国外有先例。笔者认为,"赞成说"的观点完全站不住脚,主要理由如下:一是行政诉讼的立法本意在于约束行政机关,纠正机关的不当行为,保护行政相对人的合法权益。换句话说,《中华人民共和国行政诉讼法》对行政相对人有着天然的倾斜保护;二是行政机关在燃气特许经营协议的签订及履行全过程中,都享有充分的行政处罚、行政强制、行政执行、行政优益权等各项行政管理职权,其完全可以通过行使这些权力,更好地督促燃气公司来履行燃气特许经营协议,维护社会公共利益;三是所有行政协议的双方地位都不是平等的,燃气特许经营协议中的双方也是如此。行政机关拥有的行政管理职权,是燃气公司无法比拟的;四是允许反诉,则会极大地打击行政相对人的维权信心,增加维权顾虑。反诉,存在起诉不但不能实现维权的目的,反而可能给自身带来沉重的赔偿责任。

基于行政机关反诉的一些弊端,燃气公司可以在签订燃气特许经营协议时,约定管辖,争取将管辖权约定到对自己更为有利的地方。《最高人民法院关于审理行政协议案件若干问题的规定》第六条规定:"人民法院受理行政协议案件后,被告就该协议的订立、履行、变更、终止等提起反诉的,人民法院不予准许。"

(七) 行政起诉期限的问题

在燃气特许经营协议诉讼中,存在着起诉期限与诉讼时效并存的局面。诉讼各方应当根据案件具体情况,确定个案采用的是起诉期限,还是诉讼时效。《最高人民法院关于审理行政协议案件若干问题的规定》第二十五条规定:"公民、法人或者其他组织对行政机关不依法履行、未按照约定履行行政协议提起诉讼的,诉讼时效参照民事法律规范确定;对行政机关变更、解除行政协议等行政行为提起诉讼的,起诉期限依照《中华人民共和国行政诉讼法》及其司法解释确定。"

第一,起诉期限与诉讼时效不同。起诉期限,是指行政相对人应当在法律规定的期限内提起行政诉讼,超过法律规定的期限,则行政相对人便丧失起诉行政机关的权利。诉讼时效,是指民事权利主体应当在法律规定的期限内提起民事诉讼,超过法律规定的期限,则原告丧失胜诉权。起诉期限与诉讼时效在以下几个方面存在着不同:一是立法目的不同。起诉期限的目的在于督促当事人尽快行使救济权利,避免因当事人怠于救济而影响公共利益。诉讼时效的目的在于督促当事人尽快行使救济权利,避免因当事人怠于救济而影响社会秩序及经济秩序。二是法律性质不同。起诉期限属于程序性权利，超期，则意味着丧失起诉权。诉讼时效属于实体性权利，超期，丧失的是胜诉权。三是可变性不同。起诉期限不存在中止中断等情形，但存在法定的扣除或延长的情形。《中华人民共和国行政诉讼法》第四十八条规定："公民、法人或者其他组织因不可抗力或者其他不属于其自身的原因耽误起诉期限的，被耽误的时间不计算在起诉期内。""公民、法人或者其他组织因前款规定以外的其他特殊情况耽误起诉期限的，在障碍消除后十日内，可以申请延长期限，是否准许由人民法院决定。"与此不同，诉讼时效存在中止、中断等情形。四是法院审查不同。对于起诉期限，人民法院应当予以主动审查，不论行政机关是否提起抗辩。对于诉讼时效，人民法院只有在一方提出抗辩之后，方才进行审查。

第二，燃气特许经营协议诉讼中的"两分法"。根据《最高人民法院关于审理行政协议案件若干问题的规定》第二十五条的规定可知，燃气特许经营协议纠纷应当适用起诉期限，还是诉讼时效，分为两种情形。在"行政机关不依法履行、未按照约定履行燃气特许经营协议"之时，应当适用民事诉讼中的诉讼时效；在"行政机关单方变更、解除燃气特许经营协议"之时，应当适用行政诉讼中的起诉期限。

不仅如此，江苏省高级人民法院在此基础之上作出了进一步细化，值得各地借鉴。2022年6月15日，江苏省高级人民法院发布的《行政协议案件审理三问三答》中指出："我们认为，在适用诉讼时效和起诉期限制度时还需要注意以下五个方面：（1）原告对行政协议订立争议提起行政诉讼的，一般应当参照适用诉讼时效制度。（2）行政机关行使的变更、解除权，如果是基于行政机关在行政协议制度中享有的行政优益权而作出的单方行政行为，原告对此提起行政诉讼的，应当适用起诉期限制度；行政机关如果是基于行政协议的明确约定行使变更、解除权，原告对此提起行政诉讼的，应当适用诉讼时效制度。（3）无效行政行为的根本特征是自始无效。原告对2015年5月1日之后订立的行政协议起诉主张无效，且提供了相应证据的，人民法院既不适用起诉期限制度，也不适用诉讼时效制度，应当直接进入实体审查。如果最终认定行政协议并非无效情形，且原告经释明后拒绝变更诉讼请求的，人民法院应当判决驳回原告的诉讼请求。（4）诉讼时效和起诉期限制度对行政协议案件的裁判结果具有不同的影响。因诉讼时效属于当事人主张的抗辩事由之一，对应当适用诉讼时效的行政协议案件，人民法院不能主动审查原告的起诉是否超过诉讼时效。（5）原告起诉请求撤销、解除行政协议的，应当适用《中华人民共和国民法典》第一百九十九条规定的除斥期间制度。原告未在《中华人民共和国民法典》第一百五十二条规定的期限内行使协议撤销权或者在未在协议约定的期限内行使解除权的，人民法院应当判决驳回其诉讼请求。"

(八)诉讼适用调解的问题

在行政诉讼中,不调解是原则,调解是例外。《中华人民共和国行政诉讼法》第六十条第一款规定:"人民法院审理行政案件,不适用调解。但是,行政赔偿、补偿以及行政机关行使法律、法规规定的自由裁量权的案件可以调解。"《最高人民法院关于审理行政协议案件若干问题的规定》第二十三条规定:"人民法院审理行政协议案件,可以依法进行调解。""人民法院进行调解时,应当遵循自愿、合法原则,不得损害国家利益、社会公共利益和他人合法权益。"据此可知,在燃气特许经营协议纠纷中,人民法院可以通过调解方式予以结案。

对于调解还需要注意《最高人民法院关于适用〈中华人民共和国行政诉讼法〉的解释》(法释〔2018〕1号)第八十六条的规定:"人民法院审理行政案件,调解过程不公开,但当事人同意公开的除外。""经人民法院准许,第三人可以参加调解。人民法院认为有必要的,可以通知第三人参加调解。""调解协议内容不公开,但为保护国家利益、社会公共利益、他人合法权益,人民法院认为确有必要公开的除外。""当事人一方或者双方不愿调解、调解未达成协议的,人民法院应当及时判决。""当事人自行和解或者调解达成协议后,请求人民法院按照和解协议或者调解协议的内容制作判决书的,人民法院不予准许。"据此可知,在燃气特许经营协议纠纷中,如适用调解程序结案,应当注意以下五个方面的问题:一是调解原则上不公开,除非当事人同意。二是第三人可以参加调解。在燃气特许经营协议纠纷中,尤其涉及燃气特许经营权重复授予中,往往会存在第三人,且该第三人受到案件裁判结果的影响重大。让第三人参与到调解程序中,无疑更有利于调解推进下去。三是调解内容原则上不公开,除非人民法院认为确有必要。四是对于久调不决的,应当及时作出判决。五是禁止将调解协议转为判决书。调解,是当事人自行处分自己权利的过程。判决,是人民法院行使合法性审查的过程。在权利与义务的认定上,调解的结果与人民法院判决的结果很可能存在不同之处。"如果允许当事人就其和解协议、调解协议的内容转换为判决书,实际上等于将当事人自己的处分转换为国家意志和司法机关的判决,这显然是不予准许的。"[1]

第十五节 关于设立项目公司的问题

在燃气特许经营项目中,很多燃气公司,尤其是全国性的大型燃气公司,多会设立项目公司,并以项目公司为主体享有燃气特许经营权,负责实施天然气基础设施的投资、建设、运营和维护管理等工作。那么为何要设立项目公司?设立

---

[1] 梁凤云. 行政协议司法解释讲义[M]. 北京:人民法院出版社,2020.

的项目公司又会产生哪些法律效果呢？

一、设立项目公司的主要原因

第一，从燃气公司的角度来说，设立项目公司有以下好处：一是设立项目公司，就等于为母公司增添了一道防火墙。即便项目公司在经营上出现了严重问题，也不会波及母公司。二是设立项目公司，有助于增添母公司的投标实力。当前，燃气特许经营权的授予，基本上都需要采取招标投标等竞争性方式。项目公司越多，则母公司的实力也就越强，在激烈的燃气特许经营权竞标中更加容易脱颖而出。三是设立项目公司，更有助于燃气特许经营项目的推进和实施。一个县或一座城燃气基础设施的投资、建设与运营，是一项浩大且漫长的工程，涉及千家万户，也涉及众多供应商，需要一个项目公司作为主体进行直接对接。项目公司的存在能够节省审批时间，提升市场反应速度。四是设立项目公司，也是响应地方政府的要求。

第二，从地方政府的角度来说，设立项目公司可以解决税留当地的问题。

第三，法律也为项目公司的设立作出规定。《基础设施和公用事业特许经营管理办法》第十八条规定："实施机构应当与依法选定的特许经营者签订特许经营协议。需要成立项目公司的，实施机构应当与依法选定的投资签订初步协议，约定其在规定期限内注册成立项目公司，并与项目公司签订特许经营协议。……"

二、项目公司与中标公司的关系

中标公司是否一定要与项目公司存在股权上的关系？股权比例又应当达到多少？关于这些问题，现行法律并未作出明确的规定。实务中，绝大多数都是由中标公司来设立项目公司，持股比例一般不低于51%，以达到控股的地位。

我们认为，中标公司持股项目公司不低于51%的股权是比较合理的，主要理由如下：一是《基础设施和公用事业特许经营管理办法》第十八条的表述是"约定其在规定期限内注册成立项目公司"。据此可知，要求中标公司与项目公司存在股权上的关系。二是政府组织的燃气特许经营权招标公告中，如果需要设立项目公司，多会有"投标人中标后，在签订《特许经营协议》前须在当地成立并注册项目公司"的表述。三是只有持股51%以上，才能达到控股的地位，才能更好地发挥中标公司在资金、技术、气源、业绩等各方面的能力。在燃气特许经营权招标中，中标公司之所以中标，主要原因是在资金、技术、气源、业绩等方方面面的突出能力。中标公司只有持有项目公司51%以上的股权，才能够将中标公司的优势延续到项目公司之上，才能达到招标的目的所在。

三、设立项目公司的法律效果

在燃气特许经营权招标投标后,地方政府会与中标公司或项目公司签订燃气特许经营协议。在诉讼中,一般会有以下情况并会形成不同的法律效果。

(一)项目公司因协议签订为一方当事人

此种情况下,地方政府与项目公司直接签订燃气特许经营协议,主要法律依据是《基础设施和公用事业特许经营管理办法》第十八条的规定。因项目公司直接签订燃气特许经营协议,所以,项目公司直接享有燃气特许经营权。对于这种情况,因项目公司直接签订燃气特许经营协议,则项目公司在诉讼中成为一方当事人不应当存在争议。

(二)项目公司因协议承继为一方当事人

这种情况下,地方政府与中标公司直接签订燃气特许经营协议,并在燃气特许经营协议中明确约定中标公司应当在当地设立项目公司,由项目公司承继燃气特许经营权,具体实施燃气特许经营项目。该做法在 2015 年《基础设施和公用事业特许经营管理办法》出台之前采用得比较多。对于这种情况,因项目公司并未直接签订燃气特许经营协议,但是因协议已约定由项目公司具体承继燃气特许经营协议的权利与义务,那么项目公司应当作为原告或被告。

例如,在阜阳九州燃气公司、九州(香港)公司诉阜阳国泰燃气公司侵权责任纠纷一案中,作为被告的阜阳国泰燃气公司即以九州(香港)公司不是本案适格被告为由提出过管辖权异议。安徽省高级人民法院于 2016 年 8 月 18 日作出的(2016)皖民初 29 号《民事裁定书》认为:本案争议焦点在于案件的级别管辖。案涉《特许经营协议》由九州(香港)公司与阜阳住建委签订,该协议第 13.1 条明确:双方同意先由九州(香港)公司先行代为签署本合同,待九州(香港)公司在阜阳投资的燃气项目公司正式设立之日起,九州(香港)公司在本协议的全部权利义务转为项目公司承接。该条虽同时约定"项目公司可以在本协议加盖公章进一步确认",但仅是"可以",即盖章并非项目公司承接《特许经营协议》权利义务的必要条件。从原告诉称的内容和提供的《特许经营协议》来看,阜阳九州燃气公司虽未在《特许经营协议》上签字,但作为九州(香港)公司在阜阳设立的具有法人资格的燃气项目公司,自 2011 年 8 月 22 日设立后,阜阳九州燃气公司一直在履行《特许经营协议》,本案纠纷正是阜阳九州燃气公司在履行《特许经营协议》期间与阜阳国泰燃气公司之间发生的争议。可见,阜阳九州燃气公司以其行为确认其已经承接了九州(香港)公司在《特许经营协议》的全部权利义务,此与《特许经营协议》第 13.1 条的约定并不矛盾,也不违反《中华人民共和国合同法》第八十八条:"当事人一方经对方同意,可以将自己在合同中的权利义务一并转让给第三人"的规定,构成了合同权利义务的概括转让,九州（香港）公司自阜阳九州燃气公司设立后已不再作为《特许经营协议》的主体享有权利和履行义务。九州（香港）公司以阜阳九州燃气公司未在《特许经营协议》上加盖公司公章为由，主张阜阳九州燃气公司未对《特许经营协议》中约定的权利义务的转让予以确认的理由不能成立，九州（香港）公司与本案无直接利害关系，其不具有本案的原告主体资格。

（三）中标公司因协议签订为一方当事人

这种情况下，中标公司与地方政府签订了燃气特许经营协议，中标公司也设立了项目公司，但是在诉讼中却由中标公司作为一方当事人，而项目公司的诉讼主体资格却没有得以体现。这种情况的发生可能出于以下几个方面的原因：一是虽然成立了项目公司，但是项目公司并不是按照燃气特许经营协议约定来成立的。对于此种情形，无论是地方政府，还是燃气公司，都应当引起高度重视。对于地方政府来说，未按照燃气特许经营协议约定来设立项目公司，很可能存在"借用资质投标""擅自转让燃气特许经营权"的情形，而这些情形都是法律所明文禁止的，也是依法取消燃气特许经营权的重要法定情形。对于燃气公司来说，依约设立项目公司是其基本的合同义务，也是实施燃气特许经营项目的重要前提，更是将中标公司先进的技术、丰富的经验、雄厚的资本、充足的气源传导给项目公司的重要方式。如果未能按照协议约定设立项目公司，则燃气公司存在严重违约情形，依法应当取消其燃气特许经营权。二是虽然按照燃气特许经营协议约定成立了项目公司，但是项目公司未获得燃气（特许）经营许可证或者未开展实质性的投资建设活动，以至于地方政府及行业主管们忘记了项目公司的存在，或者不清楚项目公司到底是哪一个，在大型燃气公司集团"圈而不建"的时候，就容易发生这样的情形。三是项目公司未能实现合同权利义务的概括转让，特别是未在合同中作概括转让的约定。对于需要设立项目公司的，要么由项目公司签订燃气特许经营协议，要么在由中标公司签订的燃气特许经营协议之中约定由项目公司承继燃气特许经营协议的权利与义务。实务中，可能会发生中标公司签订的燃气特许经营协议未对项目公司的设立及其权利义务的概括转让作出约定。四是参与诉讼的对方当事人未对此提出异议。此种情形多发生于燃气特许经营协议由中标公司签订，项目公司也依约设立，但项目公司的存在尚未被诉讼一方所发现或引起足够的重视。对于这种情形，因案件的裁判结果对项目公司能够产生实质性影响的，项目公司依法应当作为第三人参与诉讼之中。《最高人民法院关于适用〈中华人民共和国行政诉讼法〉的解释》（法释〔2018〕1号）第三十条第一款规定："行政机关的同一行政行为涉及两个以上利害关系人，其中一部分利害关系人对行政行为不服提起诉讼，人民法院应当通知没有起诉的其他利害关系人作为第三人参加诉讼。"第二款规定："与行政案件处理结果有利害关系的第三人，可以申请参加诉讼，或者由人民法院通知其参加诉讼。人民法院判决其承担义务或者减损其权益的第三人,有权提出上诉或者申请再审。"

在中威公司诉武鸣区人民政府及其住建局行政许可一案中,中威公司即作为诉讼当事人,项目公司万佳公司未作为诉讼当事人。法院查明:2006年7月12日,原武鸣县政府召开领导碰头会,讨论同意中威公司进入武鸣县开展管道燃气特许经营活动。同年7月31日,原武鸣县规划建设局与中威公司签订《武鸣县管道燃气特许经营协议书》,许可中威公司在武鸣县辖区内独家进行管道燃气的投资建设以及从事管道燃气经营活动,特许经营有效期限为20年。2008年,原武鸣县政府召开会议,要求中威公司在武鸣县注册成立新公司作为武鸣县管道燃气项目的纳税主体,以便解决税留当地的问题。2008年5月7日,万佳公司在武鸣县注册成立,中威公司向原武鸣县政府申请由万佳公司专门负责武鸣县管道燃气工程开发建设,原武鸣县政府收到该申请后,于2008年6月20日对中威公司作出答复,认为中威公司与万佳公司是两个独立承担民事责任的企业法人。2013年12月6日,原武鸣县政府同意县住建局提交的《关于解除与中威公司签订的武鸣县管道燃气特许经营协议书的请示》,要求县住建局解除与中威公司的《武鸣县管道燃气特许经营协议书》。解除主要依据之一是,武鸣县政府认为万佳公司不是由中威公司出资设立的,中威公司擅自将燃气特许经营权出让给万佳公司。

广西壮族自治区高级人民法院于2016年8月10日作出的(2015)桂行终字第133号《行政判决书》认为:1.关于中威公司是否有擅自转让特许经营权的事实问题。(1)万佳公司是中威公司应原武鸣县政府税留当地的要求而成立的,中威公司与万佳公司存在关联关系。(2)原武鸣县政府在给中威公司的答复中表明:"万佳公司具备资质后即可将已经承担、承包的工程项目转让移交给万佳公司负责。"并要求中威公司"贵公司与万佳公司在转让前后工程的报建、施工、验收等请与县规划建设部门协商、理顺解决。"这里的"工程项目转让移交"应区别于管道燃气特许经营权的转让,可以证明原武鸣县政府起初并不认为中威公司与万佳公司之间属于特许经营权转让关系。(3)在实际建设过程中,两家公司都以主体出现,特别是在建设气源厂的问题上一直是以中威公司名义提出主张。(4)原武鸣县住建局允许万佳公司作为建设单位参与建设。在实际的建设过程中,万佳公司作为建设单位,中威公司作为施工单位开展了相关工程的建设,原武鸣县住建局为之颁发了临时建设规划许可证并参与了竣工验收。万佳公司向原武鸣县住建局报送《关于申请管道燃气工程竣工备案的报告》,原武鸣县住建局给予了回复并同意给予办理报备手续。(5)2013年1月9日,原武鸣县政府决议同意中威公司在保证安全生产的情况下,边完善相关证照边施工。2013年1月10日,原武鸣县住建局作出《关于对中威公司〈关于请求允许我公司恢复管道燃气项目施工及其经营活动的函〉的复函》,函复中威公司:"鉴于从县城总体规划修编到核定选址及落实用地需要一段时间等客观原因,同意中威公司在确保安全生产的情况下可以边完善证照边施工。"综上所述,万佳公司是中威公司应原武鸣县政府税留当地的要求而注册成立,在实际建设的过程中,原武鸣县住建局也是允许万佳公司作为建设单位参与建设,原武鸣县政府亦同意边完善证照边施工。故原武鸣县住建局认定中威公司擅自转让没有事实依据,本院不予采信。

通过这一案例可以发现,二审法院虽认定中威公司与万佳公司具有关联性,万佳公司是按照协议约定注册的项目公司,但其论证的依据并不在于两家公司两者之间存在着股权关系,而是在于万佳公司实质参与燃气特许经营项目的建设并得到了政府职能部门出具的批文。应当说,二审法院如此的认定并不完全符合现行法律的规定,但符合当时的法律规定及案件的实际情况。一方面,本案发生于《基础设施和公用事业特许经营管理办法》施行之前,当时实施的《市政公用事业特许经营管理办法》并未对项目公司的设立作出规定。另一方面,万佳公司能够作为建设单位参与燃气特许经营项目的建设,事实上得到了当地政府的认可。在这之前,当地政府并未对于万佳公司的项目公司法律地位提出异议。万佳公司的信赖利益应当予以保护。

(四)中标公司与项目公司共同为一方当事人

此种情况下,中标公司与地方政府签订燃气特许经营协议,中标公司也设立了项目公司,但是在诉讼中,中标公司与项目公司共同作为一方当事人。

例如,在新山新能公司诉田阳县人民政府、平果华商公司(第三人)、田阳华商公司(第三人)燃气特许经营行政许可一案中,法院查明:2010年9月15日,田阳县人民政府与平果华商公司签订的《田阳县管道燃气特许经营协议》约定:"(乙方)平果华商公司在田阳县注册成立公司后,依法经营,依法纳税。"本案历经一审、二审、再审,平果华商公司与田阳华商公司共同作为第三人。参见最高人民法院于2017年11月24日作出的(2017)最高行申6054号《行政裁定书》。

又如,在兴源公司、和田天瑞燃气有限责任公司诉和田市人民政府及住建局行政协议一案中,法院查明:2004年4月14日,和田市人民政府与兴源公司签订《和田市天然气利用项目合同》并约定,项目投产正式经营后由兴源公司自主经营20年。合同签订后,兴源公司进行投资建设并于2004年底开始供气。为经营燃气业务,2005年1月17日,兴源公司在和田市成立了和田天瑞燃气有限责任公司。2008年9月12日,和田市政府向兴源公司、和田天瑞燃气有限责任公司送达《合同解除通知函》,要求终止《和田市天然气利用项目合同》。和田市人民政府及住建局认为和田天瑞燃气有限责任公司作为项目公司不是本案适格原告。对此,2016年6月21日,新疆维吾尔自治区高级人民法院作出的(2015)

新行终字第 29 号《行政判决书》认为：关于和田天瑞燃气有限责任公司的原告诉讼主体资格。兴源公司为经营燃气业务，履行与和田市政府签订的《和田市天然气利用项目合同》，于 2005 年 1 月 17 日在和田市工商行政管理局注册登记成立天瑞公司，其工商注册登记名称为"和和田天瑞燃气有限责任公司"，并以该名称刻制了公章并且备案。后天瑞公司又刻制了名称为"和和田天瑞燃气有限责任公司"的印章，并在年检中将该公章在其工商档案中备案，且在与和田市政府履行合同的过程中使用了该印章。公章是一个单位或组织的代表标志。本案中，无论是"和田天瑞燃气有限责任公司"的印章，还是"和和田天瑞燃气有限责任公司"印章，其代表的都是天瑞公司，并不存在其他主体。天瑞公司作为本案被诉行政行为的行政相对人及利害关系人，有权依法向人民法院提起诉讼。

虽然司法实务之中发生过中标公司与项目公司共同作为一方当事人的案例，甚至在最高人民法院审理的案件也曾出现过，但是这种共同作为一方当事人的做法值得商榷。在诉讼中，共同作为一方当事人应当有以下几种可能：一是债的加入，即项目公司加入到燃气特许经营协议之中，与中标公司共同成为燃气特许经营协议的一方。二是连带责任，即项目公司为中标公司在燃气特许经营协议中提供连带担保责任。但是在燃气特许经营协议中，并未发生债的加入和连带责任的情形，只是中标公司在中标之后，基于项目运营或政府要求或协议约定，而设立项目公司来具体履行燃气特许经营协议。也就是说，项目公司实际承继中标公司在燃气特许经营协议项下的权利和义务，那么项目公司应当作为诉讼当事人，尤其在燃气特许经营协议约定项目公司或燃气（特许）经营许可证颁发给项目公司的情况下，除非项目公司的设立不符合燃气特许经营协议的约定或设立的项目公司未得到地方政府的认可。

综上所述，在燃气特许经营项目中，燃气公司可能基于各种原因设立项目公司。一旦发生燃气特许经营权纠纷类的诉讼，应结合燃气特许经营协议、燃气（特许）经营许可证、政府文件等方面的材料，来确定中标公司与项目公司的诉讼地位。

第十六节 关于股东转让股权的问题

在投资并购的过程中，股东多会将持有的项目公司股权出让给投资者。那么股东能否直接出让股权？是否需要得到地方政府的批准？对于这些问题，现行法律法规并未作出明确的规定。在实务中，各地做法不尽相同，也伴随着一些争议。笔者认为，燃气特许经营权涉及民生，事关社会稳定，股权受让双方都应当谨慎行事，地方政府应当加强必要的监管。对于股权转让，法律有规定的，从法律规定；法律没有规定的，从协议约定；协议没有约定的，向行业主管部门报备。

一、法律上的区别对待

第一,法律尚未作出限制性的规定。在涉及公司股东转让股权方面,关联性最强的法律应当是《中华人民共和国公司法》,《中华人民共和国公司法》没有任何条文对燃气特许经营企业的股东转让股权作出禁止性或限制性的规定。

第二,部门规章未作出限制性的规定。《市政公用事业特许经营管理办法》及《基础设施和公用事业特许经营管理办法》也未禁止出让股权。其中,《市政公用事业特许经营管理办法》第十八条规定了五种燃气特许经营权企业禁止实施的行为,包括擅自转让或出租燃气特许经营权、擅自处置经营的资产、重大安全事故、擅自停业及歇业等多种禁止行为,但不包括出让股权事宜。

第三,各地方有不同的规定。很多地方都会制定本地方的《市政公用事业特许经营管理办法》,有的是地方性法规,有的是地方性规章。在这些地方性规定中,多数不会作出限制性规定,有少数地方对于项目公司股东转让股权会作出专门的规定。对于这些规定,尤其是地方性规章,在民事诉讼之中虽然不能作为人民法院裁判案件的法律依据,但是其在实务中依然有着相当的影响力和约束力。项目公司股东转让股权之时,应当尽最大限度地予以遵守。出台限制性的规定有以下地方:

《杭州市市政公用事业特许经营条例》第二十二条规定:"特许经营者不得有下列行为:……(四)擅自转让、出租、质押、抵押或者以其他方式处分特许经营项目资产,擅自转让股权;……"

《深圳市公用事业特许经营条例》第五十五条规定:"经营者有下列情形之一的,市人民政府应当责令其限期改正,逾期未改正的,撤销其特许经营权:……(二)因转让股权而出现不符合特许经营协议约定的授权资格条件的;……"

《银川市市政公用事业特许经营管理条例》第二十条规定:"市政公用事业特许经营者不得有下列行为:……(四)擅自转让、出租、质押、抵押或者以其他方式处分特许经营项目资产,擅自转让特许经营项目股权;……"

二、协议上的不同做法

对于项目公司股东转让股权之事,由于法律、行政法规及部门规章未做统一的规定。所以,在全国各地的燃气特许协议之中,做法不尽相同。概括起来说,主要有以下几种类型:

第一,报备制,是指股东依约应将出让项目公司股权之事向地方政府或行业主管部门报备。根据报备的时间不同,可以分为事前报备和事后报备两种方式。建设部发布的《城市管道燃气特许经营协议》(示范文本)(GF—2004—2502)第9.6条约定:"乙方应当在下列事项出现后十日内向甲方提交书面备案报告：……(3)乙方的股东或股权结构发生变化；……"此处需要注意的是，示范本文采用的是"事后报备制"，而不是"事前报备制"。考虑到《城市管道燃气特许经营协议》（示范文本）（GF—2004—2502）在实务中的使用量，"事后报备制"应是较多的一种做法。

第二，审批制，是指股东依约应将出让项目公司股权之事上报地方政府或行业主管部门，在取得批准同意之后，方才有权实施股权转让。这种做法是比较严苛的，但不能说完全没有道理。在审批制下，地方政府能够介入到股权转让之中，能够在股权受让一方的甄选上发挥作用，防止项目公司股东为了牟取暴利而随意选择燃气特许经营项目的承接者。当然，审批制同样存在着弊端。在审批制下，地方政府享有决定性的权力，该权力如缺乏监督，则可能滋生腐败问题。

第三，空白制，是指《城市管道燃气特许经营协议》（示范文本）（GF—2004—2502）对于项目公司股东出让股权之事未作出约定。鉴于在 2015 年之前，全国范围内一些地方并未签署规范的燃气特许经营协议，有的甚至只是几页纸的合作协议、开发协议、招商引资、工程建设协议、天然气利用协议的现实情况。所以，空白制的适用范围不会太小。

第四，条件制，是指对于受让股权一方的股东有着明确的要求，只有达到约定的要求方才可以受让股权。当然，这种方式当前尚未看到，但不排除未来实施的可能性。在受让条件的设定上，可以着重考量资金、技术、人力、管理、安全、经验、气源、气量、服务等方面。

三、实施上的谨慎行事

从前文的分析来看，在项目公司股东出让股权方面，无论是法律规范，还是《城市管道燃气特许经营协议》（示范文本）（GF—2004—2502），均未作出统一的规定或约定。虽然如此，在对待项目公司股东出让股权之事，仍应当持谨慎态度，一看法律规定，二看协议约定，三看政府态度。具体说就是，法律有规定的，从法律规定；法律没有规定的，从协议约定；协议没有约定的，向行业主管部门报备。之所以如此，主要基于以下几个方面原因：

第一，燃气特许经营项目涉及范围较广，利益相关方较多，事关社会稳定，事关地方经济发展。项目公司股权发生变动，应当属于重大变更。其不但能够对现时保供及安全运营产生重大影响，而且还能够对燃气特许经营项目的实施产生长远影响。所以，需要持有谨慎的态度。既然有如此重大的现实影响，那么是否一定要采取"审批制"呢？我们认为，基于国内天然气市场投资并购的格局，没有必要采取"审批制"，可以采取"报备制"，也可以采取"条件制"。主要是因为国内投资并购的格局是"大鱼吃小鱼"，报备制更有利于加速交易，加速淘汰投资能力不足的中小企业。相反，严格的审批制并不一定能够选择更加合适的燃气特许经营者，反而可能带来权力寻租。

第二，社会大众享有知情权和建议权。燃气特许经营权事关民生，民众当然有权了解燃气特许经营者，也有权提出合理化的建议。对此，有关部门也作出了相应的规定。《市政公用事业特许经营管理办法》第二十六条规定："社会公众对市政公用事业特许经营享有知情权、建议权。直辖市、市、县人民政府应当建立社会公众参与机制，保障公众能够对实施特许经营情况进行监督。"《基础设施和公用事业特许经营管理办法》第四十四条规定："社会公众有权对特许经营活动进行监督，向有关监管部门投诉，或者向实施机构和特许经营者提出意见建议。"第四十五条规定："县级以上人民政府应当将特许经营有关政策措施、特许经营部门协调机制组成以及职责等信息向社会公开。实施机构和特许经营者应当将特许经营项目实施方案、特许经营者选择、特许经营协议及其变更或终止、项目建设运营、所提供公共服务标准、监测分析和绩效评价、经过审计的上年度财务报表等有关信息按规定向社会公开。特许经营者应当公开有关会计数据、财务核算和其他有关财务指标，并依法接受年度财务审计。"

第三，燃气特许经营项目的实施与地方政府及其职能部门存在着紧密联系。从项目收购方的角度来说，其有必要通过与地方政府及其职能部门沟通联系，来了解燃气特许经营项目在实施过程中存在的主要风险，如无法解决项目用地、存在重复授予或经营区域交叉重叠的问题。此外，即便收购之后，燃气特许经营项目的实施，仍然离不开地方政府及其职能部门的鼎力支持。否则，寸步难行。所以，在法律及协议均未对股权转让作出规定或约定的情况下，投资并购一方也应主动向地方政府沟通联系并要求项目公司股东履行报备程序。

综上所述，在项目公司股东出让股权方面，现行法律、行政法规和部门规章暂没有作出禁止性或限制性的规定，但个别地方性法规或地方规章已经作出了特别规定。与此同时，燃气特许经营协议也有可能作出明确的约定。这些法律规定或协议约定，应当作为股东转让项目公司股权的依据。即便在没有法律规定或协议约定时，也应当向地方政府或其职能部门报备，以最大限度避免交易风险。

第十七节　关于燃气特许经营权出让存在的一些问题

在实务中，一些燃气公司可能会将燃气特许经营权出让给其他企业。对于燃气特许经营权来说，无论是从行政许可的角度来说，还是从《市政公用事业经营管理办法》的角度来说，都不应当对外出让。燃气特许经营权虽然具有财产价值，但是其与一般的财产权利又存在着明显的区别，具有明显的公益性。如果允许自由出让燃气特许经营权，这将让燃气特许经营项目的实施处于不确定的状态，这对于公共利益来说无疑是一种威胁。与此同时，如果允许自由出让燃气特许经营权，也将导致国家在燃气特许经营权上所要求的招标投标等竞争性选定制度目的落空。

一、案情简介

2003年，临泉县人民政府与安徽国泰公司签订天然气开发经营协议，安徽国泰公司获得临泉县区域内的燃气特许经营权。

2004年，安徽国泰公司将燃气特许经营权转让给阜阳国泰公司。

2006年12月，临泉糟糠饲料公司与阜阳国泰公司签订协议。协议约定：阜阳国泰公司以燃气特许经营权作为出资，计划与临泉糟糠饲料公司共同成立泉星公司。

2007年4月，临泉糟糠饲料公司与阜阳国泰公司签订补充协议。补充协议约定：临泉糟糠饲料公司将协议项下的权利义务转让给自然人赵某；阜阳国泰公司的出资方式变更为现金出资。

2007年5月，阜阳国泰公司与赵某正式成立泉星公司。泉星公司未与地方政府签订燃气特许经营类的协议，但泉星公司认为：依据2006年12月的协议及2007年5月的补充协议，泉星公司获得临泉县区域内的燃气特许经营权。

2010年，临泉县人民政府作出临政秘〔2010〕31号批复，要求就临泉县区域内的燃气特许经营权组织招标，选定燃气特许经营企业。

泉星公司认为，临泉县人民政府所作批复违法，侵犯其燃气特许经营权。遂提起行政诉讼，请求撤销临政秘〔2010〕31号批复。

二、法院认为

2011年3月4日，安徽省高级人民法院作出的（2011）皖行终第17号《行政裁定书》认为，《中华人民共和国行政许可法》第九条规定，"依法取得的行政许可，除法律法规规定依照法定条件和程序可以转让的外，不得转让。"2006年12月阜阳国泰公司、临泉糟糠饲料公司签订的《关于组建泉星公司的协议》，以及其后该两公司与赵某签订的《补充协议》，均不符合燃气经营许可取得或转让的法定条件和程序，不能据此认定泉星公司已合法取得临泉县燃气特许经营权。临泉县发展改革委并非燃气特许经营行政主管部门，依法不具有实施燃气经营行政许可的权限，故其对泉星公司报送的燃气加气站及释放站项目备案行为，并非燃气经营权行政许可行为，泉星公司亦不能据此合法取得临泉县燃气特许经营权。

三、案例评析

（一）不能擅自转让燃气特许经营权

燃气特许经营权属于行政许可。依据《中华人民共和国行政许可法》第九条的规定，在法律、法规未作出规定的情况下，行政许可是不能擅自转让的。在燃气特许经营权转让方面，无论是过去，还是现在，均没有法律法规规定燃气特许经营权可以转让。不但如此，依据现行法律规定，擅自转让燃气特许经营权的，行政机关有权撤销行政许可，收回燃气特许经营权，实施临时接管。情节严重的，追究刑事责任。

从法律及规章的角度来说，《中华人民共和国行政许可法》第八十条规定："被许可人有下列行为之一的，行政机关应当依法给予行政处罚；构成犯罪的，依法追究刑事责任：（一）涂改、倒卖、出租、出借行政许可证件，或者以其他形式非法转让行政许可的；……（四）法律、法规、规章规定的其他违法行为。"《市政公用事业特许经营管理办法》第十八条规定："获得特许经营权的企业在特许经营期间有下列行为之一的，主管部门应当依法终止特许经营协议，取消其特许经营权，并可以实施临时接管：（一）擅自转让、出租特许经营权的；……（五）法律、法规禁止的其他行为。"

从地方性法规及规章的角度来说，很多地方都明确禁止转让燃气特许经营权。例如，《辽宁省城镇燃气管理条例》第二十二条第二款规定："在管道燃气特许经营期限内，管道燃气经营者有下列情形之一的，燃气管理部门应当依法终止协议，取消其管道燃气特许经营权，并可以实施临时接管：（一）擅自转让、出租特许经营权的；……"《北京市燃气管理条例》第五十六条规定："取得燃气特许经营权的企业有下列情形之一的，特许经营的实施机关应当责令限期改正；拒不改正的，可以收回特许经营权、终止特许经营协议，并采取措施保障燃气供应和服务：（一）擅自转让、出租、质押、抵押或者以其他方式擅自处分特许经营权或者特许经营项目资产的；……"

从燃气特许经营协议的角度来说，在很多燃气特许经营协议中，也会将擅自转让燃气特许经营权作为取消燃气特许经营权的约定条件。例如，在建设部发布的《城市管道燃气特许经营协议》（示范文本）（GF—2004—2502）第3.7条约定："乙方（燃气企业）在特许经营期间有下列行为之一的，甲方应当依法终止特许经营协议，取消其特许经营权，并实施临时接管：（1）擅自转让、出租特许经营权的；（2）擅自将所经营的财产进行处置或者抵押的；（3）因管理不善，发生特别重大质量、生产安全事故的；（4）擅自停业、歇业，严重影响到社会公共利益和安全的；（5）法律禁止的其他行为。"

（二）母公司向项目公司转让燃气特许经营权

在本案中，燃气特许经营权被擅自转让了两次，先由安徽国泰公司向阜阳国泰公司转让，再由阜阳国泰公司向泉星公司转让。泉星公司也据此认定其享有燃气特许经营权。前文已述，燃气特许经营权不能被擅自转让，但是在实务中，确实有很多母公司向项目公司转让燃气特许经营权的现象。那么这种母公司向项目公司转让燃气特许经营权的行为是否一定无效呢？我们认为，在下列几种情况下，可以认定母公司向项目公司转让燃气特许经营权的行为有效：

（1）依据燃气特许经营协议的约定，项目公司承接燃气特许经营协议的权利与义务，那么项目公司应当享有燃气特许经营权。

（2）母公司在设立项目公司之前，向燃气特许经营权授权机关提交设立项目公司运营燃气特许经营项目的申请，授权机关批复同意的。

（3）燃气特许经营权授权机关向项目公司颁发燃气特许经营许可证，或燃气行业主管部门向项目公司颁发燃气经营许可证，或者授权机关将项目公司作为燃气基础设施建设单位对待并形成大量的批文、公文的。

（三）不能以燃气特许经营权作价出资

在本案中，阜阳国泰公司与临泉糟糠饲料公司约定，阜阳国泰公司以燃气特许经营权作价出资，共同成立泉星公司。虽然该约定最终以补充协议的方式予以变更，但根据《公司登记管理条例》第十四条"股东的出资方式应当符合《中华人民共和国公司法》第二十七条的规定，但是，股东不得以劳务、信用、自然人姓名、商誉、特许经营权或者设定担保的财产等作价出资"的规定，燃气公司不能以燃气特许经营权作价出资。

综上所述，燃气公司不能擅自转让燃气特许经营权，也不能以燃气特许经营权作价出资，擅自处置行为无效。不但如此，燃气公司还可能被收回燃气特许经营权，甚至可能被追究刑事责任。

第十八节　关于燃气特许经营权质押的问题

在实务中，对于燃气特许经营权是否能够质押的问题仍然存在一些误解。很多人都认为燃气特许经营权可以进行质押，一些地方政府颁发的规范性文件也明确规定燃气特许经营权可以进行质押。通过研究发现：燃气特许经营权不可以质押，能够质押的只是项目投资收益权，可归属于应收账款的质押。

一、燃气特许经营权不能进行质押

燃气特许经营权虽然具有民法上的用益物权属性，具有财产价值，能够通过金钱的方式予以估值，也有燃气特许经营协议作为权利凭证，但是燃气特许经营权的可让与性比较弱，即燃气公司不能擅自将燃气特许经营权出让给第三方，主要理由如下：

第一，燃气特许经营权是地方政府通过招标投标等竞争性方式依法授予的，是燃气公司实施投资、建设、运营燃气特许经营项目的权利。燃气公司如果丧失了燃气特许经营权，那么也就丧失了投资、建设、运营燃气特许经营项目的资格，燃气特许经营项目实施主体也将发生变化。而这种变化将让燃气特许经营项目的实施处于一种不确定的状态，而这又将威胁到整个城市燃气基础设施的投资、建设、运营和公共安全，对于社会公共利益来说是不利的。所以，燃气特许经营权不具备当然的可让与性。

第二，地方政府授予燃气特许经营权是行政许可行为，《中华人民共和国行政许可法》第九条规定："依法取得的行政许可，除法律、法规规定依照法定条件和程序可以转让的外，不得转让。"也就是说，只有"法律""法规"规定可以转让的，方才可以转让。当前，包括《基础设施和公用事业特许经营管理办法》和《市政公用事业特许经营管理办法》等部门规章及《中华人民共和国民法典》等法律规范都没有规定燃气特许经营权可以转让。

第三，一些地方规定明确禁止燃气特许经营权的质押。《河北省市政公用事业特许经营管理办法》第二十七条规定："特许经营者有下列情形之一的，主管部门报当地人民政府同意后可收回其特许经营权：（一）以转让、出租、质押等方式处分特许经营权的；……"《湖南省市政公用事业特许经营条例》第二十三条规定："特许经营者不得有下列行为：……（二）质押特许经营权；……"《合肥市市政公用事业特许经营管理办法》第十六条规定："未经主管部门同意，特许经营者不得转让、出租、质押、抵押或者以其他方式擅自处置特许经营权以及与特许经营活动相关的土地使用权、设施和企业股权等资产及其权益。涉及国有资产使用或者处置的，按照国有资产管理的有关规定办理。"对于地方上已经作出禁止性规定的，燃气特许经营企业需要重视。否则，地方政府可据此撤销燃气特许经营权。

二、燃气特许经营权的收益权可以质押

燃气特许经营权的收益权，是指燃气特许经营企业在燃气特许经营项目实施过程中向终端用户收取费用的权利。燃气特许经营权的收益，可认定为应收账款。

2001年9月29日，国务院办公厅转发的《国务院西部开发办〈关于西部大开发若干政策措施的实施意见〉》（国办发〔2001〕73号）中提出，"对具有一定还贷能力的水利开发项目和城市环保项目（如城市污水处理和垃圾处理等），探索逐步开办以项目收益权或收费权为质押发放贷款的业务"，首次明确可试行将污水处理项目的收益权进行质押。

2017年10月25日，中国人民银行发布修订后的《应收账款质押登记办法》（现已失效）第二条第二款规定："本办法所称的应收账款包括下列权利：……（三）能源、交通运输、水利、环境保护、市政工程等基础设施和公用事业项目收益权；……（五）其他以合同为基础的具有金钱给付内容的债权。"

2021年1月1日施行的《中华人民共和国民法典》第四百四十条规定:"债务人或者第三人有权处分的下列权利可以出质:……(六)现有的以及将有的应收账款;……"

2021年2月10日,最高人民法院发布的《民法典担保制度司法解释系列解读之四"关于担保物权"部分重点条文解读》规定:"九、关于应收账款质押。中国人民银行发布的《应收账款质押登记办法》第二条规定,应收账款是指权利人因提供一定的货物、服务或者设施而获得要求义务人付款的权利以及依法享有的其他付款请求权,包括现有的和未来的金钱债权,但不包括因票据或者其他有价证券而产生的付款请求权以及法律、行政法规禁止转让的付款请求权。现有的应收账款,主要是指出质时应收账款债务人、质押标的都能够确定或者特定的金钱债权;将有的应收账款,是指出质时应收账款债务人或者质押标的尚未确定或者特定的金钱债权,主要包括不动产收费权、依法可以出质的其他收费权以及其他将有的应收账款出质。"

三、燃气特许经营权收益权质押的注意事项

在实施燃气特许经营权收益权质押的过程中,有以下两个问题需要引起重视:

第一,取得行业主管部门的同意。一方面,燃气特许经营项目不同于其他市政公用项目,其本身具有高度的危险性、专业性和公益性。地方政府所采取的行政监管措施的力度本身就比较强,燃气公司应当主动接受地方政府的监管,主动将质押之事事前向行业主管部门报告并取得同意。另一方面,《市政公用事业特许经营管理办法》第十八条规定燃气公司不得"擅自将所经营的财产进行处置或者抵押",对于燃气特许经营权的收益权是否属于"所经营的财产"仍然存在一些争议。未经报告擅自质押收益权,可能会被行业主管部门认定为擅自质押所经营的财产。与此同时,《市政公用事业特许经营管理办法》第十八条规定的"法律、法规禁止的其他行为"属于兜底条款,可作扩大解释。未经同意擅自质押燃气特许经营权的收益权,存在危害社会公共利益的现实可能,违背燃气特许经营权的授予目的,违反《中华人民共和国行政许可法》维护公共利益的立法精神。

第二,办理权利质押登记。《中华人民共和国民法典》第四百四十五条第一款规定:"以应收账款出质的,质权自办理出质登记时设立。"即,未经登记,质权不生效。在开发区农商行与龙城明道天然气公司等的金融借款合同纠纷案件中,对于特许经营权质押是否生效的问题,晋中市中级人民法院在(2020)晋07民初116号《民事判决书》中认为:龙城明道天然气公司出质的标的只能是因天然气加气站收益权产生的应收账款。应收账款质押只有办理出质登记,才能依法设立。开发区农商行主张质物为特许经营权,要求对该权利行使质权,但未

在中国人民银行征信中心办理应收账款出质登记,依据《中华人民共和国物权法》规定,开发区农商行的质权并未设立。

四、肯定特许经营收益权质押的指导案例

2015年11月19日,在《最高人民法院关于发布第11批指导性案例的通知》(法〔2015〕320号)公布的《福建海峡银行股份有限公司福州五一支行诉长乐亚新污水处理有限公司、福州市政工程有限公司金融借款合同纠纷案》(最高人民法院指导案例53号)指出:特许经营权的收益权可以质押,并可作为应收账款进行出质登记。特许经营权的收益权依其性质不宜折价、拍卖或变卖,质权人主张优先受偿权的,人民法院可以判令出质债权的债务人将收益权的应收账款优先支付质权人。

(一)关于污水处理项目特许经营权能否出质问题

法院认为,污水处理项目特许经营权是对污水处理厂进行运营和维护,并获得相应收益的权利。污水处理厂的运营和维护,属于经营者的义务,而其收益权,则属于经营者的权利。由于对污水处理厂的运营和维护,并不属于可转让的财产权利,故讼争的污水处理项目特许经营权质押,实质上系污水处理项目收益权的质押。

关于污水处理项目等特许经营的收益权能否出质的问题,应当考虑以下方面:其一,本案讼争污水处理项目《特许经营权质押担保协议》签订于2005年,尽管当时法律、行政法规及相关司法解释并未规定污水处理项目收益权可质押,但污水处理项目收益权与公路收益权性质上相类似。《中华人民共和国担保法解释》第九十七条规定,"以公路桥梁、公路隧道或者公路渡口等不动产收益权出质的,按照担保法第七十五条第(四)项的规定处理",明确公路收益权属于依法可质押的其他权利,与其类似的污水处理收益权亦应允许出质。其二,国务院办公厅2001年9月29日转发的《国务院西部开发办〈关于西部大开发若干政策措施的实施意见〉》(国办发〔2001〕73号)中提出,"对具有一定还贷能力的水利开发项目和城市环保项目(如城市污水处理和垃圾处理等),探索逐步开办以项目收益权或收费权为质押发放贷款的业务",首次明确可试行将污水处理项目的收益权进行质押。其三,污水处理项目收益权虽系将来金钱债权,但其行使期间及收益金额均可确定,其属于确定的财产权利。其四,在《中华人民共和国物权法》颁布实施后,因污水处理项目收益权系基于提供污水处理服务而产生的将来金钱债权,依其性质亦可纳入依法可出质的"应收账款"的范畴。因此,讼争污水处理项目收益权作为特定化的财产权利,可以允许其出质。

(二)关于污水处理项目收益权质权的公示问题

对于污水处理项目收益权的质权公示问题,在《中华人民共和国物权法》自

2007年10月1日起施行后，因收益权已纳入该法第二百二十三条第六项的"应收账款"范畴，故应当在中国人民银行征信中心的应收账款质押登记公示系统进行出质登记，质权才能依法成立。由于本案的质押担保协议签订于2005年，在《中华人民共和国物权法》施行之前，故不适用《中华人民共和国物权法》关于应收账款的统一登记制度。因当时并未有统一的登记公示的规定，故参照当时公路收费权质押登记的规定，由其主管部门进行备案登记，有关利害关系人可通过其主管部门了解该收益权是否存在质押之情况，该权利即具备物权公示的效果。

本案中，长乐市建设局在《特许经营权质押担保协议》上盖了章，且该协议第七条明确约定"长乐市建设局同意为原告和福州市政公司办理质押登记出质登记手续"，故可认定讼争污水处理项目的主管部门已知晓并认可该权利质押情况，有关利害关系人亦可通过长乐市建设局查询了解讼争污水处理厂的有关权利质押的情况。因此，本案讼争的权利质押已具备公示之要件，质权已设立。

（三）关于污水处理项目收益权的质权实现方式问题

我国《中华人民共和国担保法》和《中华人民共和国物权法》均未具体规定权利质权的具体实现方式，仅就质权的实现作出一般性的规定，即质权人在行使质权时，可与出质人协议以质押财产折价，或就拍卖、变卖质押财产所得的价款优先受偿。但污水处理项目收益权属于将来金钱债权，质权人可请求法院判令其直接向出质人的债务人收取金钱并对该金钱行使优先受偿权，故无需采取折价或拍卖、变卖的方式。况且收益权均附有一定负担，且其经营主体具有特定性，故依其性质亦不宜拍卖、变卖。因此，原告请求将《特许经营权质押担保协议》项下的质物予以拍卖、变卖并行使优先受偿权，不予支持。

根据协议约定，原告海峡银行五一支行有权直接向长乐市建设局收取污水处理服务费，并对所收取的污水处理服务费行使优先受偿权。由于被告仍应依约对污水处理厂进行正常运营和维护，若无法正常运营，则将影响到长乐市城区污水的处理，亦将影响原告对污水处理费的收取，故原告在向长乐市建设局收取污水处理服务费时，应当合理行使权利，为被告预留经营污水处理厂的必要合理费用。

综上所述，燃气特许经营权不可以质押，其所质押的只是收益权，具体为应收账款的质押。考虑到燃气行业所具有的危险性、专业性和公益性，燃气公司在实施质押之前，应当向行业主管部门报告，争取行业主管部门的同意。

第十九节　关于燃气特许经营费的问题

在少数情况下，地方政府会向燃气公司收取燃气特许经营费，少则几十万元，多则上百万元，乃至千万元。对于燃气特许经营费，包括《中华人民共和国行政许可法》《市政公用事业特许经营管理办法》等法律规范并没有作出明确的规定。从检索来看，在全国范围内，有6个地方要求收取燃气特许经营费，有2个地方规定原则上不收取，有3个地方曾经规定收取，其余地方未检索到支持或否定的依据。我们认为，就燃气特许经营权来说，不宜收取燃气特许经营费，也不应当收取，除非地方上作出特别规定或燃气特许经营协议作出特别约定。

一、不收取燃气特许经营费的理由

第一，地方政府向燃气公司授予燃气特许经营权的行为属于行政许可行为。既然如此，则依法不能收取燃气特许经营费。《中华人民共和国行政许可法》第五十八条规定："行政机关实施行政许可和对行政许可事项进行监督检查，不得收取任何费用。但是，法律、行政法规另有规定的，依照其规定。""行政机关提供行政许可申请格式文本，不得收费。""行政机关实施行政许可所需经费应当列入本行政机关的预算，由本级财政予以保障，按照批准的预算予以核发。"据此可知，地方政府授予燃气特许经营权不得向燃气公司收取燃气特许经营费，除非"法律、行政法规"有例外规定。但是在燃气特许经营权领域，尚未有法律、行政法规规定需要缴纳该费用。需要指出的是，地方政府作出任何一项行政行为，都应当有明确的法律规定，即"法无规定则无职权"。既然法律、行政法规未规定地方政府有权收取燃气特许经营权费，那么地方政府即无本项职权，即无权收取燃气特许经营权费。

第二，不利于燃气基础设施投资建设运营。相对于其他市政公用行业，燃气基础设施的投资具有投资额度高、投资周期长、投资回报率低的特点，这些特点本身要求燃气公司具有较高的投资能力。事实上，我国虽然有中国燃气、昆仑燃气、华润燃气、港华燃气、新奥燃气这五大燃气公司，也有深圳燃气、合肥燃气这样的国有燃气公司，但是国内依然有很多中小型燃气公司。在发展过程中，很多燃气公司已经不堪重负。尤其在最近几年的管道燃气市场格局之下，各大燃气公司更是举步维艰。在这种情况之下，再让燃气公司缴纳一笔不菲的特许经营费，无疑就是雪上加霜。燃气公司投资建设能力降低，最终将会导致燃气基础设施投资建设水平下降。安全维护水平也得不到提高。

第三，不利于降低终端用户用气成本。燃气公司缴纳特许经营费后，势必会增加燃气公司成本。成本的增加则意味着燃气公司需要通过提高终端销售价格的方式来予以弥补。所以，最终所有的成本又全部转嫁到终端用户。

二、尊重燃气特许经营协议的约定

燃气特许经营协议约定燃气公司应当缴纳燃气特许经营权费，则燃气公司应当向地方政府缴纳燃气特许经营权费。一方面，因为地方政府作出的行政行为具有公定力，未经法定程序确认违法并撤销前，应当推定行政行为是有效的。另一方面，燃气特许经营协议属于行政协议，行政协议具有民事合同的部分特征，承认签约双方的意思自由。既然燃气公司在燃气特许经营协议中承诺缴纳燃气特许经营费，那么燃气公司就应当遵守协议的约定，除非该项约定被变更或确认无效。如果燃气公司认为特许经营协议约定的特许经营费过高，有失公平，可以优先通过协商的方式予以变更。在协商不成的情况下，也可以通过诉讼方式予以变更。

此外，需要注意到这么一种情况，即有些地方性法规或规章对燃气特许经营费作出了规定，但是燃气特许经营协议未约定燃气特许经营费。那么燃气公司是否应当缴纳燃气特许经营费呢？笔者认为，燃气特许经营协议属于行政协议，具有行政性和契约性的双重属性。既然燃气特许经营性协议未对特许经营费作出约定，那么地方政府不应当再依据地方性法规或规章来征收燃气特许经营费。

三、有关燃气特许经营费的地方规定

在燃气特许经营费的规定上，通过检索发现：有6个地方规定要收取特许经营费，分别是甘肃省、深圳市、杭州市、德州市、潍坊市、赤峰市。这6个规定收取特许经营费的地方，并非专门针对燃气行业，而是针对区域内所有市政公用行业。同时，这些地方多要求根据不同类型的市政公用行业特点，来决定特许经营费的收取方式及多少，并且这些地方均未对行业利润率作出要求。二是明确原则上不收取特许经营费的有2个地方，分别是北京市和三明市。这两个地方均对市政公用行业的利润率作出了要求，即规定在8%。三是有3个地方原本对特许经营费作出了规定，且最新规定也未要求收取特许经营费，这三个地方分别是合肥市、天津市、贵州省。

（一）收取特许经营费的地方规定

（1）《甘肃省市政公用事业特许经营管理办法》第九条规定："取得特许经营权的企业，应当支付特许经营权使用费。特许经营权使用费的标准由城市人民政府根据特许项目的行业特点确定，对于微利或者享受财政补贴的特许项目，可以减免特许经营权使用费。"

（2）《深圳市公用事业特许经营条例》第二十条规定："市人民政府可以根据公用事业的不同特点征收特许经营权使用费。"

（3）《杭州市市政公用事业特许经营条例》第十二条规定："市政府可以根据市政公用项目的不同特点收取特许经营权使用费，法律法规另有规定的除外。特许经营权使用费应当专项用于市政公用事业，不得挪作他用，并依法接受审计监督。"第二十一条规定："特许经营者应当履行下列义务：……（二）按照特许经营协议的约定缴纳特许经营权使用费；……"

(4)《德州市市区公用事业特许经营管理暂行办法》第二十三条规定："市政府可以根据国家法律、法规等有关规定和公用事业的不同特点，征收特许经营权使用费。"

(5)《潍坊市市政公用事业特许经营管理办法》第十六条规定："获得特许经营权的企业，应当支付特许经营权使用费。特许经营权使用费的标准由市政府根据特许经营项目的行业特点、经营规模、经营方式等因素确定。"

(6)《赤峰市市政公用事业特许经营管理办法》第十一条规定："获得特许经营权，依法应当支付特许经营权使用费的，获得特许经营权的企业应当按照规定支付特许经营权使用费。"

（二）原则上不收取特许经营费的地方规定

(1)《北京市城市基础设施特许经营条例》第十六条规定："对于微利或者享受财政补贴的项目，特许经营协议中可以约定减免特许经营权使用费。"《北京市人民政府关于印发引进社会资本推动市政基础设施领域建设试点项目实施方案的通知》（京政发〔2013〕21号）规定："企业投资内部收益率：原则上按8%测算，可结合行业特点和利率水平进行适当调整，具体通过竞争方式确定。特许经营权使用费：原则上暂不征收。"

(2)《三明市人民政府关于鼓励和引导社会资本参与基础设施等领域建设的实施意见》（明政〔2015〕2号）规定："企业投资内部收益率：原则上按年7%～8%测算，可结合行业特点和利率水平进行适当调整，具体通过竞争方式确定。特许经营权使用费：社会投资人投资建设的项目原则上暂不征收。"

（三）过去存在收取特许经营费的地方规定

(1) 2004年10月1日施行的《贵州省市政公用事业特许经营管理办法》第十四条第一款规定："取得特许经营权的经营者，应当按规定支付市政公用事业特许经营权使用费。微利或者公益性的特许经营项目，可以减免特许经营权使用费。"

(2) 2006年6月1日施行的《合肥市市政公用事业特许经营实施办法》第十二条第一款规定："取得特许经营权的经营者，应当按照特许经营协议支付特许经营权使用费。经市人民政府同意，微利或者公益性的特许经营项目，可以减免特许经营权使用费。"

(3) 2005年9月1日施行的《天津市市政公用事业特许经营管理办法》第九条规定："特许经营协议应当包括以下内容：……（八）特许经营权使用费及其减免；……"

综上所述，地方政府向燃气公司收取燃气特许经营权费缺乏充分的法律依据，但燃气特许经营协议对此作出例外约定的，燃气公司仍应当向地方政府缴纳该费用，除非该条款被变更或被确认无效。

第二十节　关于检察院公益诉讼的问题

在燃气特许经营权冲突中，一方为了抢占另一方的经营区域，往往会通过铺设燃气管道的方式，而这些燃气管道往往不符合建设工程施工规范，未能履行报批报建手续。与此同时，在燃气管道建成之后，这些实施侵权的燃气公司又会向终端用户供应天然气。根据《燃气经营许可管理办法》的规定，燃气经营应在行业主管部门划定的范围内开展。否则，将存在跨区域经营的问题。对于这些明显违法违规的行为，地方政府及其职能部门在很多时候会"睁一眼、闭一只眼"，让维权企业深感无力。对于这些明显存在违法违规、损害公共利益的行为，维权企业可以通过提请人民检察院提起公益诉讼的方式予以维权。

一、公益诉讼的概念

公益诉讼，包括民事公益诉讼和行政公益诉讼两种类型。其中，行政公益诉讼是指检察院认为行政主体行使职权的行为违法，侵害了公共利益或有侵害之虞时，为维护公共利益，向行政机关提出检察建议，督促其依法履行职责。行政机关不依法履行职责的，人民检察院依法向人民法院提起诉讼的制度。可以说，"伴随着人们的权利意识逐渐提高，针对有关公共利益的政府决定的违法性或者不当性，需要确保人们予以指出乃至提出相关建议的路径。"[1] 人民检察院能够扮演好法律监督者的角色，也能够拓宽燃气公司的维权路径。

2016年12月9日，《中共中央 国务院关于推进安全生产领域改革发展的意见》中明确提出要"研究建立安全生产民事和行政公益诉讼制度"。2021年6月10日修订后的《中华人民共和国安全生产法》第七十四条规定："任何单位或者个人对事故隐患或者安全生产违法行为，均有权向负有安全生产监督管理职责的部门报告或者举报。""因安全生产违法行为造成重大事故隐患或者导致重大事故，致使国家利益或者社会公共利益受到侵害的，人民检察院可以根据民事诉讼法、《中华人民共和国行政诉讼法》的相关规定提起公益诉讼。"2020年12月29日，最高人民法院、最高人民检察院联合发布《关于检察公益诉讼案件适用法律若干问题的解释》第二十一条规定："人民检察院在履行职责中发现生态环境和资源保护、食品药品安全、国有财产保护、国有土地使用权出让等领域负有监督管理职责的行政机关违法行使职权或者不作为，致使国家利益或者社会公共利益受到侵害的，应当向行政机关提出检察建议，督促其依法履行职责。""行政机关应当在收到检察建议之日起两个月内依法履行职责，并书面回复人民检察院。出

---

[1] 杨建顺.《行政诉讼法》的修改与行政公益诉讼 [J]. 法律适用，2012 (11) 60-68.

现国家利益或者社会公共利益损害继续扩大等紧急情形的，行政机关应当在十五日内书面回复。""行政机关不依法履行职责的，人民检察院依法向人民法院提起诉讼。"2021年7月1日，最高人民检察院施行《人民检察院公益诉讼办案规则》。

就燃气领域的违法行为来说，一方面，其威胁公共安全，让公共利益陷于危险之中；另一方面，地方政府不作为。事前不阻止，事后不查处。为了保护公共安全，避免群死群伤的严重后果，燃气公司当然有权提请检察机关行使法律监督权，提出检察建议，发起行政公益诉讼。

二、公益诉讼的效果

修订后的《中华人民共和国安全生产法》于2021年9月1日起正式实施，最高人民检察院已下发通知，要求各级检察机关准确理解适用《中华人民共和国安全生产法》增设的检察公益诉讼相关条款，充分发挥检察公益诉讼在助力安全生产方面的职能作用。截至2021年5月，全国已有25个省级人大常委会出台关于加强公益诉讼检察工作的专项决定，其中有21个明确了探索安全生产领域公益诉讼。2020年12月和2021年3月，最高人民检察院分别与中国国家铁路集团有限公司、应急管理部联合发布了10起铁路安全生产领域公益诉讼典型案例和9起安全生产领域公益诉讼典型案例，积极回应立法需求和社会关切。据统计，2019年至2021年3月，全国检察机关共立案办理涉及安全生产领域公益诉讼案件14125件，其中民事公益诉讼案件77件，行政公益诉讼案件14048件；发出诉前检察建议11726件，通过磋商、听证等方式结案906件；提起行政公益诉讼26件，提起刑事附带民事公益诉讼1件❶。

三、公益诉讼的案例

2020年12月24日，最高人民检察院与中国国家铁路集团有限公司联合发布了10起铁路安全生产领域公益诉讼案例。其中，第6起案例——重庆市垫江县天然气管道违规下穿铁路危害高铁运行安全行政公益诉讼案，具有相当的借鉴意义。

（一）要旨

检察机关针对高铁沿线天然气管道违规下穿铁路问题，分别向铁路行政监管部门、地方行政机关发出诉前检察建议，向铁路沿线行政机关发出工作函，促成路地双方协同履职，推进涉铁安全隐患排查治理，形成解决系统性问题的示范效应。

---

❶ 闫晶晶，宁中平. 最高检及时下发通知要求准确理解适用修订后的安全生产法［N］. 检察日报，2021-6-11.

（二）基本案情

渝万高铁（垫江段）于 2012 年开工建设，当地燃气公司违反《城镇燃气设计规范》GB 50028—2006 中关于地下燃气管道穿越铁路应加套管等安全建设标准要求，未对埋设在铁路线下的天然气管道采取有效安全保障措施，并违规在铁路线下新安设天然气管道 12 处。渝万高铁于 2016 年 11 月开通运行，上述安全隐患存续至 2019 年仍未被查处治理，严重危及铁路运行安全。

（三）调查和督促履职

2019 年 4 月，重庆铁路运输检察院（以下简称重庆铁检院）接到中国铁路成都局集团有限公司（以下简称成都局集团公司）重庆工电段关于上述线索的反映，成立办案组进行立案调查，牵头组织垫江县人民政府、成都铁路监督管理局及 7 家涉事燃气公司，沿 43km 渝万客运专线（垫江段）进行了为期近 2 个月的现场调查，逐一查明高铁沿线天然气管道违规下穿铁路安全隐患 35 处，并主导明确各涉事企业的整改责任。经调查发现，重庆市垫江县经济和信息化委员会（以下简称垫江县经信委）、成都铁路监督管理局对此类铁路线下安全隐患负有监督管理职责。2019 年 8 月和 9 月，重庆铁检院分别向垫江县经信委、成都铁路监督管理局发出诉前检察建议，建议其对渝万铁路已查明的涉铁天然气安全隐患全面履行监管职责，督促各责任单位整改，并对辖区涉铁燃气安全状况进一步监督检查，与成都局集团公司沟通建立重大隐患报告、初查确责长效机制。

收到检察建议后，两单位在检察机关督促下多次组织涉事企业对话磋商，监督涉事企业根据 35 处隐患的成因和现状，分类设计方案，分批施工整改，经成都局集团公司重庆工电段验收合格，彻底消除了这 35 处安全隐患。同时，重庆铁检院坚持以个案办理推动类案监督，以工作函的形式与渝万客运专线沿线各区政府进行磋商，打消了行政机关顾虑，正面引导、督促行政机关积极履职、自查自纠。沿线行政机关依托检察机关搭建的联合调查组平台，对 247km 渝万客运专线全线开展了涉天然气管道安全隐患的专项排查，陆续查明并解决了 113 处安全隐患。

（四）典型意义

天然气管道违规下穿铁路的成因复杂、涉及面广、整改难度大，是广泛存在于渝万客运专线的线下安全隐患系统性问题。本案中，检察机关创新办案方式，邀请铁路监管单位、天然气行业监管单位、铁路运营维护单位以及各燃气公司派员与检察机关组成联合调查组开展调查取证工作，有效化解铁路建设、管道规划等专业性强、取证难度大的办案困难。综合采取诉前检察建议和诉前磋商等手段，听取各方意见，形成合作共识，以点带面推动铁路线下重大安全隐患系统性问题得到有效解决。

第二十一节　关于企业反垄断合规的问题

近年，国家在燃气公司的反垄断调查上走上了快节奏的道路，调查的广度和深度都有着非常明显的加强，随之而起的是一大批燃气公司被处罚，其中不乏国内知名燃气公司。面对国家的强势反垄断调查，燃气公司应当树立反垄断意识，转变经营模式，强化市场行为，杜绝垄断行为，依法合规经营，切实维护市场秩序。基于此，燃气公司识别、控制垄断风险点成为当务之急。

一、燃气公司反垄断的认识误区

（一）关于垄断的认识误区

一些燃气公司错误地认为，自己依法享有燃气特许经营权，当然具有垄断的权利，国家为什么还要对他们展开反垄断调查？关于这一认识误区，业内一位资深人士曾经说过："国内城市燃气行业的自然垄断属性应为社会共识，垄断地位不容置疑。《中华人民共和国反垄断法》反的不是垄断本身，而是利用垄断地位谋取不正当利益的经营行为。"这句话虽然不完全正确，但是多少能够回应这一认识误区。

正确回答该问题，需要对燃气公司的垄断行为作出合理区分。按照燃气公司垄断行为的产生依据，可以将垄断行为分为两大类：一是特许经营垄断行为；二是一般经营垄断行为。其中，特许经营垄断行为，是燃气公司因为享有城市燃气特许经营权而享有的合法行为，合法依据主要源于《基础设施和公用事业特许经营管理办法》《市政公用事业特许经营管理办法》。一般经营垄断行为，是燃气公司利用特许经营的垄断权利从事的违法行为，违法依据源于《中华人民共和国反垄断法》。换个角度说，特许经营垄断行为具有原生性，是依据燃气特许经营权而产生的，是合法的；一般经营垄断行为具有派生性，派生于燃气特许经营权，是非法的。

此外，仍然需要区分特许经营垄断行为和一般经营垄断行为的界限在哪里。否则，依然不能明白哪些垄断行为是合法的，哪些是违法的。对于特许经营垄断，根据《城市管道燃气特许经营协议》（示范文本）（GF—2004—2502）第2.11条可知，其垄断权利是"在特许经营期限内独家在特许经营区域范围内运营、维护市政管道燃气设施、以管道输送形式向用户供应燃气，提供相关管道燃气设施的抢修抢险业务等并收取费用的权利。"简而言之，就是独家从事城市燃气管网铺设、运营并向区域内工商业用户供气的权利。凡此权利以外，都属于一般经营范围。燃气公司如果利用特许经营垄断权利再从事垄断行为则属于违法行为。

(二) 关于经验的认识误区

有些人错误地认为，诸如收取保证金、搭售商品、指定产品等行为一直就这么长期存在着，既然长期存在着，那么应当是合法的。其实不然，行为是否合法，与其存在的时间长短没有必然的联系，与行为发生时的法律规定存在着必然的联系。我国天然气行业诞生于市场经济初期，国力有限、资源有限。但是到了今天，燃气行业的发展已经如火如荼。国家对于燃气行业的要求不再限于规模化，还在于规范化和市场化。国家当前对燃气行业的反垄断调查，表面上是为了追求行业的规范化，其最终目的还是为了下一步的市场化奠定基础。所以，国家开始严格法律，整饬过往不合法的经验行为也就很正常。

二、燃气公司的垄断风险控制节点

对于很多燃气公司来说，在垄断协议、滥用市场支配地位、经营者集中和滥用行政权力排除（限制）竞争的四大垄断行为中，滥用市场支配地位是最容易发生的，垄断协议和经营者集中发生的较少，行政权力排除（限制）竞争则属于被动接受。燃气公司的垄断风险节点主要集中在以下几个方面：

（一）价格垄断协议

根据《中华人民共和国反垄断法》第十三条的规定可知，垄断协议的种类很多，如限制商品的生产数量或者销售数量、分割销售市场或者原材料采购市场。但是对于众多燃气公司来说，最多的是价格垄断协议，即几家燃气公司联合起来通过协议的方式固定或者变更商品价格。

从产业链的角度来看，天然气的上游和中游不会发生价格垄断协议行为，下游的终端市场容易发生，尤其是终端加气站（包括但不限于CNG母站、CNG子站、LNG加注站）。比如，某地的几家燃气公司在CNG子站的销售上形成价格联盟，统一价格对外销售，以维护各家的既得利益。这种因价格联盟而形成的对外销售价格协议就是价格垄断协议。

（二）违规收取保证金

在不违反《中华人民共和国民法典》等相关法律法规的基础上，收缴保证金是合法的。保证金作为交易的一种担保方式，也被广泛运用于各类商事活动中。但是，经营者如果滥用市场支配地位，不合理地将保证金作为交易的附加条件，那么该经营者将可能触犯《中华人民共和国反垄断法》的有关规定。在2016年3月21日，山东省工商行政管理局处罚某燃气公司一案中，该燃气公司就属于违规收取保证金，且违反了《中华人民共和国反垄断法》第十七条第（五）项"没有正当理由搭售商品，或者在交易时附加其他不合理的交易条件。"[1] 在本案

---

[1] 山东省工商行政管理局鲁工商公处字〔2016〕第24号《行政处罚决定书》。

中，该燃气公司企图以"预付气费款"的方式来收取履约保证金，其实质是以合法形式掩盖非法目的。换句话说，工商业用户以"预付气费款"的方式缴纳了气费，但是该笔"预付气费款"并不能直接冲抵气费款，而是被预留下来，实质上发挥着保证金的作用。仅此一项，该燃气公司每年就能非法占用工商业用户近千万元。

（三）违规收取天然气 IC 卡工本费

IC 卡被广泛运用于燃气行业之中，一来便于燃气公司收取费用，二来便于用户缴费和使用。在实务中，燃气公司多会向用户收取 10 元左右的工本费，但这显然违反了有关法律的规定。2001 年 9 月 28 日国家计委、国家金卡工程协调领导小组、财政部、中国人民银行联合发布《集成电路卡应用和收费管理办法》，该办法第八条第一款规定："事业单位提供经营性服务，公交、供水、供气、供电、铁路、邮电、交通等公用性服务的行业或具有行业垄断性质的企业提供生产经营服务，推广使用 IC 卡所需费用，通过对用户的服务价格补偿，不得向用户单独收取费用。"同时根据该办法第八条第三款的规定，燃气公司可以在为用户补发 IC 卡时收取工本费。

（四）不合理地修正计量方式

在重庆某燃气公司受到反垄断处罚一案中，该企业为了能够在与用户进行气量结算时弥补燃气损耗所带来的损失，单方面表示用户安装的计量表计量不准确，存在计量少的问题。为了能够纠正这一问题，该燃气公司要求与用户进行气量结算时，在计量表显示数值的基础上上浮，并通过格式合同的方式让用户接受这一修正的计量方式。该燃气公司的行为显然违反了《中华人民共和国反垄断法》第十七条第（五）项的有关规定。

（五）排除其他运输公司承运

这种情况多发生于 LNG 液厂和接收站之间。一些较大的 LNG 液厂和接收站都会配备专业的运输车队，为资源采购方提供运输服务。一些 LNG 液厂和接收站在销售 LNG 时，会要求采购方必须选择他们的运输车队。那么 LNG 液厂和接收站的行为即属于强制交易，违反了《中华人民共和国反垄断法》第十七条第（四）项"没有正当理由，限定交易相对人只能与其进行交易或只能与其指定的经营者进行交易。"

（六）限制非居民用户选择合作伙伴

该情况多发生在管道燃气接驳的工程中。在实务中，管道燃气接驳工程多由燃气公司来承接或者由其指定的施工单位予以实施，这也是燃气公司一个重要的盈利点。在过去，这种行为一直被政府默许，燃气公司当然也欣然接受。但是随着近几年反垄断调查的日益深入，这种行为已经作为垄断行为对待。湖北省物价局高调处罚燃气企业的案件，能够反映出该行为目前作为反垄断行为受追查的趋势。

(七）限制开发商选择合作伙伴

一些燃气公司利用在某地区的特许经营的权利，强制要求区域内开发商在开发楼盘时，楼盘内的燃气管道必须交由他们承接。否则，不予通气。这种行为显然违反了《中华人民共和国反垄断法》第十七条第（四）项的有关规定。宿迁某燃气公司因此被处高额罚款一案，即能较好地证明这一点。

（八）搭售或指定特定商品

搭售或指定特定商品属于常见多发的垄断行为，因其具有较强的可辨识性，不再赘述。

三、燃气公司因垄断遭处罚的案例

2021年，国家发展改革委等三部门《关于规范城镇燃气工程安装收费的指导意见》（发改价格〔2019〕1131号）、《国务院办公厅转发国家发展改革委等部门关于清理规范城镇供水供电供气供暖行业收费促进行业高质量发展意见的通知》（国办函〔2020〕129号）作用下，国家在天然气领域再次开展了一轮反垄断调查，一些燃气公司因存在垄断行为而被处罚。其中，宜昌某燃气公司更是因此而承担了约4000万元的罚款。通过已发生的案例来看，建筑安装工程及增值业务领域容易出现垄断行为，这应当引起燃气公司高度重视。

案例一：滥用行政权力排除和限制竞争行为（建筑安装工程）。

案情简述：2015年，鸡西市住建局与鸡西某燃气公司签订燃气特许经营协议，协议约定特许经营地域范围内（含建筑区划红线内）所有燃气管道安装权由鸡西某燃气公司享有。2020年11月，黑龙江省市场监管局立案调查。2021年7月，鸡西市人民政府反馈整改情况。

处理机关：黑龙江省市场监管局。

处理依据：《中华人民共和国反垄断法》第三十二条："行政机关和法律、法规授权的具有管理公共事务职能的组织不得滥用行政权力，限定或者变相限定单位或者个人经营、购买、使用其指定的经营者提供的商品。"

处理结果：一是修订燃气特许经营协议相关约定。二是印发《关于燃气工程安装市场相关问题的通知》，放开燃气建筑安装工程。

相似案例：黑龙江省市场监督管理局纠正鸡西市鸡冠区人民政府滥用行政权力排除、限制竞争行为；安徽省市场监督管理局纠正芜湖市湾沚区人民政府滥用行政权力排除、限制竞争行为。

案例二：滥用行政权力排除、限制竞争行为（统一定价）。

案情简述：2017年11月21日，和县人民政府召开常务会议，同意由安徽金燃能源投资有限公司负责对全县110户瓶装液化气经营门点进行整合，计划布点设置30个配送中心，并要求配送中心做到六个统一，即"统一气瓶、统一计量、统一价格、统一车辆、统一服装、统一服务。"和县住建局按照县政府常务会议的要求,组织开展实施活动。

处理机关:安徽省市场监管局。

处理依据:《中华人民共和国反垄断法》第八条:"行政机关和法律、法规授权的具有管理公共事务职能的组织不得滥用行政权力,排除、限制竞争。"第三十七条:"行政机关不得滥用行政权力,制定含有排除、限制竞争内容的规定。"

处理结果:撤销2017年11月21日和县人民政府常务会议对瓶装气实施集中配送的决定事项,对瓶装液化气配送中心不再作统一价格要求。

案例三:滥用市场支配地位(以预付气费款名义收取保证金)。

案情简述:富顺燃气公司从1999年开始对非居民用户收取"预付气费款",费用标准从2000元至4000元不等。若非居民用户不缴纳该笔款项,富顺燃气公司便不予开通燃气。非居民用户缴纳的该笔"预付气费款"在日常购气中不能冲抵燃气费,一直存放在公司银行基本账户上。非居民用户每月底仍需按富顺燃气公司抄表数量缴纳燃气费,只有销户时,才会将上述"预付气费款"予以返还,实质为保证金。截至2020年2月,富顺燃气公司共计收取非居民用户"预付气费款"4033230元。截至2020年12月10日,累计清退3754730元,尚有278500元因暂时不能联系非居民用户而未退。

处理机关:四川省市场监管局。

处理依据:《中华人民共和国反垄断法》(2008年版)第十七条:"禁止具有市场支配地位的经营者从事下列滥用市场支配地位的行为:……(五)没有正当理由搭售商品,或者在交易时附加其他不合理的交易条件;……"第四十七条:"经营者违反本法规定,滥用市场支配地位的,由反垄断执法机构责令停止违法行为,没收违法所得,并处上一年度销售额百分之一以上百分之十以下的罚款"。

处理结果:一是责令停止违法行为;二是处以2019年度销售额1%的罚款,共16583224元。

案例四:滥用市场支配地位(燃气表复表费)。

案情简述:2021年3月1日至案发期间,厦门九州某公司根据一般工商业用户申请,在申请人建筑区划红线内进行燃气供气管线及配套设施接入工程时,将燃气计量表具作为用气设施纳入工程成本一并计入工程造价费用,共向93家市场主体用户,收取计量表具金额120万余元。

处理机关:厦门市市场监管局。

处理依据:《国务院办公厅转发国家发展改革委等部门关于清理规范城镇供水供电供气供暖行业收费促进行业高质量发展意见的通知》(国办函〔2020〕129号)、《优化营商环境条例》、《中华人民共和国价格法》。

处理结果:根据《中华人民共和国价格法》的规定,可能面临没收违法所得,并处违法所得五倍以下罚款。

案例五:滥用市场支配地位(搭售、捆绑销售)。

案情简述:淮南某燃气公司在收取居民燃气接入安装费用时,搭售燃气灶、报警器、切断阀、金属软管等配件,每户居民实际支出 3200 元至 3500 元不等,远高于物价部门核定的 2000 元/户的标准。据统计,共计向 2027 户居民违规捆绑销售燃气配件。此外,淮南某燃气公司向居民收取的燃气接入费用,既包括政府定价的基本报装价格,也包括理应由市场调节的增值服务价格,但该公司并未公示具体收费标准、服务内容、服务选择权等,甚至有意模糊两者界限,变相实施捆绑收费。

调查机关:国务院第八督查组。

调查依据:《国务院办公厅转发国家发展改革委等部门关于清理规范城镇供水供电供气供暖行业收费促进行业高质量发展意见的通知》(国办函〔2020〕129 号)。

处理结果:淮南市表示将立即整改,督促淮南某燃气公司立即停止捆绑销售行为,今后在老旧小区改造过程中免费安装相关配件设施,规范经营者收费行为。

案例六:滥用市场支配地位(建安工程)

案情简述:平凉市当地某燃气公司超出政府定价向 334 户业主收取天然气接口费 30.06 万元。

调查机关:平凉市市场监管局。

调查依据:《平凉市发改委关于已建成住宅燃气工程安装费和室内燃气设施维修、改造、更换等延伸服务收费标准(试行)的通知》(平发改收费〔2018〕565 号)、《中华人民共和国价格法》。

处理结果:多收取的 30.06 万元全部退还。

案例七:滥用市场支配地位及其从属行为。

案情简述:宜兴某燃气公司(一)以不公平高价销售商品。一是向居民用户收取高额供暖增容费。二是在非居民用户燃气管道安装工程上收取不公平高价。(二)无正当理由,限定交易相对人只能与其交易。通过合同约定设定追溯优惠、照付不议条款等惩罚性措施,限定交易相对人只能与其进行交易,排除第三方气源或燃料。(三)无正当理由,在交易时附加不合理交易条件。限定用户预付款金额,并设定到期未付加收滞纳金罚则。

处理机关:江苏省市场监管局。

处理依据:《中华人民共和国反垄断法》。

处理结果:罚款 34856440 元;没收违法所得 5585780 元。

四、燃气公司的垄断风险控制路径

(一)思想上要引起重视

从最近几年已经发生的反垄断调查案例来看,国家在反垄断调查上呈现以下几个特征：一是处罚重。很多案例是按照燃气公司上一年度营业收入的3‰～5‰进行处罚的。《中华人民共和国反垄断法》第四十七条规定："经营者违反本法规定，滥用市场支配地位的，由反垄断执法机构责令停止违法行为，没收违法所得，并处上一年度销售额百分之一以上百分之十以下的罚款。"二是不分企业性质。从被处罚的案例来看，无论是央企，还是国企，抑或是民营企业，只要违反了法律规定，都难逃被处罚的命运。从实施效果上来看，对于央企、国企的处罚能够收到更好的舆论效果。三是处罚趋于严厉。反垄断调查开始从一般性的搭售商品的行为向建设工程领域扩张，调查的广度和深度都在加强。面对这种趋于严厉的反垄断调查，燃气公司应当高度重视，避免因为被调查而让企业在声誉和经济上遭受巨额损失。

（二）聘请专业律师自查

关于垄断行为的认定是一项专业性较强的工作，专业人士难以做到完全准确的判断，更不用说非专业人士。正如有的学者所说："'积极失误'与'消极失误'是各国反垄断法在实施过程中客观上无法避免出现的施法失误……""反垄断法实施中的'积极失误'与'消极失误'是政府干预市场过程中出现的政府失灵现象……"❶ 也就是说，政府在进行垄断行为认定之时有可能会发生错误，可能将非垄断行为认定为垄断行为，即积极失误；也可能将垄断行为认定为非垄断行为，即消极失误。燃气公司在开展垄断风险自查之时，最好能够在专业律师的协助之下进行，尽可能地提高自查的正确性和全面性。

（三）拿出针对性的方案

燃气公司通过自查后，对于可能存在的风险点，应当拿出切实可行的方案，并让这一方案能够在企业得以顺利实施。总体而言，实施方案主要集中于以下几个方面：一是制度层面。燃气公司在企业管理制度中可能会出现具有垄断意义的表述。二是文书层面。包括合同文本、通知单、联络单、告知函等方面都有可能出现具有垄断意义的表述。三是语言层面。燃气公司员工在与对外联系之时，可能会在言语中出现具有垄断意义的表述。尤其是综合部、客服部、市场部、工程部需要重点关注。

从最近几年发生的案例来看，国家对燃气公司的反垄断调查有强化的趋势。面对这种趋势，燃气公司应当在思想上高度重视，行动上快速落实，通过自查方式及时发现垄断风险点，并拿出切实可行的方案控制这些风险点，逐步将企业引入依法治企的道路上。

---

❶ 丁茂中. 反垄断法实施中的"积极失误"与"消极失误"比较研究［J］. 法学评论，2017（3）：75-80.

第二十二节　关于特许经营期满资产移交的问题

对于燃气特许经营权期满后，资产到底是无偿移交，还是有偿移交一直存在着激烈的争论。实务中，以地方政府为代表的一方，多会坚持无偿移交，而以燃气公司为代表的一方，多会坚持有偿移交。我们认为，燃气特许经营权期满后，采用何种方式进行移交，法律上并未作出一个强制性的统一规定，应当交由协议双方协商确定，但就燃气行业的特殊性来说，建议有偿移交。

一、期满移交的法律规定

从《市政公用事业特许经营管理办法》及《基础设施和公用事业特许经营管理办法》两部规章来看，都没有明确规定燃气特许经营权期满后，资产该以何种方式移交。这也是在实务中引发争议的根本原因所在。其中，《市政公用事业特许经营管理办法》中完全没有期满移交的相关规定，而《基础设施和公用事业特许经营管理办法》虽涉及期满移交的规定，但均未明确规定是无偿移交还是有偿移交。

例如，《基础设施和公用事业特许经营管理办法》第五条规定："基础设施和公用事业特许经营可以采取以下方式：（一）在一定期限内，政府授予特许经营者投资新建或改扩建、运营基础设施和公用事业，期限届满移交政府；（二）在一定期限内，政府授予特许经营者投资新建或改扩建、拥有并运营基础设施和公用事业，期限届满移交政府；（三）特许经营者投资新建或改扩建基础设施和公用事业并移交政府后，由政府授予其在一定期限内运营；（四）国家规定的其他方式。"对于本条规定，主张无偿移交的一方常常拿来作为主要的法律依据。实际上，这只是一种误解。或者说，为了达到无偿移交的目的而生拉硬扯的一种说法。其中，本条中的第（二）项最容易让人产生误解，本项规定特许经营者对资产拥有所有权，则可倒推出，其他三种情况下特许经营者对资产不享有所有权。这种理解完全就是想当然。

又如，《基础设施和公用事业特许经营管理办法》第三十九条规定："特许经营期限届满终止或提前终止的，协议当事人应当按照特许经营协议约定，以及有关法律、行政法规和规定办理有关设施、资料、档案等的性能测试、评估、移交、接管、验收等手续。"对于本条规定，主张有偿移交的一方常常拿来作为主要的法律依据。实际上，本条的确出现了"评估"二字，但并没有"资产评估作价"的含义，其本意应当是"有关设施、资料、档案"的"性能测试及评估"，目的在于评估"有关设施及资料"的"使用功能"及"安全性能"等方面的指标，以保证资产移交之后，能够有针对性地予以维修维护，便于使用。

二、法律不作规定的原因

期满后,资产以何种方式进行移交是一个非常重要的问题,涉及的金额可能有几千万元、几亿元、几十亿元。对于如此一个重要的问题,立法者不可能不知道,那立法者又为何对此问题不作出一个明确的规定呢?对此,我们认为可能有以下几个原因:

第一,特许经营种类多,不便统一规定。《市政公用事业特许经营管理办法》及《基础设施和公用事业特许经营管理办法》所调整的对象不限于燃气,还涉及城市供水、供电、交通、垃圾处理等方面,而这些行业都有着各自的行业特点,有的行业与行业之间还存在着较大的差异。例如,燃气与垃圾处理就存在着较大的差异。对于一个城市来说,燃气基础设施的投资建设施是一个滚动投资的过程,城市发展到哪里,燃气就必须配套到哪里;工业发展到哪里,燃气就必须配套到哪里;人口发展到哪里,燃气就必须配套到哪里。与此不同的是,垃圾处理方面的基础设施虽也会随着城市的发展而不断提升,但其建设进度相对来说是缓慢的,甚至在整个特许经营期内,只需要做一次投资建设即可。也就是说,《市政公用事业特许经营管理办法》及《基础设施和公用事业特许经营管理办法》并不是专门针对燃气特许经营作出的规定,其需要考虑到其他特许经营业务的特性,从而将一些不便统一规定的问题交由地方政府决定。

第二,涉及市场类型多,不便统一规定。即便在单一的燃气特许经营权中,市场类型也存在着较大的差异,这在东西部城市经济发展中表现得更加明显。城市经济发展好的,用气量大,经济效益好,投资回收期短。期满后,资产作无偿移交相对合理。相反,如地方经济发展不振,用气有限,经济效益差,甚至持续亏本。期满后,资产作有偿移交相对合理。对于经济发展相对滞后的地方,有偿移交的约定,将有利于吸引社会资本。反之,则相反。

第三,涉及公共利益多,不便统一规定。燃气属于市政公用行业,与民生存在着紧密联系,具有浓厚的公共属性。立法上一刀切式的做法,看起来有利于提升社会公共利益,实则可能损害公共利益。例如,地方上经济发展本身滞后,亟需配套燃气设施,优化能源结构,优化营商环境,但是在无偿移交的条件之下,很有可能寻求不到合适的燃气经营企业。所以,期满后的资产有偿移交和无偿移交,需要地方政府做好燃气特许经营权项目的财务测算,根据具体项目的实施效果来确定移交方式。

三、期满移交的三种类型

就我们在全国各地所看到的几十份燃气特许经营协议来说,有关燃气特许经营权期满后资产移交的约定,主要有三种类型:

第一，有偿移交。在多数情况下，地方政府在签订燃气特许经营协议时，会按照建设部于 2004 年 9 月 14 日发布的《城市管道燃气特许经营协议》（示范文本）（GF—2004—2502）签订，按照这个协议，大多会约定有偿移交。《城市管道燃气特许经营协议》（示范本文）（GF—2004—2502）第 4.5 条约定："资产归属与处置原则：（1）谁投资谁所有；（2）资产处置以甲乙双方认定的中介机构对乙方资产评估的结果为依据；（3）乙方不再拥有特许经营权时，其资产必须进行移交，并按评估结果获得补偿。"

第二，无偿移交。在少数情况下，地方政府在与燃气公司签订特许经营协议时，明确要求资产在燃气特许经营权期满后无偿移交。

第三，未作约定。未作约定的情形并不少见，尤其在 2015 年前签订的不规范燃气特许经营协议中，表现得更为突出。在 2015 年前，很多地方对于燃气特许经营权并没有多少概念和认知，所签订的协议很多表现为"天然气开发利用协议""项目合作协议""天然气项目建设协议""入园协议"等，有的协议甚至只有两三页纸。在这种情况下，协议本文中对于燃气特许经营权期满后的资产移交问题就很难作出约定。

燃气特许经营协议属于行政协议，具有"行政性"和"契约性"的双重属性。从"契约性"的角度来说，地方政府与燃气公司就期满后资产移交作出约定的情况下，并不违反现行法律法规的规定，应当从其约定。换句话说，约定资产无偿移交与资产有偿移交都应当是有效约定，契约双方都应当恪守协议约定。

四、提倡有偿移交的理由

第一，有利于提升燃气经营者建设意愿。在期满无偿移交的情况下，燃气特许经营者在投资、建设、维护、维修的意愿等方面将大打折扣，尤其是接近燃气特许经营权期满之前 5 年。相反，在期满后有偿移交的情况下，燃气特许经营者在投资、建设、维护、维修上的意愿不会降低。因为所投出的钱，将转化为固定资产，而固定资产将会扩大净资产的比重。期满移交时，依然能够给燃气特许经营者带来一笔收益。

第二，有利于提升燃气设施的公共安全。燃气具有易燃易爆的特点，燃气设施的公共安全是任何一个地方都不得不重点考量的问题，而燃气设施的安全运行，离不开燃气特许经营者持续不断的投入。除了正常的维护、维修以外，还需要定期检测、检定，还需要提高科技含量、更新高科技设施设备、提高安全运营效率。相反，在期满无偿移交的情形下，燃气特许经营者在这些方面的投入也将大打折扣，安全隐患将会增多，安全形势也会恶化。

第三，地方政府不会因为有偿移交而增加负担。对于地方政府来说，在期满有偿移交的情况下，其完全可以将该笔补偿款转嫁给新的燃气特许经营者，而对于新的燃气特许经营者来说，其也不会有什么损失。虽然其因为获得燃气特许经营权支付了一笔费用，但是其也顺理成章地接受了一座城市的燃气基础设施。

综上所述，在燃气特许经营权期满后，现行法律规范并未对资产移交方式作出具体明确的规定，从而在实务之中带来了一些争议。从燃气行业需要滚动投资、建设、维护、维修的特点来看，在有偿移交的情况下，既能满足日益增长的用气需求，还能满足人民群众所关心的公共安全问题，这也已被大多数的燃气特许经营协议所证实。对于无偿移交，可以去探索。

第二十三节　关于特许经营权中期评估的问题

在燃气特许经营权授予后，地方政府不应当"签而不管"，仍应当加强对燃气公司的监督，督促特许经营企业履行特许经营协议，加快燃气基础设施建设，提高天然气综合利用水平，提升应急维抢修保障，杜绝"圈而不建"现象的发生。地方政府加强行政监管的重要途径就是中期评估。在中期评估之下，地方政府能够全面掌握特许经营企业，也将能够全面掌握特许经营项目实施情况，有针对性地提出整改意见，督促燃气公司提升履约能力。对于未能实现授予燃气特许经营权目的的，地方政府也能够有理有据地行使行政优益权，单方解除或变更燃气特许经营协议，直至实施临时接管。虽然中期评估具有如此重要的作用，但在过去相当长的一段时间里，中期评估被地方政府所忽视，未能发挥中期评估的制度优势，加剧了部分燃气公司"躺在权利上睡觉""圈而不建""建而不全"等乱象的发生。随着国家在燃气特许经营权上监管的持续深入，产业政策由"粗放式"向"集约式"的转变，中期评估必将成为一种"新常态"，地方政府需要准备如何使用好中期评估，燃气公司需要准备好迎接中期评估。

一、中期评估的概念

当前，包括《市政公用事业特许经营管理办法》及《基础设施和公用事业特许经营管理办法》在内的法律规范并未对"中期评估"作出一个明确的界定。换句话说，对于何谓中期评估，还处于仁者见仁、智者见智的状态。虽然如此，已有地方颁布的规范性文件作出定义且具有参考价值。《甘肃省政府和社会资本合作（PPP）项目全生命周期绩效管理实施细则（试行）》第二十三条规定："PPP项目中期评估是指项目运营期每3～5年，由项目实施机构组织相关专家或委托第三方机构的运营管理水平、监督管理体系和合同体系等进行的阶段性评估总结。其重点为分析项目运行状况和项目合同的合规性、适应性和合理性；及时评估已发现问题的风险，制订应对措施并报本级财政部门备案。"具体到燃气特许经营项目中,中期评估,是指在燃气特许经营项目实施过程中,实施机构对燃气特许经营项目实施情况进行阶段性的综合评价。正确理解本概念,仍需注意以下几个方面:

第一,中期评估的主体是燃气特许经营项目的实施机构,多数为住建部门,具体需要结合地方政府职能部门的分工。考虑到燃气特许经营项目的复杂性和专业性,实施机构可以委托专业的第三方机构实施评估。

第二,中期评估的对象是燃气公司。

第三,中期评估的内容包括工程规划与建设、产品及服务质量、财务管理、安全管理、生产运营、企业文化等方面,具体内容需要结合地方上的具体规定及燃气特许经营协议的约定。例如,《江苏省城市市政公用事业特许经营中期评估制度》第五条规定:"中期评估应包括以下主要内容:(1)市政公用设施的建设与改造是否依据规定的基本建设程序和规划要求执行;(2)行业发展和投资是否满足城市功能的需求;(3)提供的产品和服务是否满足各类标准和规范的要求;(4)行业服务质量和用户投诉处理情况;(5)应急预案的制定、执行情况;(6)成本、价格的控制和执行情况;(7)行业规划和年度计划的制定、执行情况;(8)重要设备、设施的完好情况;(9)安全生产和管理情况;(10)社会公益性义务的执行情况;(11)特许经营授权人认为需要评估的其他事项。"

第四,中期评估是阶段性的,评估周期一般不低于两年。《市政公用事业特许经营管理办法》第二十一条第二款规定:"评估周期一般不得低于两年,特殊情况下可以实施年度评估。"此外,包括江苏省、甘肃省、重庆市、鄂尔多斯市、邯郸市、赤峰市、济南市等地方都规定评估周期不低于两年。

第五,中期评估的目的在于让地方政府能够全面掌握燃气特许经营项目实施情况,为行政决策提供合理依据,督促燃气公司切实履行投资建设义务,实现社会公共利益。

二、中期评估的依据

中期评估的依据主要可分为三个层面:

第一,国家法律规范层面。《市政公用事业特许经营管理办法》第二十一条规定:"在项目运营的过程中,主管部门应当组织专家对获得特许经营权的企业经营情况进行中期评估。"《关于加强市政公用事业监管的意见》(建城〔2005〕154号)规定:"要加强对特许经营项目的评估工作,建立定期评估机制。对评估中发现的产品和服务质量问题,要提出整改意见并监督企业限期整改。评估的结果应与费用支付和价格调整挂钩。评估结果要及时报上一级主管部门备案。"

第二,地方法律规范层面。当前,绝大多数地方的市政公用事业或燃气特许经营类的法律规范都对中期评估作出了明确的规定。例如,《重庆市管道天然气特许经营管理办法》第二十五条规定:"区县(自治县)天然气管理部门根据有关法律、法规、规章规定或特许经营协议约定,对特许经营企业进行日常监管,并履行以下职责:……(四)组织有关专家或具有相关资质的中介机构对特许经营企业的经营管理、设施建设、服务质量、安全生产等进行评估,评估周期一般不得低于两年,特殊情况下可以实施年度评估;……"

第三,燃气特许经营协议有规定。《城市管道燃气特许经营协议》(示范文本)(GF—2004—2502)没有对中期评估作出要求,但是在一些近年签署的燃气特许经营协议中对中期评估作出了具体要求。

三、中期评估的问题

通过已开展的中期评估来看,燃气公司在以下几个方面容易存在不足,要么违反行业法律政策规定,要么违背燃气特许经营协议约定。这些不足既是地方政府所关注的问题,也应是燃气特许经营应当着重解决的问题。

第一,投资建设不足的问题。燃气基础设施的投资建设具有投资额度大、投资回收期长的特点。在项目建设初期,更是需要大量的资金投入。在这种情况下,很多地方的燃气公司并不具备大规模的投资建设能力。有的虽然有投资建设能力,却没有投资建设意愿。为了减少投资,降低成本,一些燃气公司会"挑肥拣瘦",建设一些经济效益可观的区域,而暂缓建设那些经济效益差的区域;一些燃气公司甚至在未建设市政燃气管道的情况之下,优先建设小区燃气管道设施入户配套工程,目的在于先行收取建安费;一些燃气公司甚至长期不批不建,导致整个城市的燃气基础设施长期处于停滞的状态;一些燃气公司在工程建设及材料设备上偷工减料,给燃气公共安全留下隐患。

第二,中低压管道建设审批的问题。根据《建筑工程施工许可管理办法》第二条第二款的规定,对于工程投资额在30万元以下或者建筑面积在300m^2以下的建筑工程,可以不申请办理施工许可证。当然,本条也规定省、自治区、直辖市人民政府住房城乡建设主管部门可以根据当地的实际情况,对限额进行调整,并报国务院住房城乡建设主管部门备案。因此,包括福建、江西、湖北、广东、四川等地已将工程投资额调整至100万元,建筑面积调整至500m^2。一方面是需要办理施工许可证的情况太多,无论是企业,还是行业主管部门都难以胜任;另一方面是需要提供的材料比较繁多。《建筑工程施工许可管理办法》第四条规定:"建设单位申请领取施工许可证,应当具备下列条件,并提交相应的证明文件:(一)依法应当办理用地批准手续的,已经办理该建筑工程用地批准手续。(二)在城市、镇规划区的建筑工程,已经取得建设工程规划许可证。(三)施工场地已经基本具备施工条件,需要征收房屋的,其进度符合施工要求。(四)已经确定施工企业。按照规定应当招标的工程没有招标,应当公开招标的工程没有公开招标,或者肢解发包工程,以及将工程发包给不具备相应资质条件的企业的,所确定的施工企业无效。(五)有满足施工需要的技术资料,施工图设计文件已按规定审查合格。(六)有保证工程质量和安全的具体措施。施工企业编制的施工组织设计中有根据建筑工程特点制定的相应质量、安全技术措施。建立工程质量安全责任制并落实到人。专业性较强的工程项目编制了专项质量、安全施工组织设计,并按照规定办理了工程质量、安全监督手续。"

第三,居民燃气表具到期更换的问题。燃气特许经营权制度实施已超20年,居民燃气膜式表具很多已经超过了规定的10年使用期限。根据规定,燃气公司负有为居民用户免费更换表具的责任和义务。居民用户是一个庞大的数量群体,需要更换的表具也非常多,一些燃气公司并不愿意更换。

第四,储气能力不足的问题。2018年4月26日,国家发展改革委、国家能源局印发《关于加快储气设施建设和完善储气调峰辅助服务市场机制的意见》(发改能源规〔2018〕637号)要求:"城镇燃气企业要建立天然气储备,到2020年形成不低于其年用气量5%的储气能力。不可中断大用户要结合购销合同签订和自身实际需求统筹供气安全,鼓励大用户自建自备储气能力和配套其他应急措施。"当前已是2023年,很多燃气公司并未建设储气设施设备,应急调整能力明显不足。对于很多燃气公司来说,建设储气库存在投资巨大、经济效益差、项目选址难等多种问题。浙江省住建厅在解读《浙江省管道燃气特许经营评估管理办法》时指出:"城燃企业履行储气责任的途径可以是自建、合建、租赁、购买储气设施,也可以是购买储气服务。但是可中断合同供气、高压管存、上游产量调节、日常使用的终端气化站及瓶组站、车船加气站及加注站等不计入储气能力。鼓励集约化、规模化建设储气设施。"

第五,压力管道年度检查和全面检验的问题。压力管道应当进行年度检查和全面检验。《压力管道定期检验规则 公用管道》TSG D7004—2010第六条规定:"年度检查,是指在运行过程中的常规性检查。年度检查至少每年1次,进行全面检验的年度可以不进行年度检查……"第七条规定:"全面检验,是指按一定的检验周期对在用管道进行的基于风险的检验。新建管道的首次全面检验时间不能超过本规则第三十条表1的规定,首次全面检验之后的检验周期按照本规则第三十条确定……"现实情况是,压力管道的量非常大,很多燃气公司不愿意投入太多的人力和物力进行年度安全检查和全面检验。

第六,从业人员专业培训不足的问题。一方面,从业人员应当持有相关证书的而未能持有;另一方面,从业人员应当加强在安全管理、职业卫生、应急处置、操作规范上的培训而存在培训不足的问题。例如,在湖北十堰"6·13"燃气爆炸事故中,燃气公司现场处置人员应急处置不当也是造成事故爆炸的重要原因。

第七，入户安检不足的问题。入户安检是燃气公司在供用气合同中负有的义务，也是《城镇燃气管理条例》中规定的法定义务，燃气公司应当定期履行入户安检义务。事实上，入户安检也是燃气公司减免自身责任的重要方式。有研究发现，在燃气事故爆炸中，燃气公司因履行入户安检义务而不承担任何赔偿责任的比例达到了27.5%。虽然如此，一些燃气公司仍然视入户安检为沉重负担，不愿意投入更多的人力、物力和财力入户安检。与此同时，部分入户安检员存在业务操作不专业、态度不端正、麻痹大意的问题，未能发挥入户安检应有的作用和价值。

第八，信息化及安全不足的问题。燃气公司信息化系统包括但不限于地理信息系统（GIS）、数据采集与监控系统（SCADA）、全球定位系统（GPS），这些系统能够提高安全运营效率，也是国家所倡导建设的。这些系统的建设及维护都是一笔不小的开支，一些燃气公司缺乏资金和技术支持，未配置或未完全配置这些信息化系统。

四、中期评估的指标

在中期评估指标的设置上，应当坚持客观化、差异化和全面化的原则。"客观化"，是指各个地方设置的评估指标应当依据本地的实际情况来设置，不能脱离本地的实际情况。这些实际情况主要体现在国家政策规范要求、本地经济发展现状、终端用气规模及结构、燃气特许经营协议约定等方面。"差异化"，是指各个地方应当根据本地实际情况来设定评估指标，不能照搬照抄，更不能搞"一刀切"。每个地方有每个地方的特点，每个地方的特点都应当予以尊重，盲目攀比，不但达不到中期评估的效果，反而会适得其反，加剧燃气公司的困境。与此同时，差异化的设置还应当体现在对燃气特许经营协议的尊重之上，有些燃气特许经营协议对投资进度、投资强度、投资规模等方面作出了约定，这些约定应当是有效约定，并且应作为评估指标的设置依据。"全面化"，是指评估指标的设置应当尽可能地全面，以利于地方政府全面掌握特许经营项目及燃气公司的发展状况。全面的评估指标，也能够更好地督促燃气公司全面履约。

在中期评估指标的设置上，可以借鉴浙江省的做法。浙江省在2020年率先在全国实施《浙江省管道燃气特许经营评估管理办法》（见本书附录五）以来，结合两年的评估检验，又于2022年再次修订了评估办法。

综上所述，燃气特许经营权中期评估具有加强政府监管、督促企业履约等重要作用。虽然在相当长的一段时间里，中期评估并未引起人们的足够重视，但是随着政府监管的持续加强，中期评估必将成为地方政府行使行政监管的重要手段，燃气公司应当加强重视程度。

第三章 城镇燃气特许经营权的实务建议

第一节 燃气经营企业转变经营理念

一、树立市场化的观念

在很多人眼里,说到天然气,想到的就是垄断。天然气作为自然垄断行业不假,但是作为燃气公司更加应当看到天然气行业的垄断地位正呈现不断弱化的趋势。之所以会呈现这种弱化的趋势,在很大层面上是由于我国的天然气行业经过三十多年的发展,天然气基础设施已经基本建成,天然气综合利用水平已经稳步提高,天然气企业已经林立全国。在这种形势下,国家对天然气行业的要求越来越高,由最初的"要数量"向"要质量"发展,产业政策和管理制度必将越来越趋向于市场化。初期的垄断是为了保护天然气行业的发展,但长期的垄断则会限制天然气行业的发展。只有在竞争的市场环境中,天然气行业的发展才能达到一个新的高度。正是基于天然气市场化趋势的不断推进,燃气公司需要紧跟时代发展步伐,逐步抛弃垄断观念,树立市场观念,调整经营策略,积极参与市场竞争。

二、真抓实干为民服务

一些燃气公司在取得燃气特许经营权后,不思进取,想的不是投资建设燃气基础设施,而是待价而沽后的一夜暴富。对于这样的企业,在早年的时候,还会普遍存在着,也有一些企业确实通过"空手套白狼"的方式实现了一夜暴富的美梦,但是这样的企业会越来越少且愈加艰难。地方政府不可能无限期地容忍这样的企业继续存在下去,因为这样的企业每多存在一天,对于本地营商环境、城市发展、百姓生活、公共安全就会多产生一天的不利影响。

随着依法治国政策的不断推行,地方政府在依法行政的道路上变得越来越娴熟,清楚燃气特许经营权制度,了解燃气公司应当享有什么样的权利、应当履行什么样的义务,也清楚如何变更或解除燃气特许经营权。应当说,在全国范围内,地方政府变更或解除燃气特许经营权的案例在这几年正在多起来。鉴于此,燃气公司在取得燃气特许经营权之后,应当切实履行燃气特许经营协议义务,加强燃气基础设施建设力度,提高天然气综合利用水平,积极引入管道气资源,降低终端用户用气成本,提高安全运营科技水平,保障燃气公共安全。

在江西省上栗某燃气公司诉萍乡某燃气公司燃气特许经营权侵权纠纷一案中,上栗某燃气公司在取得燃气特许经营权之后,一直未能在争议区域内投资建设,以致区域内工业、商业及居民无法及时用气。为此,争议区域镇政府及园区企业联合会只能寻求萍乡某燃气公司开展燃气基础设施投资建设活动。自2015年开始,萍乡某燃气公司开始在争议区域内铺设燃气管道并供气。2021年12月底,上栗县某燃气公司起诉萍乡某燃气公司,要求拆除已建燃气管道、停止新建燃气管道并赔偿近6000万元经济损失。一审驳回起诉,二审维持原判。二审法院认为:一是上栗县某燃气公司在争议区域内暂不具备供应燃气条件的情况下,暂不享有燃气特许经营权的财产性权利。二是萍乡某燃气公司已在争议区域内开展燃气基础设施投资建设并供应天然气,如立即拆除管道,将会对该区域内生活及社会公共利益造成巨大的损害。三是萍乡某燃气公司在争议区域内是否存在违法行为,应由行业主管部门予以查处[1]。

三、做足地方政府工作

政企关系是一个永恒的话题,也是每个燃气公司都必须高度重视的问题。从燃气特许经营权纠纷起因的角度来说,几乎每一起纠纷,都能够找到地方政府的身影。地方政府要么直接参与到纠纷之中,要么成为支持或默认一家燃气公司去对抗另一家燃气公司。从燃气特许经营权项目实施的角度来说,燃气公司与住建、规划、应急、环保、消防、税务、工商、市场、发改等众多政府部门又有着千丝万缕的联系。以最常见的燃气销售价格来说,燃气公司需要服从地方物价部门的价格政策。如果到冬季用气高峰期,燃气公司想涨价,但物价部门不同意颁布新的物价文件,则燃气公司将会顶着亏损的压力经营。时间一久,这个燃气公司将会不堪重负,更没有办法修建新的燃气基础设施。与此同时,地方政府却可能因为招商引资或城市发展的需要,要求燃气公司必须完成燃气基础设施投资建设并提供物美价廉的天然气。一个要建,一个建不了。这样的矛盾演变下去,迟早会波及燃气特许经营权之上,也很容易让其他燃气公司过来"跑马圈地"。

四、该出手时就要出手

当燃气公司遭遇特许经营权侵权之时,首先应当向地方政府及行业主管部门报告,寻求地方政府的支持。地方政府负有保障燃气特许经营权完整性的约定义务和法定义务。当然,在有些时候,之所以会发生燃气特许经营权的纠纷,背后

---

[1] 萍乡市中级人民法院(2022)赣03民终704号《民事判决书》。

是受到了地方政府的支持,甚至就是地方政府主导的。即便如此,燃气公司还是应当在最短的时间内向地方政府及行业主管部门报告,以有效手段阻止侵权行为的继续发生,防止燃气管道铺设下去变成既成事实。否则,基于公共利益的考量,人民法院大多不会撤销侵权行为。概括起来说,在以下两个阶段应当尽快维权:

一是赋权阶段。所谓赋权阶段,是指政府机关允许另一家燃气公司进入已授予燃气特许经营区域内从事燃气基础设施投资建设及运营活动。在实务中,这里的赋权机关范围比较广,可能是区县人民政府、乡镇人民政府、各类开发区管委会。赋权的方式也是种类繁多、不胜枚举,如特许经营协议类、合作开发类、燃气工程入园类、会议纪要类、批复类。既有燃气公司一旦获知侵权,就应当迅速采取有效措施撤销赋权行为,以防止后续的进一步活动。

二是实施阶段。对于被赋权的燃气公司来说,一般会快速实施燃气管道铺设等动作,目的是形成既成事实,为下一步的合法化奠定基础。虽然这种方式在道德上不被允许,但是在法律上却往往可能成立。道理很简单,基于公共利益的考量,拆除已建燃气管道,将对地方用气产生重大影响。所以,对于既有燃气公司来说,更需要防止这种现象的发生。例如,益民公司诉周口市政府及周口市发展计划委员会燃气特许经营权侵权纠纷一案。原告益民公司在2000年获得周口地区燃气特许经营权,在未被合法撤销的情况下,被告周口市发展计划委员会又将燃气特许经营权授予第三人亿星公司。二审最高人民法院作出(2004)行终字第6号《行政判决书》,认为:"虽然市计委作出……的行为存在适用法律错误、违反法定程序之情形,且影响了上诉人益民公司的信赖利益,但是如果判决撤销上述行政行为,将使公共利益受到损害。"所以,判决周口市发展计划委员会撤销益民公司燃气特许经营权的行政行为违法,责令周口市政府及发展计划委员会在本判决生效之日起6个月内对益民公司的合法权益予以合理弥补。

从维权手段上来说,不战而屈人之兵是上策,也有利于重构和谐政企关系。不是在迫不得已的情况下,不应轻易启动诉讼程序,尽量通过协商的方式予以解决。在协商的过程中,燃气公司应当着重注意以下几个原则:

一是过程留有痕迹,以备不时之需。能够形成书面的,尽量形成书面。否则,时间长了,就没有多少人记得清楚了。即便记忆深刻,也难以提交证据加以证实。没有证据加以证明的事实,不是法律上的事实。

二是体现专业水平,以免激化矛盾。天然气法律作为小众法律,了解的人并不多,能够熟练运用的更少。对于一些关键性协议的拟定,应当请求具有天然气法律背景的专业人士参与其中,以免留下隐患。例如,我们处理的一起特许经营权纠纷中,在地方政府的撮合之下,既有燃气公司与新建燃气公司就燃气特许经营权交叉区域的重新划分达成共识并签订协议。在该协议之中,既有燃气公司同意新建燃气公司的燃气管道经过区域作为新建燃气公司的经营区域。该协议签订数年之后，新建燃气公司的中压燃气管道需要经过既有燃气公司区域，当时既有燃气公司以为只是过境而已，未予阻止，行业主管部门也批准建设。后来，中压燃气管道过境区域发展成工业园区，两家燃气公司开始因为特许经营权归属问题产生争议。那么这份协议，对于既有燃气公司来说就是极为不合理的。

三是避免久拖不决，以免延误"战机"。燃气公司寻求协商的目的是阻止另一方实施燃气特许经营权的侵权行为。如在协商过程中，另一方在不停地铺设燃气管道、发展用户，那么应当及时采取有效措施阻止此类事情的发生。不能因为处于协商过程而怠于阻止对方实施实质性的侵权行为。此外，权利被侵犯应当及时救济。凡是救济，一定会存在期限。未能在法律规定的期限行使救济权，将会丧失起诉权或胜诉权。

第二节 规范特许经营权的授予程序

在实务中，因为特许经营权授予程序不规范，而被地方政府认为未授予或授予行为无效的案例时有发生。所以，无论是地方政府在授予燃气特许经营权时，还是在燃气公司在争取燃气特许经营权时，都应当采取法定方式进行。否则，可能因为程序不合法的问题，而导致授予程序违法，乃至燃气特许经营权被撤销。

一、法定的授予方式

在法律规范上，授予燃气特许经营权程序的可选择方式比较多，包括公开招标、邀请招标、竞争性谈判、竞争性磋商、单一来源采购等多种方式，但是一些地方可能会作出特别的规定。例如，福建省和重庆市，规定原则上只能通过公开招标的方式来授予燃气特许经营权。在实务中，地方政府多会通过公开招标的方式，少数情形会选择竞争性谈判方式。竞争性磋商与单一来源采购这两种方式并不适合于国内的燃气特许经营权授予工作。

在《市政公用事业特许经营管理办法》及《基础设施和公用事业特许经营管理办法》中，并未明确规定采用何种竞争性方式，但是在《中华人民共和国政府采购法》第二十六条中作出了明确规定，本条规定："政府采购采用以下方式：（一）公开招标；（二）邀请招标；（三）竞争性谈判；（四）单一来源采购；（五）询价；（六）国务院政府采购监督管理部门认定的其他采购方式。""公开招标应作为政府采购的主要采购方式。"与此同时，2014年11月29日，财政部发布的《政府和社会资本合作模式操作指南（试行）》（财金〔2014〕113号）第十一条规定中，其具体规定为："……（七）采购方式选择。项目采购应根据《中华人民共和国政府采购法》及相关规章制度执行，采购方式包括公开招标、竞争性谈判、邀请招标、竞争性磋商和单一来源采购。项目实施机构应根据项目采购需求特点，依法选择适当采购方式……"据此可知，在国家法律规范层面上，燃气特许经营权授予程序可选择的范围比较广。

此外，在燃气特许经营权授予程序上，需要注意各个地方上的特别规定。当前，福建省和重庆市已经明确规定，原则上只能通过公开招标的方式来选择燃气特许经营者。《福建省燃气管理条例》第十二条第三款规定："管道燃气特许经营权的授予，应当依法通过招标方式作出决定。有效投标人不足三个的，可以依法采取其他公开、公平的方式作出决定。"《重庆市管道天然气特许经营管理办法》第二条第二款规定："本办法所称的管道天然气特许经营，是指市、区县（自治县）政府授权的天然气管理部门，采用依法招标的方式授权符合条件的企业，通过协议明确权利义务和风险分担，约定其在一定期限和范围内投资、建设、运营管道天然气经营项目并获得收益，提供公共产品和公共服务。"

二、公开招标的方式

在燃气特许经营权授予程序上，《基础设施和公用事业特许经营管理办法》对公开招标方式作出了比较详尽的规定，分8个步骤实施。具体如下：

第一步，提出特许经营项目实施方案。在实务中，多由住建部门提出。第九条规定："县级以上人民政府有关行业主管部门或政府授权部门（以下简称项目提出部门）可以根据经济社会发展需求，以及有关法人和其他组织提出的特许经营项目建议等，提出特许经营项目实施方案。"第十条规定："特许经营项目实施方案应当包括以下内容：（一）项目名称；（二）项目实施机构；（三）项目建设规模、投资总额、实施进度，以及提供公共产品或公共服务的标准等基本经济技术指标；（四）投资回报、价格及其测算；（五）可行性分析，即降低全生命周期成本和提高公共服务质量效率的分析估算等；（六）特许经营协议框架草案及特许经营期限；（七）特许经营者应当具备的条件及选择方式；（八）政府承诺和保障；（九）特许经营期限届满后资产处置方式；（十）应当明确的其他事项。"

第二步，开展特许经营项目可行性评估。需要指出的是，项目提出部门只是"可以"委托第三方评估，并非"必须"。所以，在实务之中，如果看到地方政府未开展燃气特许经营实施方案评估的，也属正常现象。第十一条规定："项目提出部门可以委托具有相应能力和经验的第三方机构，开展特许经营可行性评估，完善特许经营项目实施方案。需要政府提供可行性缺口补助或者开展物有所值评估的，由财政部门负责开展相关工作。具体办法由国务院财政部门另行制定。"第十二条规定："特许经营可行性评估应当主要包括以下内容：（一）特许经营项目全生命周期成本、技术路线和工程方案的合理性，可能的融资方式、融资规模、资金成本，所提供公共服务的质量效率，建设运营标准和监管要求等；（二）

相关领域市场发育程度,市场主体建设运营能力状况和参与意愿;(三)用户付费项目公众支付意愿和能力评估。"

第三步,审查特许经营项目实施方案。第十三条规定:"项目提出部门依托本级人民政府根据本办法第八条规定建立的部门协调机制,会同发展改革、财政、城乡规划、国土、环保、水利等有关部门对特许经营项目实施方案进行审查。经审查认为实施方案可行的,各部门应当根据职责分别出具书面审查意见。……"第二十二条规定:"特许经营者根据特许经营协议,需要依法办理规划选址、用地和项目核准或审批等手续的,有关部门在进行审核时,应当简化审核内容,优化办理流程,缩短办理时限,对于本部门根据本办法第十三条出具书面审查意见已经明确的事项,不再作重复审查。"

第四步,审定特许经营项目实施方案。第十三条规定:"……项目提出部门综合各部门书面审查意见,报本级人民政府或其授权部门审定特许经营项目实施方案。"

第五步,政府授权实施机构实施特许经营项目。第十四条规定:"县级以上人民政府应当授权有关部门或单位作为实施机构负责特许经营项目有关实施工作,并明确具体授权范围。"根据本条规定,燃气特许经营权的授权主体应当是"县级以上人民政府",当然包括"区人民政府"及"市级人民政府"。但是需要注意到,在燃气特许经营权的授权主体之上,地方性法规可能有特殊的规定。根据《中华人民共和国立法法》的规定,地方性法规与部门规章相冲突的,应当以地方性法规为准。即在特许经营权授权主体之上,仍然需要看地方行政法规的专门性规定。有的地方性法规规定燃气特许经营权的授权主体还包括管委会。如,江西省萍乡市。有的地方性法规未规定区政府可以作为燃气特许经营权的授权主体。如,《福建省燃气管理条例》第十二条第二款规定:"从事管道燃气经营的企业,必须依法取得管道燃气项目所在地设区的市、县(市)人民政府授予的特许经营权及其颁发的管道燃气特许经营许可证,并与设区的市、县(市)人民政府或者其授权的燃气行政主管部门签订特许经营协议。"

第六步,竞争方式选择特许经营者。第十五条规定:"实施机构根据经审定的特许经营项目实施方案,应当通过招标、竞争性谈判等竞争方式选择特许经营者。特许经营项目建设运营标准和监管要求明确、有关领域市场竞争比较充分的,应当通过招标方式选择特许经营者。"对于采用什么样的竞争方式,法律没有作出明确的要求,各个地方可以结合本地实际情况采用合适的竞争方式。此外,关于竞争方式的选择上,地方行政法规如有特别规定的,应当从地方行政法规的规定。如,《福建省燃气管理条例》第十二条第三款规定:"管道燃气特许经营权的授予,应当依法通过招标方式作出决定。有效投标人不足三个的,可以依法采取其他公开、公平的方式作出决定。"

第七步，签订初步协议。第十八条规定："实施机构应当与依法选定的特许经营者签订特许经营协议。需要成立项目公司的，实施机构应当与依法选定的投资人签订初步协议，约定其在规定期限内注册成立项目公司，并与项目公司签订特许经营协议。"据此可知，对于需要注册项目公司的，实施机构应当先与中标企业签订初步协议。待项目公司注册成立后，再与项目公司签订正式的燃气特许经营协议。实务之中，在需要成立项目公司的情况之下，也常会省略初步协议的步骤，而直接签订燃气特许经营协议。

第八步，签订燃气特许经营协议。分两种情况：一种情况是需要设立项目公司的，则在签订初步协议之后，由项目公司来签订燃气特许经营协议。另一种情况是不需要设立项目公司的，则由中标企业来签订燃气特许经营协议。

三、竞争性谈判方式

竞争性谈判，是指谈判小组与符合条件的供应商就采购货物、工程和服务事宜进行谈判，供应商按照谈判文件的要求提交响应文件和最后报价，采购人从谈判小组提出的成交候选人中确定成交供应商的采购方式。根据《中华人民共和国政府采购法》第三十条的规定可知，在"招标后没有供应商投标或者没有合格标的或者重新招标未能成立的"，可以采取竞争性谈判授予燃气特许经营权。相对于公开招标，竞争性谈判具有程序简便、可选择适当对象、便于达成交易等优点。结合《中华人民共和国政府采购法》第三十八条及《基础设施和市政公用事业特许经营管理办法》的规定，竞争性谈判应当遵循下列程序：

第一步，编制燃气特许经营项目实施方案，参照公开招标程序执行。

第二步，开展特许经营项目可行性评估，参照公开招标程序执行。

第三步，审查特许经营项目实施方案，参照公开招标程序执行。

第四步，审定特许经营项目实施方案，参照公开招标程序执行。

第五步，成立谈判小组。谈判小组由采购人的代表和有关专家共3人以上的单数组成，其中专家的人数不得少于成员总数的2/3。

第六步，确定邀请参加谈判的供应商名单。谈判小组从符合相应资格条件的供应商名单中确定不少于3家的供应商参加谈判，并向其提供谈判文件。

第七步，谈判。谈判小组所有成员集中与单一供应商分别进行谈判。在谈判中，谈判的任何一方不得透露与谈判有关的其他供应商的技术资料、价格和其他信息。谈判文件有实质性变动的，谈判小组应当以书面形式通知所有参加谈判的供应商。

第八步，确定成交供应商。谈判结束后，谈判小组应当要求所有参加谈判的供应商在规定时间内进行最后报价，采购人从谈判小组提出的成交候选人中根据符合采购需求、质量和服务相等且报价最低的原则确定成交供应商，并将结果通知所有参加谈判的未成交的供应商。

第九步，评审公示：公示内容包括成交供应商名单、谈判文件修正条款、各供应商报价、谈判专家名单。

第十步，签订初步协议，参照公开招标程序执行。

第十一步，签订燃气特许经营协议，参照公开招标程序执行。

四、竞争性磋商方式

根据《政府采购竞争性磋商采购方式管理暂行办法》（财库〔2014〕214号）第二条的规定，竞争性磋商是指采购人、政府采购代理机构通过组建竞争性磋商小组（以下简称磋商小组）与符合条件的供应商就采购货物、工程和服务事宜进行磋商，供应商按照磋商文件的要求提交响应文件和报价，采购人从磋商小组评审后提出的候选供应商名单中确定成交供应商的采购方式。

竞争性磋商方式与竞争性谈判方式，两者只有一字之差，很容易被混淆，但却存在着很大的差异。根据《政府采购竞争性磋商采购方式管理暂行办法》（财库〔2014〕214号）第三条的规定可知，竞争性磋商多适用于技术复杂或性质特殊，不能确定详细规格或者具体要求的项目，以及市场竞争不充分的科研项目。所以，从这里可以看出燃气特许经营权的授予一般不宜采用竞争性磋商方式。

第三节 规范特许经营权的经营范围

一、规范业务范围

燃气特许经营权是一种具有排他性的权利，那么这种权利的内容是什么呢？可以说，由于我国法律规范中并未作出一个清晰的界定，在制度层面上是不明确的。地方政府多会根据自身对现行法律规范的理解，结合地方上的经济发展和对城市燃气发展水平的要求，在燃气特许经营权的内容上经常会作出不同的规定，这样特许经营权的权利内容就存在过大或过小的现象。燃气特许经营权内容的应然状态，仅限于燃气管道的建设及运营。实然状态则容易扩展至生物质等替代能源之上。

在实务中，燃气公司对于区域内的用能方式似乎有着天然的敏锐性，能够觉察到天然气以外的其他能源供应方式。出于维护特许经营权垄断地位的目的，燃气公司倾向于反对在自己的区域内提供天然气以外的其他用能方式，尤其是对生物质等替代能源的抵制。笔者认为，相对于天然气，生物质如同电力、煤炭、重油、生物油一样，均属于替代能源，是天然气的重要补充方式。燃气特许经营权的获得，不应当排除其他替代能源的存在与使用。一方面，燃气特许经营权的权利内容本身即为天然气，并未扩展至其他的能源方式，其他能源方式当然可以与天然气并存于同一个区域内。另一方面，其他能源与天然气的并存可以弥补天然气的不足，同时能够与天然气形成竞争补位关系，更有利于能源供应方降低服务价格，提高服务质量，优化能源供应市场秩序。

二、规范地域范围

在燃气特许经营权纠纷之中，很大一部分原因是经营区域不明确所导致的，尤其是在经营区域交界处。概括来说，主要有以下几种情形：

一是燃气特许经营权地域范围存在重叠。即两个以上的燃气公司对同一个地域均主张享有特许经营权，且都能够拿出一些证据作为支撑。从理论上来说，燃气特许经营权是不可能发生重叠的，这是由特许经营权的排他性所决定的。既然一个地域已经被授予一个燃气公司了，那么相同地域就不可能再被授予其他燃气公司。但是在实务之中，由于诸多原因有可能会导致特许经营权经营范围存在重叠。例如，在山东省临沂市高新技术产业园区内，同时存在着三家燃气公司，经营区域交叉重叠，且都有燃气特许经营协议。高新区管委会及临沂市住建局先后就燃气经营区域交叉重叠问题提出解决办法，均未落实，经营区域重叠问题一直存在，后引发诉讼[1]。

二是特许经营协议约定不明确。在多数情况下，燃气特许经营权是通过特许经营权协议来予以确定的。如果特许经营权协议约定不明确，那么很容易导致燃气特许经营权地域范围的不明确。这主要表现在以下几个方面：（1）语言表述不清。如"县城规划区"。什么是县城规划区？县城规划区的边界在哪里？如果对县城规划区没有一个准确的界定，那么燃气特许经营权的地域范围也就不可能是明确的。（2）语言表述错误。如燃气特许经营权协议明确规定了某条路为特许经营权的边界线，但这条路根本就不存在或者被张冠李戴。（3）对城市远期变化考虑不足。包括城市道路的调整、行政区划的调整，都有可能让特许经营权的地域范围变得不明确。对于行政区划调整来说，从政府的相关文件中还能够找到准确的依据作为判断标准。那么城市道路的调整将是一个不容易说明的问题，尤其是经历十年、二十年的时间后，原本明确的规定，很容易成为历史遗留、难以明确的规定。此处，需要着重考虑城市化对燃气特许经营权边界的影响。

三是确定经营区域的标准不合理。紧邻的两个不同地域的特许经营权之间一定会存在着一个边界，当这个边界不能明确之时，也就意味着特许经营权地域范围也就不能明确，那么特许经营权人之间发生冲突的可能性也就会提高。实务

---

[1] 济南市中级人民法院（2022）鲁01行初41号《行政判决书》。

中,经常会以城市道路来作为边界线。道路的一边属于一家燃气企业,道路的另一边属于另一家燃气企业。这种方式在2004年建设部制定的《城市管道燃气特许经营协议》(示范文本)(GF—2004—2502)也有采用。《城市管道燃气特许经营协议》(示范文本)(GF—2004—2502)第3.4条规定:"本协议之特许经营权行使地域范围为_____现行行政管辖区域内,东起_____西至_____止;北起_____南至_____止。乙方不得擅自扩展特许经营权地域范围。"这种方式的确具有简单易识易辨的优势,但同样存在着一个致命性的缺点,即城市道路的走向发生变化时就容易发生冲突。对于该如何处理这一问题,《城市管道燃气特许经营协议》(示范文本)(GF—2004—2502)并没有作出规定,《市政公用事业特许经营管理办法》和《基础设施和公用事业特许经营管理办法》也未给出解决办法。

四是行政区划调整而导致经营区域变化。燃气特许经营权的周期比较长,一般在30年。在这么长的时间里,行政区划有可能发生调整。例如,在安徽省合肥市,随着市中心的不断扩大,原本属于肥西县、肥东县的县级区域被划入到合肥市区。那么对于这些被调整的区域,是否应当视为燃气特许经营权也随之调整呢?与此同时,一些地方由于兴起建设"经济开发区""高新技术园区"等产业园区并设置相应的管委会,很多管委会具有较高的行政管理职权,那么这些管委会可能会重新授予燃气特许经营权,而被划入的区域原本可能已经授予过燃气特许经营权。此种情况,在全国范围内较为常见。我们认为,根据《基础设施和公用事业特许经营管理办法》第三十四条第二款"行政区划调整,政府换届、部门调整和负责人变更,不得影响特许经营协议履行"的规定,及《优化营商环境条例》第三十一条"地方各级人民政府及其有关部门应当履行向市场主体依法作出的政策承诺以及依法订立的各类合同,不得以行政区划调整、政府换届、机构或者职能调整以及相关责任人更替等为由违约毁约。因国家利益、社会公共利益需要改变政策承诺、合同约定的,应当依照法定权限和程序进行,并依法对市场主体因此受到的损失予以补偿"的规定,燃气特许经营范围一旦明确,即应当具有恒定性,非经法定程序不得予以变更。

规范燃气特许经营权地域范围更多的是技术问题,而不是制度问题。解决这一问题,首先,应当根据现行法律规范的规定,恪守燃气特许经营权地域范围恒定原则。非经法定原则,不得变更燃气特许经营地域范围。《基础设施和公用事业特许经营管理办法》第三十四条规定:"实施机构应当按照特许经营协议严格履行有关义务,为特许经营者建设运营特许经营项目提供便利和支持,提高公共服务水平。行政区划调整,政府换届、部门调整和负责人变更,不得影响特许经营协议履行。"《优化营商环境条例》第三十一条规定:"地方各级人民政府及其有关部门应当履行向市场主体依法作出的政策承诺以及依法订立的各类合同,不得以行政区划调整、政府换届、机构或者职能调整以及相关责任人更替等为由违约毁约。因国家利益、社会公共利益需要改变政策承诺、合同约定的，应当依照法定权限和程序进行，并依法对市场主体因此受到的损失予以补偿。"其次，在燃气特许经营权协议条款上，应当明确特许经营权经营区域，可以采用道路区分的办法。在条件具备的地方，可以采取坐标定位法。同时，也可以采取"某某行政区域"的表述，但应当考虑远期工业园区、经济开发区设立的问题，以及是否包含所属乡镇的问题。避免使用"中心城区""规划区域""区域内工业用户"等术语。在燃气特许经营权地域范围确定之后，应当制图并作为协议附件。

第四节 规范特许经营权的退出机制

我国现行的法律规范并未对燃气特许经营权的市场退出机制作出过多的规定，这也是特许经营权人怠于行使特许经营义务的重要原因。可以说，正是由于特许经营人怠于行使特许经营义务，影响了地方燃气行业的发展水平，阻碍了地方经济的发展，政府才会出手整治特许经营企业，第三方燃气公司才能有机会进入。如果有了完善的市场退出机制，在特许经营企业怠于行使特许经营权之时，政府就可以依法撤销特许经营权，重新引进燃气公司，推动地方燃气事业的发展。基于此，在现行的法律框架范围内，在燃气特许经营协议中明确退出机制显得很有必要。

一、规范退出条件

在燃气特许经营退出条件中，可以分为法定条件和约定条件两种类型。

从法定条件的角度来说，是指获得特许经营权企业达到法律、行政法规规定的条件时，地方政府有权撤销特许经营权。《市政公用事业特许经营管理办法》第十八条作出了列举式的规定："获得特许经营权的企业在特许经营期间有下列行为之一的，主管部门应当依法终止特许经营协议，取消其特许经营权，并可以实施临时接管：（一）擅自转让、出租特许经营权的；（二）擅自将所经营的财产进行处置或者抵押的；（三）因管理不善，发生重大质量、生产安全事故的；（四）擅自停业、歇业，严重影响到社会公共利益和安全的；（五）法律、法规禁止的其他行为。"在这五种情形之中，前四种是大家耳熟能详的，第五种却是少有提及的。第五种"法律、法规禁止的其他行为"属于兜底性条款，可解释的面比较广，也需引起重视。

从约定条件的角度来说，是指获得特许经营权企业在特许经营权协议中约定，在出现什么情况时，政府有权撤销特许经营权。之所以作出这样的要求，是因为在实务中各个地方的燃气行业发展水平并不一致，各个燃气公司及政府的诉求也不尽相同。在这种情况下,赋予地方政府一些自主权,将更加有利于地方政府实现公共管理职能,推动地方燃气行业的发展,也有利于约束燃气公司为了获取特许经营权盲目承诺、盲目夸张的行为。《基础设施和公用事业特许经营管理办法》第三十八条规定:"在特许经营期限内,因特许经营协议一方严重违约或不可抗力等原因,导致特许经营者无法继续履行协议约定义务,或者出现特许经营协议约定的提前终止协议情形的,在与债权人协商一致后,可以提前终止协议。特许经营协议提前终止的,政府应当收回特许经营项目,并根据实际情况和协议约定给予原特许经营者相应补偿。"以下几种情形,可以由地方政府自由掌握并作为终止燃气特许经营权的约定条件:(1)约定引进管道天然气的时间;(2)约定引进管道天然气的年均供应量;(3)约定燃气管道敷设范围;(4)约定燃气管道敷设里程;(5)约定燃气公司在多长时间里,需要达到什么样的一个投资强度;(6)约定燃气公司在多长时间里,让地方燃气行业达到一个什么样的水平;(7)约定应急调峰设施的建设时间及规模;(8)约定应急调峰气源的来源。

二、规范退出程序

退出程序需要考虑两个方面的问题,一个是协议的约定,一个是法律的规定。

从协议约定的角度来说,燃气特许经营协议约定,燃气特许经营者在被撤销特许经营权之前,地方政府应当给予其合理的整顿期。在整顿期内,未能整改达标的,地方政府依然不能撤销其特许经营权。当然,这种情况适合于燃气特许经营者存在投资建设不足、安全隐患、气源指标不够等可整改情形。对于一些不可整改的情形,则不应适用于此种约定。

从法定的角度来说,燃气特许经营权的撤销应当严格按照法律规定的程序进行。一般来说,需要举行"听证",给予燃气特许经营者充分的陈述和辩解权,同时也要保障社会大众充分的知情权和建议权。《市政公用事业特许经营管理办法》第二十五条规定:"主管部门应当建立特许经营项目的临时接管应急预案。对获得特许经营权的企业取消特许经营权并实施临时接管的,必须按照有关法律、法规的规定进行,并召开听证会。"第二十六条规定:"社会公众对市政公用事业特许经营享有知情权、建议权。直辖市、市、县人民政府应当建立社会公众参与机制,保障公众能够对实施特许经营情况进行监督。"

我们注意到,一些地方政府在燃气公司出现终止特许经营权约定条件时,地方政府依据协议约定,向燃气公司发送解除协议通知,那么该通知送达能否视为协议解除呢?我们认为,燃气特许经营协议属于行政协议,具有"契约性"和"行政性"的双重属性。在处理燃气特许经营协议相关纠纷之时,应当遵守"行政法准用民法"的基本原则。即在行政法有规定的情况之下,应当优先适用行政法上的规定。在行政法没有规定的情况之下，可以适用民法上的规定。也就是说，即便特许经营协议约定了解除情形，地方政府也不能应当简单地发个解除通知了事，还应当依法组织"听证"。一方面，以保障燃气公司的陈述和辩解权；另一方面，以保障社会大众的知情权和建议权。与此同时，在一些燃气特许经营协议中，还会约定"条件成就，协议自动解除"的条款。这样的条款不应当适用于燃气特许经营协议，即便约定，也应无效。

三、规范临时接管

燃气特许经营权被撤销后，燃气使用不会中断，也不能中断。所以，地方政府对燃气基础设施进行接管，持续保障供应天然气显得尤为重要。"得当的临时接管，不仅能解公用事业特许经营的运营危机，促进公共利益与私人利益的良性互动，而且能强化特许经营参与者的风险意识，激发广大社会资本对投融资的信心。反之，临时接管措施不当或随意采用，本身将成为政府部门推卸责任的借口，势必损害特许经营参与者的合法权益，打击社会资本参与公用事业建设的热情，必将严重阻碍公用事业民营化的改革进程"[1]。虽然临时接管具有举足轻重的地位，但是我国当前关于包括燃气在内的市政公用行业的临时接管制度并不完备，削弱了临时接管制度的功能，影响了临时接管制度的正常使用。

就当前而言，临时接管制度弊端比较明显，上位法中缺乏统一且具有可操作性的规定。一方面，临时接管制度被规定于《市政公用事业特许经营管理办法》和《基础设施和公用事业特许经营管理办法》中，而这两个办法均属于部门规章，不属于法律或行政法规，效力等级比较低。临时接管属于比较激烈的行政强制措施，理应由法律或行政法规予以规定。另一方面，在这两个办法中，也只是对临时接管作了原则性的规定，缺乏可操作性。如临时接管的触发条件、实施主体、协助主体、实施期限、实施程序、公众参与等相关问题均未作出明确的规定。

由于国家层面的法律规范未能作出清楚明确的规定，各个地方也是原则性规定，缺乏可操作性。绝大多数的地方会在市政公用事业特许经营管理办法中用一两个条款对临时接管作出规定，有的甚至只会出现临时接管这一术语，不再有更多的规定要求。经检索发现，当前只有江苏省于2007年10月18日颁布实施了《江苏省城市市政公用事业特许经营权临时接管制度》（苏建城〔2007〕325号）。我们认为，在国家尚未出台系统的公用事业特许经营权临时接管办法之前，各个地方可以结合本地实际情况，出台具有可操作性的临时接管办法或应急预案，保障市政公用事业的健康发展。对此，也可借鉴《双鸭山市市区供热特许经营项目

---

[1] 邢鸿飞、朱菲. 论公用事业特许经营的临时接管[N]. 江苏警官学院学报，2020（6）：14-20.

临时接管应急预案》(双政办规〔2021〕7号)。

在玉龙污水处理公司诉咸阳市人民政府、第三人三原县人民政府要求撤销行政复议决定及《关于临时接管三原玉龙污水处理有限公司项目设施的决定》一案中，对于"三原县政府是否具有作出临时接管决定的职权问题"，西安市中级人民法院在（2016）陕01行初85号《行政判决书》中认为：根据《市政公用事业单位特许经营管理办法》第四条第三款："直辖市、市、县人民政府市政公用事业主管部门依据人民政府的授权（以下简称主管部门），负责本行政区域内的市政公用事业特许经营的具体实施"与该法第十条："主管部门应当履行下列责任……（六）在危及或者可能危及公共利益、公共安全等紧急情况下，临时接管特许经营项目"之规定，及原告玉龙公司与被告三原县政府签订的《陕西省三原县污水处理BOT项目特许经营协议》第十二章12.1条："特许期内，如项目公司出现以下违约行为，三原县人民政府有权决定实施临时接管：……（4）擅自停业、歇业，严重影响到社会公共利益和安全的"规定。据此，三原县政府有权实施特许经营，且双方签订的特许经营协议也明确约定了三原县政府有权实施临时接管情形，故根据规章的规定及双方的约定，被告三原县政府有权决定是否采取临时措施，有权作出《关于临时接管三原玉龙污水处理有限公司项目设施的决定》。

对于"三原县政府作出临时接管决定认定事实是否清楚、程序是否合法的问题"的问题，法院认为：根据三原县政府提供的现场检查、勘查笔录及调查询问笔录证明，原告玉龙公司具有在2015年2月5日至11日擅自关停污水处理设施，导致污水直排清河的事实，玉龙公司认为其上述行为由主管部门默许同意缺乏相应事实依据，故三原县政府作出临时接管决定认定事实清楚。根据双方签订的《陕西省三原县污水处理BOT项目特许经营协议》第十二章12.2条："三原县政府实施临时接管后，应书面通知项目公司并告知其有申请听证的权利。项目公司应于接到书面通知之日起十日内申请听证，三原县政府应于20日内组织听证。三原县政府根据听证笔录，决定是否进行临时接管"。在本案中，三原县政府先作出《三原县人民政府关于临时接管项目设施的通知》，提前告知原告玉龙公司即将要接管并在该临时接管通知中告知了其申请听证的权利。后原告玉龙公司提出听证申请，三原县政府组织召开了听证会，并充分听取了原告玉龙公司的意见及调查人员调查情况后作出临时接管决定，并向原告进行了送达，符合上述双方之间的约定。因法律并未将临时接管决定列为行政处罚的种类，原告玉龙公司主张被告三原县政府在行政处罚中存在"处罚在先，听证在后，程序违法"的理由不能成立，三原县政府作出临时接管决定认定事实清楚，程序合法。

四、规范退出补偿

在燃气特许经营权被撤销后，地方政府应当对原特许经营者作出相应的补偿。地方政府存在过错的，还应当承担相应的违约责任。即便在发生临时接管的情况之下，地方政府也应当依法依约对原特许经营者作出合理的补偿或赔偿。这也是《基础设施和公用事业特许经营管理办法》第三十八条的规定："在特许经营期限内，因特许经营协议一方严重违约或不可抗力等原因，导致特许经营者无法继续履行协议约定义务，或者出现特许经营协议约定的提前终止协议情形的，在与债权人协商一致后，可以提前终止协议。特许经营协议提前终止的，政府应当收回特许经营项目，并根据实际情况和协议约定给予原特许经营者相应补偿。"

在补偿或赔偿的标准上，应当执行"有约定，从约定；无约定，从法定"的基本原则。"有约定，从约定"，是指燃气特许经营协议对终止燃气特许经营权补偿或违约责任已经作出约定的，根据约定执行。《最高人民法院关于审理行政协议案件若干问题的规定》第十九条第二款规定："原告要求按照约定的违约金条款或者定金条款予以赔偿的，人民法院应予支持。"约定的补偿或赔偿金额过高或过低，人民法院应当根据当事人的抗辩依法酌情调整。"无约定，从法定"，是指燃气特许经营协议没有对终止燃气特许经营权补偿或违约责任作出约定，应当按照法律的规定执行。基于燃气特许经营权的性质，应当按照《最高人民法院关于审理行政许可案件若干问题的规定》第十五条"法律、法规、规章或者规范性文件对变更或者撤回行政许可的补偿标准未作规定的，一般在实际损失范围内确定补偿数额；行政许可属于行政许可法第十二条第（二）项规定情形的，一般按照实际投入的损失确定补偿数额"的规定执行，即按照"实际损失"予以补偿或赔偿。

例如，在垣曲县民鑫公司诉垣曲县人民政府行政补偿一案中，最高人民法院在（2019）最高法行申1089号《行政裁定书》中认为：根据《中华人民共和国行政许可法》第八条第二款的规定，行政许可所依据的法律、法规、规章修改或者废止，或者准予行政许可所依据的客观情况发生重大变化的，为了公共利益的需要，行政机关可以依法变更或者撤回已经生效的行政许可。由此给公民、法人或者其他组织造成财产损失的，行政机关应当依法给予补偿。《最高人民法院关于审理行政许可案件若干问题的规定》第十五条规定，法律、法规、规章或者规范性文件对变更或者撤回行政许可的补偿标准未作规定的，一般在实际损失范围内确定补偿数额；行政许可属于《中华人民共和国行政许可法》第十二条第（二）项规定的情形，即"有限自然资源开发利用、公共资源配置以及直接关系公共利益的特定行业的市场准入等，需要赋予特定权利的事项"，一般按照实际投入的损失确定补偿数额。本案中，根据原审法院查明的事实，垣曲县人民政府将原由民鑫公司承担的垣曲县县域天然气综合开发利用及县域天然气项目建设30年特许经营权授予山西省煤层气（天然气）集输公司独家经营，由此给民鑫公司造成的损失应当予以补偿。关于补偿数额的确定问题，二审法院根据垣曲县人民政府的审计报告结果以及山西省运城市中级人民法院委托山西今朝司法所鉴定的结果，认定民鑫公司自成立以来的实际投入，并考虑民鑫公司对特许经营行为终止所造成的财产损失负有一定责任，综合确定补偿数额并无不当。

综上所述，科学、合理、规范的燃气特许经营权退出机制，不但能够让地方政府依法履职，充分行使行政管理职权及合同的监督管理权，更好地维护社会公共利益，同时也能够给燃气公司带来一定的压力，督促其履行好燃气特许经营协议，加快燃气基础设施的投资建设，提高天然气综合利用水平，提升燃气服务品质和质量，增强人民群众的幸福度和满意度。

附 录

附录一：《基础设施和公用事业特许经营管理办法》

《基础设施和公用事业特许经营管理办法》

(2015年4月25日国家发展改革委、财政部、住房城乡建设部、交通运输部、水利部、人民银行令第25号公布　自2015年6月1日起施行)

第一章　总　则

第一条　为鼓励和引导社会资本参与基础设施和公用事业建设运营，提高公共服务质量和效率，保护特许经营者合法权益，保障社会公共利益和公共安全，促进经济社会持续健康发展，制定本办法。

第二条　中华人民共和国境内的能源、交通运输、水利、环境保护、市政工程等基础设施和公用事业领域的特许经营活动，适用本办法。

第三条　本办法所称基础设施和公用事业特许经营，是指政府采用竞争方式依法授权中华人民共和国境内外的法人或者其他组织，通过协议明确权利义务和风险分担，约定其在一定期限和范围内投资建设运营基础设施和公用事业并获得收益，提供公共产品或者公共服务。

第四条　基础设施和公用事业特许经营应当坚持公开、公平、公正，保护各方信赖利益，并遵循以下原则：

（一）发挥社会资本融资、专业、技术和管理优势，提高公共服务质量效率；

（二）转变政府职能，强化政府与社会资本协商合作；

（三）保护社会资本合法权益，保证特许经营持续性和稳定性；

（四）兼顾经营性和公益性平衡，维护公共利益。

第五条　基础设施和公用事业特许经营可以采取以下方式：

（一）在一定期限内，政府授予特许经营者投资新建或改扩建、运营基础设施和公用事业，期限届满移交政府；

（二）在一定期限内，政府授予特许经营者投资新建或改扩建、拥有并运营基础设施和公用事业，期限届满移交政府；

（三）特许经营者投资新建或改扩建基础设施和公用事业并移交政府后，由政府授予其在一定期限内运营；

（四）国家规定的其他方式。

第六条 基础设施和公用事业特许经营期限应当根据行业特点、所提供公共产品或服务需求、项目生命周期、投资回收期等综合因素确定，最长不超过30年。

对于投资规模大、回报周期长的基础设施和公用事业特许经营项目（以下简称特许经营项目）可以由政府或者其授权部门与特许经营者根据项目实际情况，约定超过前款规定的特许经营期限。

第七条 国务院发展改革、财政、国土、环保、住房城乡建设、交通运输、水利、能源、金融、安全监管等有关部门按照各自职责，负责相关领域基础设施和公用事业特许经营规章、政策制定和监督管理工作。

县级以上地方人民政府发展改革、财政、国土、环保、住房城乡建设、交通运输、水利、价格、能源、金融监管等有关部门根据职责分工，负责有关特许经营项目实施和监督管理工作。

第八条 县级以上地方人民政府应当建立各有关部门参加的基础设施和公用事业特许经营部门协调机制，负责统筹有关政策措施，并组织协调特许经营项目实施和监督管理工作。

第二章 特许经营协议订立

第九条 县级以上人民政府有关行业主管部门或政府授权部门（以下简称项目提出部门）可以根据经济社会发展需求，以及有关法人和其他组织提出的特许经营项目建议等，提出特许经营项目实施方案。

特许经营项目应当符合国民经济和社会发展总体规划、主体功能区规划、区域规划、环境保护规划和安全生产规划等专项规划、土地利用规划、城乡规划、中期财政规划等，并且建设运营标准和监管要求明确。

项目提出部门应当保证特许经营项目的完整性和连续性。

第十条 特许经营项目实施方案应当包括以下内容：

（一）项目名称；

（二）项目实施机构；

（三）项目建设规模、投资总额、实施进度，以及提供公共产品或公共服务的标准等基本经济技术指标；

（四）投资回报、价格及其测算；

（五）可行性分析，即降低全生命周期成本和提高公共服务质量效率的分析估算等；

（六）特许经营协议框架草案及特许经营期限；

（七）特许经营者应当具备的条件及选择方式；

（八）政府承诺和保障；

（九）特许经营期限届满后资产处置方式；

（十）应当明确的其他事项。

第十一条 项目提出部门可以委托具有相应能力和经验的第三方机构，开展特许经营可行性评估，完善特许经营项目实施方案。

需要政府提供可行性缺口补助或者开展物有所值评估的，由财政部门负责开展相关工作。具体办法由国务院财政部门另行制定。

第十二条 特许经营可行性评估应当主要包括以下内容：

（一）特许经营项目全生命周期成本、技术路线和工程方案的合理性，可能的融资方式、融资规模、资金成本，所提供公共服务的质量效率，建设运营标准和监管要求等；

（二）相关领域市场发育程度，市场主体建设运营能力状况和参与意愿；

（三）用户付费项目公众支付意愿和能力评估。

第十三条 项目提出部门依托本级人民政府根据本办法第八条规定建立的部门协调机制，会同发展改革、财政、城乡规划、国土、环保、水利等有关部门对特许经营项目实施方案进行审查。经审查认为实施方案可行的，各部门应当根据职责分别出具书面审查意见。

项目提出部门综合各部门书面审查意见，报本级人民政府或其授权部门审定特许经营项目实施方案。

第十四条 县级以上人民政府应当授权有关部门或单位作为实施机构负责特许经营项目有关实施工作，并明确具体授权范围。

第十五条 实施机构根据经审定的特许经营项目实施方案，应当通过招标、竞争性谈判等竞争方式选择特许经营者。

特许经营项目建设运营标准和监管要求明确、有关领域市场竞争比较充分的，应当通过招标方式选择特许经营者。

第十六条 实施机构应当在招标或谈判文件中载明是否要求成立特许经营项目公司。

第十七条 实施机构应当公平择优选择具有相应管理经验、专业能力、融资实力以及信用状况良好的法人或者其他组织作为特许经营者。鼓励金融机构与参与竞争的法人或其他组织共同制定投融资方案。

特许经营者选择应当符合内外资准入等有关法律、行政法规规定。

依法选定的特许经营者，应当向社会公示。

基础设施和公用事业，期限届满移交政府；

（三）特许经营者投资新建或改扩建基础设施和公用事业并移交政府后，由政府授予其在一定期限内运营；

（四）国家规定的其他方式。

第六条 基础设施和公用事业特许经营期限应当根据行业特点、所提供公共产品或服务需求、项目生命周期、投资回收期等综合因素确定，最长不超过30年。

对于投资规模大、回报周期长的基础设施和公用事业特许经营项目（以下简称特许经营项目）可以由政府或者其授权部门与特许经营者根据项目实际情况，约定超过前款规定的特许经营期限。

第七条 国务院发展改革、财政、国土、环保、住房城乡建设、交通运输、水利、能源、金融、安全监管等有关部门按照各自职责，负责相关领域基础设施和公用事业特许经营规章、政策制定和监督管理工作。

县级以上地方人民政府发展改革、财政、国土、环保、住房城乡建设、交通运输、水利、价格、能源、金融监管等有关部门根据职责分工，负责有关特许经营项目实施和监督管理工作。

第八条 县级以上地方人民政府应当建立各有关部门参加的基础设施和公用事业特许经营部门协调机制，负责统筹有关政策措施，并组织协调特许经营项目实施和监督管理工作。

第二章 特许经营协议订立

第九条 县级以上人民政府有关行业主管部门或政府授权部门（以下简称项目提出部门）可以根据经济社会发展需求，以及有关法人和其他组织提出的特许经营项目建议等，提出特许经营项目实施方案。

特许经营项目应当符合国民经济和社会发展总体规划、主体功能区规划、区域规划、环境保护规划和安全生产规划等专项规划、土地利用规划、城乡规划、中期财政规划等，并且建设运营标准和监管要求明确。

项目提出部门应当保证特许经营项目的完整性和连续性。

第十条 特许经营项目实施方案应当包括以下内容：

（一）项目名称；

（二）项目实施机构；

（三）项目建设规模、投资总额、实施进度，以及提供公共产品或公共服务的标准等基本经济技术指标；

（四）投资回报、价格及其测算；

（五）可行性分析，即降低全生命周期成本和提高公共服务质量效率的分析估算等；

（六）特许经营协议框架草案及特许经营期限；

（七）特许经营者应当具备的条件及选择方式；

（八）政府承诺和保障；

（九）特许经营期限届满后资产处置方式；

（十）应当明确的其他事项。

第十一条 项目提出部门可以委托具有相应能力和经验的第三方机构，开展特许经营可行性评估，完善特许经营项目实施方案。

需要政府提供可行性缺口补助或者开展物有所值评估的，由财政部门负责开展相关工作。具体办法由国务院财政部门另行制定。

第十二条 特许经营可行性评估应当主要包括以下内容：

（一）特许经营项目全生命周期成本、技术路线和工程方案的合理性，可能的融资方式、融资规模、资金成本，所提供公共服务的质量效率，建设运营标准和监管要求等；

（二）相关领域市场发育程度，市场主体建设运营能力状况和参与意愿；

（三）用户付费项目公众支付意愿和能力评估。

第十三条 项目提出部门依托本级人民政府根据本办法第八条规定建立的部门协调机制，会同发展改革、财政、城乡规划、国土、环保、水利等有关部门对特许经营项目实施方案进行审查。经审查认为实施方案可行的，各部门应当根据职责分别出具书面审查意见。

项目提出部门综合各部门书面审查意见，报本级人民政府或其授权部门审定特许经营项目实施方案。

第十四条 县级以上人民政府应当授权有关部门或单位作为实施机构负责特许经营项目有关实施工作，并明确具体授权范围。

第十五条 实施机构根据经审定的特许经营项目实施方案，应当通过招标、竞争性谈判等竞争方式选择特许经营者。

特许经营项目建设运营标准和监管要求明确、有关领域市场竞争比较充分的，应当通过招标方式选择特许经营者。

第十六条 实施机构应当在招标或谈判文件中载明是否要求成立特许经营项目公司。

第十七条 实施机构应当公平择优选择具有相应管理经验、专业能力、融资实力以及信用状况良好的法人或者其他组织作为特许经营者。鼓励金融机构与参与竞争的法人或其他组织共同制定投融资方案。

特许经营者选择应当符合内外资准入等有关法律、行政法规规定。

依法选定的特许经营者，应当向社会公示。

第十八条 实施机构应当与依法选定的特许经营者签订特许经营协议。

需要成立项目公司的,实施机构应当与依法选定的投资人签订初步协议,约定其在规定期限内注册成立项目公司,并与项目公司签订特许经营协议。

特许经营协议应当主要包括以下内容:

(一)项目名称、内容;

(二)特许经营方式、区域、范围和期限;

(三)项目公司的经营范围、注册资本、股东出资方式、出资比例、股权转让等;

(四)所提供产品或者服务的数量、质量和标准;

(五)设施权属,以及相应的维护和更新改造;

(六)监测评估;

(七)投融资期限和方式;

(八)收益取得方式,价格和收费标准的确定方法以及调整程序;

(九)履约担保;

(十)特许经营期内的风险分担;

(十一)政府承诺和保障;

(十二)应急预案和临时接管预案;

(十三)特许经营期限届满后,项目及资产移交方式、程序和要求等;

(十四)变更、提前终止及补偿;

(十五)违约责任;

(十六)争议解决方式;

(十七)需要明确的其他事项。

第十九条 特许经营协议根据有关法律、行政法规和国家规定,可以约定特许经营者通过向用户收费等方式取得收益。

向用户收费不足以覆盖特许经营建设、运营成本及合理收益的,可由政府提供可行性缺口补助,包括政府授予特许经营项目相关的其它开发经营权益。

第二十条 特许经营协议应当明确价格或收费的确定和调整机制。特许经营项目价格或收费应当依据相关法律、行政法规规定和特许经营协议约定予以确定和调整。

第二十一条 政府可以在特许经营协议中就防止不必要的同类竞争性项目建设、必要合理的财政补贴、有关配套公共服务和基础设施的提供等内容作出承诺,但不得承诺固定投资回报和其他法律、行政法规禁止的事项。

第二十二条 特许经营者根据特许经营协议,需要依法办理规划选址、用地和项目核准或审批等手续的,有关部门在进行审核时,应当简化审核内容,优化办理流程,缩短办理时限,对于本部门根据本办法第十三条出具书面审查意见已经明确的事项,不再作重复审查。

实施机构应当协助特许经营者办理相关手续。

第二十三条 国家鼓励金融机构为特许经营项目提供财务顾问、融资顾问、银团贷款等金融服务。政策性、开发性金融机构可以给予特许经营项目差异化信贷支持,对符合条件的项目,贷款期限最长可达30年。探索利用特许经营项目预期收益质押贷款,支持利用相关收益作为还款来源。

第二十四条 国家鼓励通过设立产业基金等形式入股提供特许经营项目资本金。鼓励特许经营项目公司进行结构化融资,发行项目收益票据和资产支持票据等。

国家鼓励特许经营项目采用成立私募基金,引入战略投资者,发行企业债券、项目收益债券、公司债券、非金融企业债务融资工具等方式拓宽投融资渠道。

第二十五条 县级以上人民政府有关部门可以探索与金融机构设立基础设施和公用事业特许经营引导基金,并通过投资补助、财政补贴、贷款贴息等方式,支持有关特许经营项目建设运营。

第三章 特许经营协议履行

第二十六条 特许经营协议各方当事人应当遵循诚实信用原则,按照约定全面履行义务。

除法律、行政法规另有规定外,实施机构和特许经营者任何一方不履行特许经营协议约定义务或者履行义务不符合约定要求的,应当根据协议继续履行、采取补救措施或者赔偿损失。

第二十七条 依法保护特许经营者合法权益。任何单位或者个人不得违反法律、行政法规和本办法规定,干涉特许经营者合法经营活动。

第二十八条 特许经营者应当根据特许经营协议,执行有关特许经营项目投融资安排,确保相应资金或资金来源落实。

第二十九条 特许经营项目涉及新建或改扩建有关基础设施和公用事业的,应当符合城乡规划、土地管理、环境保护、质量管理、安全生产等有关法律、行政法规规定的建设条件和建设标准。

第三十条 特许经营者应当根据有关法律、行政法规、标准规范和特许经营协议,提供优质、持续、高效、安全的公共产品或者公共服务。

第三十一条 特许经营者应当按照技术规范,定期对特许经营项目设施进行检修和保养,保证设施运转正常及经营期限届满后资产按规定进行移交。

第三十二条 特许经营者对涉及国家安全的事项负有保密义务,并应当建立和落实相应保密管理制度。

实施机构、有关部门及其工作人员对在特许经营活动和监督管理工作中知悉的特许经营者商业秘密负有保密义务。

第三十三条　实施机构和特许经营者应当对特许经营项目建设、运营、维修、保养过程中有关资料，按照有关规定进行归档保存。

第三十四条　实施机构应当按照特许经营协议严格履行有关义务，为特许经营者建设运营特许经营项目提供便利和支持，提高公共服务水平。

行政区划调整，政府换届、部门调整和负责人变更，不得影响特许经营协议履行。

第三十五条　需要政府提供可行性缺口补助的特许经营项目，应当严格按照预算法规定，综合考虑政府财政承受能力和债务风险状况，合理确定财政付费总额和分年度数额，并与政府年度预算和中期财政规划相衔接，确保资金拨付需要。

第三十六条　因法律、行政法规修改，或者政策调整损害特许经营者预期利益，或者根据公共利益需要，要求特许经营者提供协议约定以外的产品或服务的，应当给予特许经营者相应补偿。

第四章　特许经营协议变更和终止

第三十七条　在特许经营协议有效期内，协议内容确需变更的，协议当事人应当在协商一致基础上签订补充协议。如协议可能对特许经营项目的存续债务产生重大影响的，应当事先征求债权人同意。特许经营项目涉及直接融资行为的，应当及时做好相关信息披露。

特许经营期限届满后确有必要延长的，按照有关规定经充分评估论证，协商一致并报批准后，可以延长。

第三十八条　在特许经营期限内，因特许经营协议一方严重违约或不可抗力等原因，导致特许经营者无法继续履行协议约定义务，或者出现特许经营协议约定的提前终止协议情形的，在与债权人协商一致后，可以提前终止协议。

特许经营协议提前终止的，政府应当收回特许经营项目，并根据实际情况和协议约定给予原特许经营者相应补偿。

第三十九条　特许经营期限届满终止或提前终止的，协议当事人应当按照特许经营协议约定，以及有关法律、行政法规和规定办理有关设施、资料、档案等的性能测试、评估、移交、接管、验收等手续。

第四十条　特许经营期限届满终止或者提前终止，对该基础设施和公用事业继续采用特许经营方式的，实施机构应当根据本办法规定重新选择特许经营者。

因特许经营期限届满重新选择特许经营者的，在同等条件下，原特许经营者优先获得特许经营。

新的特许经营者选定之前，实施机构和原特许经营者应当制定预案，保障公共产品或公共服务的持续稳定提供。

第五章 监督管理和公共利益保障

第四十一条 县级以上人民政府有关部门应当根据各自职责，对特许经营者执行法律、行政法规、行业标准、产品或服务技术规范，以及其他有关监管要求进行监督管理，并依法加强成本监督审查。

县级以上审计机关应当依法对特许经营活动进行审计。

第四十二条 县级以上人民政府及其有关部门应当根据法律、行政法规和国务院决定保留的行政审批项目对特许经营进行监督管理，不得以实施特许经营为名违法增设行政审批项目或审批环节。

第四十三条 实施机构应当根据特许经营协议，定期对特许经营项目建设运营情况进行监测分析，会同有关部门进行绩效评价，并建立根据绩效评价结果、按照特许经营协议约定对价格或财政补贴进行调整的机制，保障所提供公共产品或公共服务的质量和效率。

实施机构应当将社会公众意见作为监测分析和绩效评价的重要内容。

第四十四条 社会公众有权对特许经营活动进行监督，向有关监管部门投诉，或者向实施机构和特许经营者提出意见建议。

第四十五条 县级以上人民政府应当将特许经营有关政策措施、特许经营部门协调机制组成以及职责等信息向社会公开。

实施机构和特许经营者应当将特许经营项目实施方案、特许经营者选择、特许经营协议及其变更或终止、项目建设运营、所提供公共服务标准、监测分析和绩效评价、经过审计的上年度财务报表等有关信息按规定向社会公开。

特许经营者应当公开有关会计数据、财务核算和其他有关财务指标，并依法接受年度财务审计。

第四十六条 特许经营者应当对特许经营协议约定服务区域内所有用户普遍地、无歧视地提供公共产品或公共服务，不得对新增用户实行差别待遇。

第四十七条 实施机构和特许经营者应当制定突发事件应急预案，按规定报有关部门。突发事件发生后，及时启动应急预案，保障公共产品或公共服务的正常提供。

第四十八条 特许经营者因不可抗力等原因确实无法继续履行特许经营协议的，实施机构应当采取措施，保证持续稳定提供公共产品或公共服务。

第六章 争议解决

第四十九条 实施机构和特许经营者就特许经营协议履行发生争议的，应当协商解决。协商达成一致的，应当签订补充协议并遵照执行。

第五十条 实施机构和特许经营者就特许经营协议中的专业技术问题发生争议的，可以共同聘请专家或第三方机构进行调解。调解达成一致的，应当签订补充协议并遵照执行。

第五十一条 特许经营者认为行政机关作出的具体行政行为侵犯其合法权益的，有陈述、申辩的权利，并可以依法提起行政复议或者行政诉讼。

第五十二条 特许经营协议存续期间发生争议，当事各方在争议解决过程中，应当继续履行特许经营协议义务，保证公共产品或公共服务的持续性和稳定性。

第七章 法 律 责 任

第五十三条 特许经营者违反法律、行政法规和国家强制性标准，严重危害公共利益，或者造成重大质量、安全事故或者突发环境事件的，有关部门应当责令限期改正并依法予以行政处罚；拒不改正、情节严重的，可以终止特许经营协议；构成犯罪的，依法追究刑事责任。

第五十四条 以欺骗、贿赂等不正当手段取得特许经营项目的，应当依法收回特许经营项目，向社会公开。

第五十五条 实施机构、有关行政主管部门及其工作人员不履行法定职责、干预特许经营者正常经营活动、徇私舞弊、滥用职权、玩忽职守的，依法给予行政处分；构成犯罪的，依法追究刑事责任。

第五十六条 县级以上人民政府有关部门应当对特许经营者及其从业人员的不良行为建立信用记录，纳入全国统一的信用信息共享交换平台。对严重违法失信行为依法予以曝光，并会同有关部门实施联合惩戒。

第八章 附 则

第五十七条 基础设施和公用事业特许经营涉及国家安全审查的，按照国家有关规定执行。

第五十八条 法律、行政法规对基础设施和公用事业特许经营另有规定的，从其规定。

本办法实施之前依法已经订立特许经营协议的，按照协议约定执行。

第五十九条 本办法由国务院发展改革部门会同有关部门负责解释。

第六十条 本办法自 2015 年 6 月 1 日起施行。

附录二：《市政公用事业特许经营管理办法》

《市政公用事业特许经营管理办法》

(2004年3月19日建设部令第126号发布 自2004年5月1日起施行 根据2015年5月4日住房和城乡建设部令第24号《住房和城乡建设部关于修改〈房地产开发企业资质管理规定〉等部门规章的决定》修正)

第一条 为了加快推进市政公用事业市场化，规范市政公用事业特许经营活动，加强市场监管，保障社会公共利益和公共安全，促进市政公用事业健康发展，根据国家有关法律、法规，制定本办法。

第二条 本办法所称市政公用事业特许经营，是指政府按照有关法律、法规规定，通过市场竞争机制选择市政公用事业投资者或者经营者，明确其在一定期限和范围内经营某项市政公用事业产品或者提供某项服务的制度。

城市供水、供气、供热、公共交通、污水处理、垃圾处理等行业，依法实施特许经营的，适用本办法。

第三条 实施特许经营的项目由省、自治区、直辖市通过法定形式和程序确定。

第四条 国务院建设主管部门负责全国市政公用事业特许经营活动的指导和监督工作。

省、自治区人民政府建设主管部门负责本行政区域内的市政公用事业特许经营活动的指导和监督工作。

直辖市、市、县人民政府市政公用事业主管部门依据人民政府的授权（以下简称主管部门），负责本行政区域内的市政公用事业特许经营的具体实施。

第五条 实施市政公用事业特许经营，应当遵循公开、公平、公正和公共利益优先的原则。

第六条 实施市政公用事业特许经营，应当坚持合理布局，有效配置资源的原则，鼓励跨行政区域的市政公用基础设施共享。

跨行政区域的市政公用基础设施特许经营，应当本着有关各方平等协商的原则，共同加强监管。

第七条 参与特许经营权竞标者应当具备以下条件：

（一）依法注册的企业法人；

（二）有相应的设施、设备；

（三）有良好的银行资信、财务状况及相应的偿债能力；

（四）有相应的从业经历和良好的业绩；

（五）有相应数量的技术、财务、经营等关键岗位人员；

（六）有切实可行的经营方案；

（七）地方性法规、规章规定的其他条件。

第八条 主管部门应当依照下列程序选择投资者或者经营者：

（一）提出市政公用事业特许经营项目，报直辖市、市、县人民政府批准后，向社会公开发布招标条件，受理投标；

（二）根据招标条件，对特许经营权的投标人进行资格审查和方案预审，推荐出符合条件的投标候选人；

（三）组织评审委员会依法进行评审，并经过质询和公开答辩，择优选择特许经营权授予对象；

（四）向社会公示中标结果，公示时间不少于20天；

（五）公示期满，对中标者没有异议的，经直辖市、市、县人民政府批准，与中标者（以下简称"获得特许经营权的企业"）签订特许经营协议。

第九条 特许经营协议应当包括以下内容：

（一）特许经营内容、区域、范围及有效期限；

（二）产品和服务标准；

（三）价格和收费的确定方法、标准以及调整程序；

（四）设施的权属与处置；

（五）设施维护和更新改造；

（六）安全管理；

（七）履约担保；

（八）特许经营权的终止和变更；

（九）违约责任；

（十）争议解决方式；

（十一）双方认为应该约定的其他事项。

第十条 主管部门应当履行下列责任：

（一）协助相关部门核算和监控企业成本，提出价格调整意见；

（二）监督获得特许经营权的企业履行法定义务和协议书规定的义务；

（三）对获得特许经营权的企业的经营计划实施情况、产品和服务的质量以及安全生产情况进行监督；

（四）受理公众对获得特许经营权的企业的投诉；

（五）向政府提交年度特许经营监督检查报告；

（六）在危及或者可能危及公共利益、公共安全等紧急情况下，临时接管特许经营项目；

（七）协议约定的其他责任。

第十一条 获得特许经营权的企业应当履行下列责任：

（一）科学合理地制定企业年度生产、供应计划；

（二）按照国家安全生产法规和行业安全生产标准规范，组织企业安全生产；

（三）履行经营协议，为社会提供足量的、符合标准的产品和服务；

（四）接受主管部门对产品和服务质量的监督检查；

（五）按规定的时间将中长期发展规划、年度经营计划、年度报告、董事会决议等报主管部门备案；

（六）加强对生产设施、设备的运行维护和更新改造，确保设施完好；

（七）协议约定的其他责任。

第十二条 特许经营期限应当根据行业特点、规模、经营方式等因素确定，最长不得超过 30 年。

第十三条 获得特许经营权的企业承担政府公益性指令任务造成经济损失的，政府应当给予相应的补偿。

第十四条 在协议有效期限内，若协议的内容确需变更的，协议双方应当在共同协商的基础上签订补充协议。

第十五条 获得特许经营权的企业确需变更名称、地址、法定代表人的，应当提前书面告知主管部门，并经其同意。

第十六条 特许经营期限届满，主管部门应当按照本办法规定的程序组织招标，选择特许经营者。

第十七条 获得特许经营权的企业在协议有效期内单方提出解除协议的，应当提前提出申请，主管部门应当自收到获得特许经营权的企业申请的 3 个月内作出答复。在主管部门同意解除协议前，获得特许经营权的企业必须保证正常的经营与服务。

第十八条 获得特许经营权的企业在特许经营期间有下列行为之一的，主管部门应当依法终止特许经营协议，取消其特许经营权，并可以实施临时接管：

（一）擅自转让、出租特许经营权的；

（二）擅自将所经营的财产进行处置或者抵押的；

（三）因管理不善，发生重大质量、生产安全事故的；

（四）擅自停业、歇业，严重影响到社会公共利益和安全的；

（五）法律、法规禁止的其他行为。

第十九条 特许经营权发生变更或者终止时，主管部门必须采取有效措施保证市政公用产品供应和服务的连续性与稳定性。

第二十条 主管部门应当在特许经营协议签订后 30 日内，将协议报上一级市政公用事业主管部门备案。

第二十一条 在项目运营的过程中,主管部门应当组织专家对获得特许经营权的企业经营情况进行中期评估。

评估周期一般不得低于两年,特殊情况下可以实施年度评估。

第二十二条 直辖市、市、县人民政府有关部门按照有关法律、法规规定的原则和程序,审定和监管市政公用事业产品和服务价格。

第二十三条 未经直辖市、市、县人民政府批准,获得特许经营权的企业不得擅自停业、歇业。

获得特许经营权的企业擅自停业、歇业的,主管部门应当责令其限期改正,或者依法采取有效措施督促其履行义务。

第二十四条 主管部门实施监督检查,不得妨碍获得特许经营权的企业正常的生产经营活动。

第二十五条 主管部门应当建立特许经营项目的临时接管应急预案。

对获得特许经营权的企业取消特许经营权并实施临时接管的,必须按照有关法律、法规的规定进行,并召开听证会。

第二十六条 社会公众对市政公用事业特许经营享有知情权、建议权。

直辖市、市、县人民政府应当建立社会公众参与机制,保障公众能够对实施特许经营情况进行监督。

第二十七条 国务院建设主管部门应当加强对直辖市市政公用事业主管部门实施特许经营活动的监督检查,省、自治区人民政府建设主管部门应当加强对市、县人民政府市政公用事业主管部门实施特许经营活动的监督检查,及时纠正实施特许经营中的违法行为。

第二十八条 对以欺骗、贿赂等不正当手段获得特许经营权的企业,主管部门应当取消其特许经营权,并向国务院建设主管部门报告,由国务院建设主管部门通过媒体等形式向社会公开披露。被取消特许经营权的企业在三年内不得参与市政公用事业特许经营竞标。

第二十九条 主管部门或者获得特许经营权的企业违反协议的,由过错方承担违约责任,给对方造成损失的,应当承担赔偿责任。

第三十条 主管部门及其工作人员有下列情形之一的,由对其授权的直辖市、市、县人民政府或者监察机关责令改正,对负主要责任的主管人员和其他直接责任人员依法给予行政处分;构成犯罪的,依法追究刑事责任:

(一)不依法履行监督职责或者监督不力,造成严重后果的;

(二)对不符合法定条件的竞标者授予特许经营权的;

(三)滥用职权、徇私舞弊的。

第三十一条 本办法自 2004 年 5 月 1 日起施行。

附录三：《最高人民法院关于审理行政协议案件若干问题的规定》

《最高人民法院关于审理行政协议案件若干问题的规定》

（2019年11月12日最高人民法院审判委员会第1781次会议通过，
自2020年1月1日起施行。）

为依法公正、及时审理行政协议案件，根据《中华人民共和国行政诉讼法》等法律的规定，结合行政审判工作实际，制定本规定。

第一条 行政机关为了实现行政管理或者公共服务目标，与公民、法人或者其他组织协商订立的具有行政法上权利义务内容的协议，属于《中华人民共和国行政诉讼法》第十二条第一款第十一项规定的行政协议。

第二条 公民、法人或者其他组织就下列行政协议提起行政诉讼的，人民法院应当依法受理：

（一）政府特许经营协议；

（二）土地、房屋等征收征用补偿协议；

（三）矿业权等国有自然资源使用权出让协议；

（四）政府投资的保障性住房的租赁、买卖等协议；

（五）符合本规定第一条规定的政府与社会资本合作协议；

（六）其他行政协议。

第三条 因行政机关订立的下列协议提起诉讼的，不属于人民法院行政诉讼的受案范围：

（一）行政机关之间因公务协助等事由而订立的协议；

（二）行政机关与其工作人员订立的劳动人事协议。

第四条 因行政协议的订立、履行、变更、终止等发生纠纷，公民、法人或者其他组织作为原告，以行政机关为被告提起行政诉讼的，人民法院应当依法受理。

因行政机关委托的组织订立的行政协议发生纠纷的，委托的行政机关是被告。

第五条 下列与行政协议有利害关系的公民、法人或者其他组织提起行政诉讼的，人民法院应当依法受理：

（一）参与招标、拍卖、挂牌等竞争性活动，认为行政机关应当依法与其订立行政协议但行政机关拒绝订立，或者认为行政机关与他人订立行政协议损害其合法权益的公民、法人或者其他组织；

（二）认为征收征用补偿协议损害其合法权益的被征收征用土地、房屋等不动产的用益物权人、公房承租人；

（三）其他认为行政协议的订立、履行、变更、终止等行为损害其合法权益的公民、法人或者其他组织。

第六条 人民法院受理行政协议案件后，被告就该协议的订立、履行、变更、终止等提起反诉的，人民法院不予准许。

第七条 当事人书面协议约定选择被告所在地、原告所在地、协议履行地、协议订立地、标的物所在地等与争议有实际联系地点的人民法院管辖的，人民法院从其约定，但违反级别管辖和专属管辖的除外。

第八条 公民、法人或者其他组织向人民法院提起民事诉讼，生效法律文书以涉案协议属于行政协议为由裁定不予立案或者驳回起诉，当事人又提起行政诉讼的，人民法院应当依法受理。

第九条 在行政协议案件中，行政诉讼法第四十九条第三项规定的"有具体的诉讼请求"是指：

（一）请求判决撤销行政机关变更、解除行政协议的行政行为，或者确认该行政行为违法；

（二）请求判决行政机关依法履行或者按照行政协议约定履行义务；

（三）请求判决确认行政协议的效力；

（四）请求判决行政机关依法或者按照约定订立行政协议；

（五）请求判决撤销、解除行政协议；

（六）请求判决行政机关赔偿或者补偿；

（七）其他有关行政协议的订立、履行、变更、终止等诉讼请求。

第十条 被告对于自己具有法定职权、履行法定程序、履行相应法定职责以及订立、履行、变更、解除行政协议等行为的合法性承担举证责任。

原告主张撤销、解除行政协议的，对撤销、解除行政协议的事由承担举证责任。

对行政协议是否履行发生争议的，由负有履行义务的当事人承担举证责任。

第十一条 人民法院审理行政协议案件，应当对被告订立、履行、变更、解除行政协议的行为是否具有法定职权、是否滥用职权、适用法律法规是否正确、是否遵守法定程序、是否明显不当、是否履行相应法定职责进行合法性审查。

原告认为被告未依法或者未按照约定履行行政协议的，人民法院应当针对其诉讼请求，对被告是否具有相应义务或者履行相应义务等进行审查。

第十二条 行政协议存在行政诉讼法第七十五条规定的重大且明显违法情形的，人民法院应当确认行政协议无效。

人民法院可以适用民事法律规范确认行政协议无效。

行政协议无效的原因在一审法庭辩论终结前消除的,人民法院可以确认行政协议有效。

第十三条 法律、行政法规规定应当经过其他机关批准等程序后生效的行政协议,在一审法庭辩论终结前未获得批准的,人民法院应当确认该协议未生效。

行政协议约定被告负有履行批准程序等义务而被告未履行,原告要求被告承担赔偿责任的,人民法院应予支持。

第十四条 原告认为行政协议存在胁迫、欺诈、重大误解、显失公平等情形而请求撤销,人民法院经审理认为符合法律规定可撤销情形的,可以依法判决撤销该协议。

第十五条 行政协议无效、被撤销或者确定不发生效力后,当事人因行政协议取得的财产,人民法院应当判决予以返还;不能返还的,判决折价补偿。

因被告的原因导致行政协议被确认无效或者被撤销,可以同时判决责令被告采取补救措施;给原告造成损失的,人民法院应当判决被告予以赔偿。

第十六条 在履行行政协议过程中,可能出现严重损害国家利益、社会公共利益的情形,被告作出变更、解除协议的行政行为后,原告请求撤销该行为,人民法院经审理认为该行为合法的,判决驳回原告诉讼请求;给原告造成损失的,判决被告予以补偿。

被告变更、解除行政协议的行政行为存在行政诉讼法第七十条规定情形的,人民法院判决撤销或者部分撤销,并可以责令被告重新作出行政行为。

被告变更、解除行政协议的行政行为违法,人民法院可以依据行政诉讼法第七十八条的规定判决被告继续履行协议、采取补救措施;给原告造成损失的,判决被告予以赔偿。

第十七条 原告请求解除行政协议,人民法院认为符合约定或者法定解除情形且不损害国家利益、社会公共利益和他人合法权益的,可以判决解除该协议。

第十八条 当事人依据民事法律规范的规定行使履行抗辩权的,人民法院应予支持。

第十九条 被告未依法履行、未按照约定履行行政协议,人民法院可以依据行政诉讼法第七十八条的规定,结合原告诉讼请求,判决被告继续履行,并明确继续履行的具体内容;被告无法履行或者继续履行无实际意义的,人民法院可以判决被告采取相应的补救措施;给原告造成损失的,判决被告予以赔偿。

原告要求按照约定的违约金条款或者定金条款予以赔偿的,人民法院应予支持。

第二十条 被告明确表示或者以自己的行为表明不履行行政协议,原告在履行期限届满之前向人民法院起诉请求其承担违约责任的,人民法院应予支持。

第二十一条 被告或者其他行政机关因国家利益、社会公共利益的需要依法行使行政职权，导致原告履行不能、履行费用明显增加或者遭受损失，原告请求判令被告给予补偿的，人民法院应予支持。

第二十二条 原告以被告违约为由请求人民法院判令其承担违约责任，人民法院经审理认为行政协议无效的，应当向原告释明，并根据原告变更后的诉讼请求判决确认行政协议无效；因被告的行为造成行政协议无效的，人民法院可以依法判决被告承担赔偿责任。原告经释明后拒绝变更诉讼请求的，人民法院可以判决驳回其诉讼请求。

第二十三条 人民法院审理行政协议案件，可以依法进行调解。

人民法院进行调解时，应当遵循自愿、合法原则，不得损害国家利益、社会公共利益和他人合法权益。

第二十四条 公民、法人或者其他组织未按照行政协议约定履行义务，经催告后不履行，行政机关可以作出要求其履行协议的书面决定。公民、法人或者其他组织收到书面决定后在法定期限内未申请行政复议或者提起行政诉讼，且仍不履行，协议内容具有可执行性的，行政机关可以向人民法院申请强制执行。

法律、行政法规规定行政机关对行政协议享有监督协议履行的职权，公民、法人或者其他组织未按照约定履行义务，经催告后不履行，行政机关可以依法作出处理决定。公民、法人或者其他组织在收到该处理决定后在法定期限内未申请行政复议或者提起行政诉讼，且仍不履行，协议内容具有可执行性的，行政机关可以向人民法院申请强制执行。

第二十五条 公民、法人或者其他组织对行政机关不依法履行、未按照约定履行行政协议提起诉讼的，诉讼时效参照民事法律规范确定；对行政机关变更、解除行政协议等行政行为提起诉讼的，起诉期限依照行政诉讼法及其司法解释确定。

第二十六条 行政协议约定仲裁条款的，人民法院应当确认该条款无效，但法律、行政法规或者我国缔结、参加的国际条约另有规定的除外。

第二十七条 人民法院审理行政协议案件，应当适用行政诉讼法的规定；行政诉讼法没有规定的，参照适用民事诉讼法的规定。

人民法院审理行政协议案件，可以参照适用民事法律规范关于民事合同的相关规定。

第二十八条 2015年5月1日后订立的行政协议发生纠纷的，适用行政诉讼法及本规定。

2015年5月1日前订立的行政协议发生纠纷的，适用当时的法律、行政法规及司法解释。

第二十九条 本规定自2020年1月1日起施行。最高人民法院以前发布的司法解释与本规定不一致的，适用本规定。

附录四：《最高人民法院关于审理行政许可案件若干问题的规定》

《最高人民法院关于审理行政许可案件若干问题的规定》

(法释〔2009〕20号)

(2009年11月9日最高人民法院审判委员会第1476次会议通过 2009年12月14日最高人民法院公告公布自2010年1月4日起施行)

为规范行政许可案件的审理，根据《中华人民共和国行政许可法》(以下简称行政许可法)、《中华人民共和国行政诉讼法》及其他有关法律规定，结合行政审判实际，对有关问题作如下规定：

第一条 公民、法人或者其他组织认为行政机关作出的行政许可决定以及相应的不作为，或者行政机关就行政许可的变更、延续、撤回、注销、撤销等事项作出的有关具体行政行为及其相应的不作为侵犯其合法权益，提起行政诉讼的，人民法院应当依法受理。

第二条 公民、法人或者其他组织认为行政机关未公开行政许可决定或者未提供行政许可监督检查记录侵犯其合法权益，提起行政诉讼的，人民法院应当依法受理。

第三条 公民、法人或者其他组织仅就行政许可过程中的告知补正申请材料、听证等通知行为提起行政诉讼的，人民法院不予受理，但导致许可程序对上述主体事实上终止的除外。

第四条 当事人不服行政许可决定提起诉讼的，以作出行政许可决定的机关为被告；行政许可依法须经上级行政机关批准，当事人对批准或者不批准行为不服一并提起诉讼的，以上级行政机关为共同被告；行政许可依法须经下级行政机关或者管理公共事务的组织初步审查并上报，当事人对不予初步审查或者不予上报不服提起诉讼的，以下级行政机关或者管理公共事务的组织为被告。

第五条 行政机关依据行政许可法第二十六条第二款规定统一办理行政许可的，当事人对行政许可行为不服提起诉讼，以对当事人作出具有实质影响的不利行为的机关为被告。

第六条 行政机关受理行政许可申请后，在法定期限内不予答复，公民、法人或者其他组织向人民法院起诉的，人民法院应当依法受理。

前款"法定期限"自行政许可申请受理之日起计算；以数据电文方式受理的，自数据电文进入行政机关指定的特定系统之日起计算；数据电文需要确认收讫的，自申请人收到行政机关的收讫确认之日起计算。

第七条 作为被诉行政许可行为基础的其他行政决定或者文书存在以下情形之一的，人民法院不予认可：

（一）明显缺乏事实根据；

（二）明显缺乏法律依据；

（三）超越职权；

（四）其他重大明显违法情形。

第八条 被告不提供或者无正当理由逾期提供证据的，与被诉行政许可行为有利害关系的第三人可以向人民法院提供；第三人对无法提供的证据，可以申请人民法院调取；人民法院在当事人无争议，但涉及国家利益、公共利益或者他人合法权益的情况下，也可以依职权调取证据。

第三人提供或者人民法院调取的证据能够证明行政许可行为合法的，人民法院应当判决驳回原告的诉讼请求。

第九条 人民法院审理行政许可案件，应当以申请人提出行政许可申请后实施的新的法律规范为依据；行政机关在旧的法律规范实施期间，无正当理由拖延审查行政许可申请至新的法律规范实施，适用新的法律规范不利于申请人的，以旧的法律规范为依据。

第十条 被诉准予行政许可决定违反当时的法律规范但符合新的法律规范的，判决确认该决定违法；准予行政许可决定不损害公共利益和利害关系人合法权益的，判决驳回原告的诉讼请求。

第十一条 人民法院审理不予行政许可决定案件，认为原告请求准予许可的理由成立，且被告没有裁量余地的，可以在判决理由写明，并判决撤销不予许可决定，责令被告重新作出决定。

第十二条 被告无正当理由拒绝原告查阅行政许可决定及有关档案材料或者监督检查记录的，人民法院可以判决被告在法定或者合理期限内准予原告查阅。

第十三条 被告在实施行政许可过程中，与他人恶意串通共同违法侵犯原告合法权益的，应当承担连带赔偿责任；被告与他人违法侵犯原告合法权益的，应当根据其违法行为在损害发生过程和结果中所起作用等因素，确定被告的行政赔偿责任；被告已经依照法定程序履行审慎合理的审查职责，因他人行为导致行政许可决定违法的，不承担赔偿责任。

在行政许可案件中，当事人请求一并解决有关民事赔偿问题的，人民法院可以合并审理。

第十四条 行政机关依据行政许可法第八条第二款规定变更或者撤回已经生效的行政许可，公民、法人或者其他组织仅主张行政补偿的，应当先向行政机关提出申请；行政机关在法定期限或者合理期限内不予答复或者对行政机关作出的补偿决定不服的，可以依法提起行政诉讼。

第十五条 法律、法规、规章或者规范性文件对变更或者撤回行政许可的补偿标准未作规定的，一般在实际损失范围内确定补偿数额；行政许可属于行政许可法第十二条第（二）项规定情形的，一般按照实际投入的损失确定补偿数额。

第十六条 行政许可补偿案件的调解,参照最高人民法院《关于审理行政赔偿案件若干问题的规定》的有关规定办理。

第十七条 最高人民法院以前所作的司法解释凡与本规定不一致的,按本规定执行。

附录五：浙江省住房和城乡建设厅关于修订《浙江省管道燃气特许经营评估管理办法》的通知

各市、县（市、区）建委（建设局）、城市管理（综合执法）局：

为深刻吸取近期国内燃气安全重大事故经验教训，进一步加强管道燃气特许经营监管，确保城镇燃气行业本质安全，结合上一轮评估开展情况，经研究，决定对《浙江省管道燃气特许经营评估管理办法》的部分内容（评分标准）予以修订。

本通知自 2022 年 4 月 1 日起施行。

浙江省住房和城乡建设厅
2022 年 2 月 21 日

浙江省管道燃气特许经营评估评分标准（2022 版）

序号	评估项目	考评内容	标准分值	考评办法	得分
1	一、合约履行及供应保障能力（26 分）	气源站	2	具有管输或非管输市政燃气气源站，得 1 分。每增加 1 座得 0.5 分，最高得 2 分。 注：管输气源站指从上游接气并向经营区域城市管网供气的燃气场站，气源站之后的调压站、计量站等不计入；未按基本建设程序办理有关审批、验收手续的场站不计分；1 个站同时具备管输和非管输气源，按 2 座气源站计分；瓶组供应站不计分	
2		气源供应	2	与供气企业签订长期气源采购合同： （1）合同气量占年度用气量 90%（含）及以上的，得 2 分； （2）合同气量占年度用气量 60%（含）~90%的，得 1 分； （3）合同气量占年度用气量 60%以下的，不得分。 注：a. 长期气源采购合同指购气合同年限为一年及以上的合同（一年内分供暖季和非供暖季的购气也可计算在内），不包括零星采购的现货合同或短期合同。b. 供气企业指具有相关资质且拥有稳定可靠的国产或进口气源的企业。包括天然气生产企业、天然气进口企业、液化天然气接收站企业、天然气储气企业、天然气批发零售企业等	
3		应急储气	4	（1）储气能力不低于其年供气量 5%，得 2 分；否则不得分； （2）本地自建储气能力满足不可中断用户日均 3 天用气量需求的，得 1 分；满足本地所有用户日均 3 天用气量需求的，得 2 分。 注：储气能力的计算要求根据"发改能源规〔2018〕637 号"文件	

续表

序号	评估项目	考评内容	标准分值	考评办法	得分
4	一、合约履行及供应保障能力（26分）	调峰能力	2	（1）承担所供市场全部小时调峰责任，得2分； （2）承担所供市场50%（含）以上小时调峰责任，得1分； （3）承担所供市场50%以下小时调峰责任，不得分。 注：与上游供气企业签订协议购买小时调峰服务的，可计入企业小时调峰能力	
5		燃气规划执行情况	10	（1）燃气场站（不含汽车加气站及偏远地区微管网独立气源站）按规划进度建设的，得2分；每存在1座燃气场站未按规划建设的扣1分，扣完为止； （2）高压管道等按规划进度建设的，得2分；高压管道建设工程量低于规划指标10%以下的，不扣分；低于规划指标10%（含）～20%的，扣0.5分；低于规划指标20%（含）以上的，不得分； （3）中压管道等按规划进度建设的，得2分；低于规划指标10%以下的，不扣分；低于规划指标10%（含）～20%的，扣1分；低于规划指标20%（含）以上的，不得分； （4）居民管道燃气气化率达到规划阶段目标的，得2分；居民管道燃气气化率低于规划指标10%以下的，不扣分；低于规划指标10%（含）～20%的，扣1分；低于规划指标20%（含）以上的，不得分； （5）燃气消费量达到规划阶段目标的，得1分；低于规划指标10%以下的，不扣分；低于规划指标10%（含）～20%的，扣0.5分；低于规划指标20%（含）以上的，不得分； （6）偏远地区微管网独立气源站（含气化站和瓶组站）按规划进度建设的，得1分；每存在1座气源站未按规划建设的扣0.5分，扣完为止。 注：本项所有指标范围均指燃气企业特许经营区域内；若当地燃气专项规划在评估期内无相关考核指标的，该小项得满分；评估期内当地燃气规划尚未发布的，以上一轮规划末指标为基数，结合省规划"十四五"末考核指标计算当期目标	
6		市场份额	6	（1）年供气量（3分） 1）企业年供气量占当地全部管道气年用气量80%（含）以上的，得3分； 2）企业年供气量占当地全部管道气年用气量50%（含）～80%的，得2分； 3）企业年供气量占当地全部管道气年用气量20%（含）～50%的，得1分； 4）企业年供气量占当地全部管道气年用气量20%以下的，不得分。 （2）居民通气户数（3分） 1）占当地全部通气户数80%（含）以上的，得3分； 2）占当地全部通气户数50%（含）～80%的，得2分； 3）占当地全部通气户数20%（含）～50%的，得1分； 4）占当地全部通气户数20%以下的，不得分。 注：a."当地"的区域范围为区、县（市）全部区域。 b.当地全部管道气年用气量，不含用户自建气源站的用气量，不含天然气电厂、热电厂等上游直供用户的用气量。 c.企业年供气量，不含向其他城燃企业转输的气量	

附录五：浙江省住房和城乡建设厅关于修订
《浙江省管道燃气特许经营评估管理办法》的通知

续表

序号	评估项目	考评内容	标准分值	考评办法	得分
7	二、安全防控及应急救援能力保障（37分）	安全管理制度	7	（1）按照相关要求，具有健全的安全运行管理制度，得2分；缺一项扣1分，存在一项制度不完善的扣0.5分，存在一项制度未及时评估的扣0.5分，扣完为止； （2）与各部门或相关人员签订安全生产责任书，并定期对安全生产责任制落实情况进行考核的，得2分；存在一项不满足要求的，扣0.5分，扣完为止； （3）安全生产费用 1）按要求制定安全生产费用管理制度，制定安全生产费用年度计划，并严格执行的，得1分；有一项不满足要求的，不得分； 2）企业安全费用专项核算的，得1分； 3）安全生产费用按一定比例足额提取的，得1分	
8		安全管理机构及人员持证	6	（1）设立安全生产委员会或安全生产领导机构，并按规定定期召开安全专题会，得0.5分； （2）按规定配备专职安全员，得0.5分； （3）按规定配备注册安全工程师，得1分； （4）主要负责人持有安全生产知识和管理能力考核合格证（主要负责人）和燃气经营企业从业人员合格证（主要负责人），得1分； （5）安全生产管理人员持有安全生产知识和管理能力考核合格证（安全管理人员）和燃气经营企业从业人员合格证（安全管理人员），得1分； （6）运行、维护和抢修人员持有燃气经营企业从业人员合格证，得1分； （7）特种作业人员由具有资质的培训机构进行专门的安全技术和操作技能的培训和考核，取得特种作业人员操作，并按相关要求复审的，得1分。 注：存在1人未按要求取证的，则该小项整项不得分	
9		安全教育培训	2	（1）对从业人员定期进行安全生产、职业卫生和应急救援教育和培训，得1分； （2）对新员工进行三级安全教育，安全教育培训内容和时间符合《生产经营单位安全培训规定》规定的，得0.5分； （3）从业人员在本单位内调整工作岗位或离岗一年以上重新上岗时，重新接收部门和班组级的安全教育培训的，得0.5分	
10		保险	1	企业投保安全生产责任保险的，得1分	
11		设备设施安全管理	2	（1）每台设备具有完善的安全技术档案，有完善的设备维护保养制度，并切实落实，有完整记录，得1分； （2）特种设备和安全设施（如安全阀、压力表等）按规定进行定期检验合格的，得1分	
12		双重预防	4	（1）按规定建立隐患排查治理和风险管控双重预防机制的，得1分； （2）按要求定期开展风险识别和隐患排查治理，建立隐患台账，并形成治理闭环的，得2分；有一项隐患未整改完成扣0.5分，扣完为止； （3）将隐患排查情况定期上报管理部门的，得1分	

续表

序号	评估项目	考评内容	标准分值	考评办法	得分
13		事故事件管理	4	（1）制定完善的事故事件管理制度的，得1分； （2）建立完整的事故和事件台账的，得1分； （3）定期对事件情况进行统计分析，并提出应对或改进措施的，得1分； （4）按要求对事故进行处置和上报，并在事后及时分析，举一反三，开展隐患排查的，得1分	
14	二、安全防控及应急救援能力保障（37分）	应急能力	6	（1）应急预案： 1）按国家和地方相关要求，建立完整的企业应急预案体系，得1分，有一项不合格扣0.5分，扣完为止； 2）应急预案进行评审后，经单位主要负责人签署实施，报燃气主管部门和应急管理部门备案，并按要求持续修订完善的，得1分；有一项不合格扣0.5分，扣完为止 （2）按要求制定应急预案演练计划（0.5分）；依据应急预案开展应急演练，按要求编制演练相关文件（0.5分），有详尽的演练记录（0.5分）和完整的评估总结（0.5分），共2分； （3）按相关要求成立应急救援队伍、配备应急救援装备、器材，并定期检查，保证完好可用的，得2分，缺一项扣0.5分，扣完为止	
15		燃气设施保护	4	（1）制定第三方施工管控措施并按制度执行的，得1分； （2）在燃气设施周边设置安全警示标志，在安全保护范围周边设置安全保护标志，得1分；缺一项扣0.5分，扣完为止； （3）按相关要求对燃气设施进行巡查，并建立巡检台账的，得1分。定期对燃气设施进行检测、维修和维护，确保燃气设施的安全运行的，得1分	
16		网络信息安全保护	1	按照《信息系统安全等级保护实施指南》和《信息安全等级保护管理办法》等有关要求，开展信息系统安全保护等级测评和备案的，得1分	
17	三、服务质量及用户投诉受理情况（22分）	信息公开	1	（1）建立企业网站或微信公众号的，得0.5分； （2）向社会公开业务办理流程、服务标准、资费标准、气质等信息，得0.5分	
18		服务质量	3	（1）在浙江政务服务网、"浙里办"APP、企业网站或企业APP开设供气服务模块，模块至少包含开户、报装预约、"好差评"、点火预约、改造预约、故障报修、服务网点信息、服务热线、抢修热线、开具发票等功能或信息，且能够正常运行，得2分，每少实现一项功能扣0.5分，扣完为止； （2）报装环节、报装材料和通气时间均符合《浙江省优化营商环境用水、用气报装便利化行动方案》和《关于进一步优化浙江省营商环境用水、用气报装便利化行动的通知》要求的，得1分；每存在一项不符合要求，扣0.5分，扣完为止	

附录五：浙江省住房和城乡建设厅关于修订
《浙江省管道燃气特许经营评估管理办法》的通知

续表

序号	评估项目	考评内容	标准分值	考评办法	得分
19	三、服务质量及用户投诉受理情况（22分）	用户投诉	3	（1）具有网上或电话投诉渠道，且5个工作日反馈投诉处理结果的，得1分； （2）投诉处理 1）有效投诉处理结果满意度为95%（含）以上，得2分； 2）有效投诉处理结果满意度为60%（含）以上、95%以下，得1分； 3）有效投诉处理结果满意度为60以下，不得分	
20		财务状况	3	（1）总资产收益率超过银行长期贷款利率，得1分； （2）经营现金流量大于0，得1分； （3）资产负债率小于70%（含），得1分。 注：评估期内每个单项每有1年未达到要求的，扣0.5分	
21		入户安检	5	（1）有健全的入户安检制度，安检频次、安全检查内容等符合相关要求的，得1分；每存在一项不符合要求的，扣0.5分，扣完为止； （2）对安全检查发现的隐患及时制定整改措施，落实整改责任人和整改期限，整改完成后进行复查，得2分；每存在一项不符合要求的，扣0.5分，扣完为止； （3）制定入户安检年度计划，并将计划和实际执行结果报送行业主管部门的，得1分；否则不得分； （4）实际入户率达到90%及以上，得0.5分； （5）有完善的到访不遇制度和处置措施，且执行情况良好，得0.5分	
22		用户回访	2	（1）对提供上门服务或有投诉的用户进行回访且建立完善的回访记录档案的，得1分； （2）用户回访率达到10%（含）以上的，得1分	
23		用户满意度	3	分别采取电话调查及上门调查两种形式： （1）电话调查满意度为95%（含）以上的，得1.5分，90%（含）~95%的，得1分，80%（含）~90%的，得0.5分；其余不得分； （2）上门调查满意度为95%（含）以上的，得1.5分，90%（含）~95%的，得1分，80%（含）~90%的，得0.5分；其余不得分。 注：各类用户样本数量原则上为该类用户总数的1%，各类用户总量可不超过100户	
24		安全宣传	2	（1）按要求制定安全宣传制度和宣传计划，并执行良好的，得1分；有不合格的每项扣0.5分，扣完为止； （2）每年开展4次及以上安全宣传教育活动，得1分；每少1次扣0.5分，扣完为止。 注：安全宣传教育活动（包括安全用气注意事项、正确选择燃气用具的方法、出现异常情况和意外事故时采取的紧急处理措施、户内燃气设施保护措施以及报修报警电话等）	

附录

续表

序号	评估项目	考评内容	标准分值	考评办法	得分
加分、扣分项					
1	加分项 (15分)	智慧燃气	13	(1) 企业级SCADA系统 1) 建立企业级SCADA系统并正常使用的，加2分； 2) 所有场站均接入SCADA系统的，加1分；否则不得分； 3) 80%（含）以上用户端信息（流量表数据、报警器和自动切断阀信号等）接入SCADA系统的，加3分；50%（含）～80%以上用户端信息接入SCADA系统的，加2分；20%（含）～50%以上用户端信息接入SCADA系统的，加1分；20%以下用户端信息接入SCADA系统的，不加分； (2) GIS系统 1) 具有GIS系统，加1分； 2) 20%（含）～50%燃气管道接入GIS系统，加1分； 3) 50%（含）～80%以上燃气管道接入GIS系统，加2分； 4) 80%（含）以上燃气管道接入GIS系统，加3分； (3) 具有管网仿真系统的，加1分； (4) 智能化表具 1) 智能化表具占所有表具比例20%以下，不加分； 2) 智能化表具占所有表具比例20%（含）～60%，加1分； 3) 智能化表具占所有表具比例60%（含）以上，加2分	
2		互联互通	2	(1) 与经营范围外的其他燃气管网实现互联互通，加0.5分； (2) 燃气主管网通达经营区域范围内80%（含）以上乡镇的，加1.5分。 注：若特许经营区域仅为中心城区或单一乡镇的，不加分	
3	扣分项 (15分)	监管部门提出整改意见	4	(1) 有1至3项（处）未按时、按要求完成整改，扣1分； (2) 有3项（处）以上未按时、按要求完成整改，扣4分	
4		供气合同履行情况	3	每存在一起供气合同违约行为，扣1分，最多扣3分	
5		安全事故	4	每发生1起有责任安全事故的，扣1分，最多扣4分	
6		重大危险源管理	4	(1) 未按相关规定要求进行重大危险源评估，扣1分； (2) 未按照《危险化学品重大危险源监督管理暂行规定》对重大危险源进行管理的，扣1分； (3) 未建立重大危险源安全包保责任制，扣0.5分； (4) 未按要求完成在属地应急管理部门报备（0.5分）、公示牌设立（0.5分）、安全风险承诺公告内容更新（0.5分）等相关工作，缺一项扣0.5分	